# 박문각 공무원

## 문제집

# 정인영 계리직 우편일반

정인영 편저

주요 기출&예상문제 단원별 완벽 총정리

명쾌한 해설과 깔끔한 오답 분석

이론의 빈틈을 없애는 체계적인 개념 설명

# 이 책의 머리말
## PREFACE

우정직 공무원 시험이 일반 공무원직으로 편입된 이후, 급격히 변해가는 수험시장에서 우정직 공무원을 준비하는 수험생들의 고민이 많을 것으로 생각됩니다. 다른 시험과는 달리 시험과목이 2023년까지는 4과목이었던 것이 2024년도 이후부터는 5과목 100문제로 확대됨에도 불구하고 우정직 응시인원은 줄어들지 아니하고 오히려 증가하고 있습니다. 2025년 올해도 우정직 공무원 채용시험이 실시되며, 이에 따라 자신의 목표를 명확히 설정하고 그에 따른 현명한 공부방법이 무엇보다 요구된다 할 것입니다. 그렇기 때문에, 지난 기출문제에 대한 철저한 분석과 핵심적인 예상문제를 통하여 준비하는 것이 중요합니다.

### 첫째, 지난 2024년도 계리직의 출제경향의 완벽한 분석

우정사업본부에서 제공하고 있는 자료는 해마다 증가되고, 좀 더 체계화되고 발전됨으로써 이후로 2025년 우정직 채용도 기존의 출제되지 않았던 영역이나 새로운 출제유형 문제가 출제될 것으로 보입니다. 따라서 기출문제를 분석해 보더라도 이러한 우편·금융상식 과목의 준비가 되어 있지 않으면 결코 고득점을 획득할 수 없다는 것을 느낄 수 있을 것입니다. 시험 경향이 어려워지는 추세에서는 어느 누구도 어떻게 출제되리라는 것을 예상할 수 없고, 또한 수험생 모두가 동등한 입장이므로 남들보다 더 효과적인 학습방법이 절실히 필요하고 또한 그에 따른 학습교재도 요구됩니다.

### 둘째, 새로운 학습자료에 대한 완벽한 분석과 반영

이에 본서는 최종 정리가 가능하도록 핵심적인 내용을 해당 목차 아래 추가하여 효율적인 리마인드가 가능하도록 구성하였습니다. 이러한 본서의 특징을 염두에 두고 공부할 때 항상 옆에 두고 학습한다면 보다 효율적인 우편·금융상식 학습방법이 될 것이고, 아울러 문제집 교재를 병행한다면 2025년 우정직 채용 시험에서 우편·금융상식 만큼은 고득점의 목표를 달성할 수 있으리라 생각합니다. 본서가 수험생의 합격이라는 목표 달성에 하나의 이정표가 되길 염원해 봅니다.

**셋째, 기출문제 분석을 통한 예상문제**

기본교재를 통해서 이론과 내용, 그에 대한 여러 형태의 과년도 기출문제를 학습하면서, 동시에 출제가 가능한 영역에서의 예상문제를 수록하여 앞으로 출제될 문제를 미리 만나 볼 수 있는 다양한 문제를 포함하고 있습니다. 새로운 문제를 연습하여 스스로 문제를 풀어 갈 수 있는 능력을 키워야만 합격의 열매를 맺을 수 있다는 기존의 수험에서의 얻은 경험을 통해서 교재를 준비하였습니다.

마지막으로 여러분의 합격에 좋은 교재가 될 수 있도록 최선을 다하여 준비하였습니다. 앞으로 여러분 합격의 그날까지 함께 하겠습니다. 감사합니다.

2025년 6월

정인영 씀

# 이 책의 차례
CONTENTS

## Part 01 국내우편

# 국내우편

## 우편의 의의 및 사업의 특성

**01** 우편의 의의에 관한 설명 중 잘못된 것은?

① 우편은 인간이 사회생활을 영위함에 필요한 물류수단이다.
② 우편은 일종의 용역으로서 하나의 재화이며, 경제재 중의 무형적인 재화에 속한다.
③ 좁은 의미의 우편은 격지자 간의 의사를 전달하는 서신의 송달을 말한다.
④ 넓은 의미의 우편은 서신 및 기타의 물건을 송달하는 업무를 지칭한다.

**02** 우편사업에 관한 내용을 설명한 것 중 옳지 않은 것은? 08. 기출

① 우편사업은 국가에서 직접 경영하는 '국가기업'에 의한 사업으로 경영형태면에서 정부직영 형태에 속한다.
② 우편 이용 관계자의 법적 성질은 우편이용자와 우편관서 상호간의 송달계약을 내용으로 하는 공법상의 계약관계이다.
③ 우편 이용 관계자에 있어서는 무능력자의 행위라도 능력자의 행위와 동일한 효력이 있다.
④ 우편 이용 관계자는 제3자(수취인)를 위한 우편관서와 발송인과의 계약이므로 우편 이용 관계자는 우편관서, 발송인 및 수취인이다.

**03** 우편의 이용관계에 관한 설명 중 잘못된 것은?

① 우편 이용관계는 우편이용자가 우편물 송달역무의 제공을 목적으로 마련된 인적·물적 시설을 이용하는 관계이다.
② 우편 이용 관계자의 법적 성질은 공법상의 계약관계이다.
③ 우편 이용 관계자는 우편관서, 발송인, 수취인이다.
④ 발송인은 우편관서에 송달요구권을 가진다.

**04**  **우편 이용관계에 대한 설명 중 틀린 것은?**

① 우편 이용 당사자는 우편관서, 발송인, 수취인이다.

② 우편사업은 국가가 경영주체이며, 공익성을 띠고 있으나 우편 이용관계의 법적 성질은 사법상의 계약관계이다.

③ 우편사업을 국가가 경영하는 이유는 취급의 안전성, 정확성, 통일성 등을 확보할 수 있기 때문이다.

④ 우편 이용 계약의 성립 시기는 우편물을 우체국 창구에 접수하는 경우 접수 시, 방문접수 시는 영수증이나 접수증을 교부받은 경우 마지막으로 우체통에 투입한 때를 말한다.

**05**  **국가는 서신송달독점권을 갖고 있으나 대통령령으로 정하는 것은 제외될 수 있다. 다음 중 대통령령에 대상으로서 제외될 수 있는 것이 <u>아닌</u> 것은?**

① 신문

② 정기간행물

③ 서적

④ 부호로 표시한 전단

---

**정답 및 해설**

**01** ① 【×】 우편은 인간이 사회생활에 필요한 통신수단이며, 모든 생활 영역에 걸쳐 정보를 전달하고 의사를 매개하며 소통하는 역할을 수행한다. 따라서 우편은 통신수단으로 분류된다.

**오답체크**

② 【○】 우편은 무형적인 재화이며, 우편용역은 사용가치를 가진 상품이다.

③ 【○】 좁은 의미의 우편 : 격지자 간의 의사를 전달하는 신서의 송달

④ 【○】 넓은 의미의 우편 : 서신 등 의사전달물과 소포의 송달

**02** ② 【×】 우편 이용 관계자의 법적 성질은 우편이용자와 우편관서 상호간의 송달계약을 내용으로 하는 사법상의 계약관계이다.

**03** ② 【×】 우편 이용 관계자의 법적 성질은 사법상의 계약관계이다.

**04** ④ 【×】 우편 이용 계약의 성립 시기는 ㉠ 창구접수의 경우 : 접수 시, ㉡ 우체통을 이용할 경우 : 우체통 투입 시, ㉢ 방문접수의 경우 : 영수증이나 접수증을 교부 시이다.

**05** ④ 【×】 "서신"이라 함은 의사전달을 위하여 특정인이나 특정 주소로 송부하는 것으로서 문자·기호·부호 또는 그림 등으로 표시한 유형의 문서 또는 전단을 말한다(우편법 제1조의2 제7호). 다만, 신문, 정기간행물, 서적, 상품안내서 등 대통령령으로 정하는 것은 제외한다(우편법 시행령 제3조).

**정답**  01 ①   02 ②   03 ②   04 ④   05 ④

**06** 국가가 경영하는 국가기간산업으로 우편사업의 관장 주체에 해당하는 기관은?

① 국무총리  ② 행정안전부장관

③ 국토교통부장관  ④ 과학기술정보통신부장관

**07** 우편사업의 특성에 대한 설명으로 옳지 <u>않은</u> 것은?

① 우편사업은 국가에서 직접 경영하는 '국가기업'에 의한 사업이다.

② 우편사업은 기간산업으로서 주식회사의 형태로 운영되고 있다.

③ 콜린 클라크의 현대 산업의 분류로서 우편사업은 노동집약적 성격이 강하므로 1차 산업으로 볼 수 있다.

④ 국가가 직접 경영하는 우편사업의 특성은 독립성이 약한 반면 일반 재정자금의 지원을 받을 수 있다는 장점이 있다.

**08** 다음 설명 중 우편사업의 특성으로 옳지 <u>않은</u> 것은?

① 우편은 무형적인 재화에 해당하며, 우편역무의 이용(우편용역)은 사용가치를 가진 상품이다.

② 우편사업은 정부직영형태의 국가기업에 해당한다.

③ 우편사업은 재정의 본원적 수입인 조세를 세입으로 하고, 주로 국가의 존립과 유지를 위한 기본적 경비를 세출로 하는 일반회계예산으로 운영하고 있다.

④ 우편사업은 운송업의 일종으로 제3차 산업에 속하며 노동집약적 성격이 강하다.

**09** 다음 중 우편사업의 성격으로 <u>틀린</u> 것은?

① 우편사업은 서신만을 송달하는 일종의 통신업으로 제3차 산업 중에서도 노동집약적 성격이 강한 산업이다.

② 넓은 의미의 우편은 격지자 간의 의사를 전달하는 서신의 송달 및 기타 물건을 송달하는 업무이다.

③ 우편 이용 관계자는 우편관서, 발송인, 수취인을 말한다.

④ 우편은 모든 생활 영역에 걸쳐 정보를 전달하고 의사를 매개하며 소통하는데 지대한 역할을 수행한다.

**10**  우편에 관한 설명 중 잘못된 것은?

① 우편회계는 일반회계로 독립채산제를 채택하고 있다.

② 방문 접수 또는 집배원 접수의 경우 우편 이용 계약의 성립 시기는 영수증이나 수령증을 교부한때 성립한다.

③ 우편사업에 종사하는 구성원은 국가공무원으로 구성한다.

④ 국가가 직접 경영하는 우편사업은 독립성이 약한 반면 일반 재정자금의 지원을 받을 수 있다는 장점이 있다.

---

**정답 및 해설**

**06** ④【○】우편사업은 국가가 경영하며, 과학기술정보통신부장관이 관장한다. 다만, <u>과학기술정보통신부장관</u>은 우편 사업의 일부를 개인, 법인 또는 단체 등으로 하여금 경영하게 할 수 있으며, 그에 관한 사항은 따로 법률로 정한다(우편법 제2조 제1항).

**07** ③【×】페티가 발견한 이러한 산업 구조의 변화 추이는 20세기에 들어와 경제 통계가 크게 발달하면서 콜린 클라크(Colin Grant Clark)에 의해 다시 확인됐다. 그래서 이를 페티-클라크 법칙이라 한다. 1940년에 영국의 경제학자 콜린 클라크는 산업을 제1차, 제2차, 제3차 산업의 세 가지로 분류하고 한 나라의 경제가 발전함에 따라 노동인구와 소득의 비중이 제1차 산업에서 제2차 산업으로, 다시 제3차 산업으로 이동한다는 페티의 법칙이 역사적인 경향을 띠고 있다고 통계로 실증했다. 그의 저서 ≪경제 진보의 조건(The Conditions of Economic Progress)≫에서 제안한 것으로, 이것은 산업구조의 변화를 최초로 3분류법으로 분석한 것이다.

**08** ③【×】우편사업은 독립채산제를 채택하여 특별회계를 쓰고 있다. 국가활동의 범위가 확대되고, 특히 정부의 기업적 활동이 증대되자, 국가의 모든 세입·세출을 단일회계에 계상하는 것은 재정수지를 복잡하게 할 뿐 아니라, 특정한 사업이나 자금의 운용실적을 불명료하게 하므로 일반회계와 구별되는 많은 특별회계를 설정하고 있다. 그 중 우편사업도 특별회계를 사용함으로써 운영의 효율성을 증대하고 있다.

**09** ①【×】우편은 격지자 간의 의사를 전달하는 서신의 송달(좁은 의미의 우편)은 물론 기타 물건을 송달(넓은 의미의 우편)하는 업무를 말하며, 오늘날 정치, 경제, 사회, 문화 등 모든 생활 영역에 걸쳐 정보를 전달하고 의사를 매개하며 소통하는데 지대한 역할을 수행한다. 우편은 서신을 송달하는 운송수단과 관계되므로 통신업이 아닌 운송업에 해당한다.

**10** ①【×】우편사업의 회계제도는 특별회계로서 독립채산제를 채택하여 공익성과 기업성을 함께 실현해야하는 과제를 안고 있다.

오답체크

②【○】우편 이용 계약의 성립시기: 우체국 창구에 접수하거나 우체통에 투입한 때, 또는 방문 접수와 집배원 접수의 경우에는 영수증이나 수령증을 교부한 때이다.

---

**정답**  06 ④  07 ③  08 ③  09 ①  10 ①

**11** 우편사업 관계법률에 관한 설명으로 옳지 <u>않은</u> 것은?

① 우편법은 우편에 관한 기본법으로서 우편사업의 경영형태, 우편특권, 우편역무의 종류, 이용 조건, 손해배상 및 벌칙 등 우편이용에 관한 기본적인 사항을 규정하고 있다.

② 별정우체국법은 국민의 통신 및 대화의 비밀과 자유를 보장하기 위하여 범죄수사와 국가안 보를 위하여 필요한 경우에만 엄격한 법적 절차를 거쳐 검열과 감청을 할 수 있도록 함으로 써 헌법에 보장된 국민 사생활의 비밀과 통신의 자유가 보장되도록 하기 위하여 제정하였다.

③ 우정사업운영에관한특례법은 우정사업의 조직·예산 및 운영에 관한 자율성을 확보하고 우 편·우편대체·우체국 금융 및 보험사업과 이에 부대되는 사업을 보다 효율적으로 추진함 으로써 우편역무에 대한 품질을 향상시키고 국민 경제생활 발전에 기여토록 하였으며 동법 에는 우정사업에 관한 경영평가, 소포·국제특급 우편요금과 우편수수료 결정, 우정재산의 활용 등에 대한 특례를 규정하고 있다.

④ 국제 법규로써 UPU 조약, 아시아·태평양우편연합(APPU) 조약, 표준다자간 협정 또는 양 자협정등이 우편사업에 관한 기준법령으로서 사용되고 있다.

**12** 다음 중 과학기술정보통신부장관이 과학기술정보통신부령으로 정하는 자에게 위탁할 수 있는 업무가 <u>아닌</u> 것은?

① 우편이용자를 방문하여 우편물을 접수하는 업무

② 교통이 편리한 지역, 기타 우편물의 집배업무·운송업무 또는 발착업무상 일반적으로 필요 하다고 인정하는 지역에서 우편물을 집배·운송 또는 발착하는 업무

③ 우표류(우표, 우편요금을 표시하는 증표와 우표책, 우편물의 특수취급에 필요한 봉투 및 국 제반신우표권)를 조제하는 업무

④ 그 밖에 우편이용의 편의, 우편물의 원활한 송달 및 우편사업 운영의 효율을 제고하기 위하 여 과학기술정보통신부령이 정하는 업무

**13** 우편 이용 계약의 성립시기로 옳지 <u>않은</u> 것은?

① 우체국창구에서 접수한 때      ② 우체국 직원에게 전달한 때

③ 우체통에 투입한 때      ④ 집배원이 영수증을 교부한 때

## 14  우편에 관한 설명 중 <u>틀린</u> 것은?

① 우편 이용 계약의 성립 시기는 우체국창구에서 접수하거나 우체통에 투입한 때이며, 방문 접수나 집배원 접수의 경우는 영수증이나 수령증을 교부한 때이다.

② 우편사업은 국가가 직접 경영하며 과학기술정보통신부장관이 관장한다.

③ 국제우편특급(EMS)을 교환하기 위해 우리나라와 해당 국가 사이에 표준다자간 협정 또는 양자협정(쌍무협정)이 체결되었다.

④ 우편업무를 국가가 경영하는 이유는 취급의 안전성, 신속성, 정확성, 통일성, 공정성과 가격의 저렴성, 시설의 보급성 및 영리성을 확보할 수 있기 때문이다.

---

### 정답 및 해설

**11** ②【×】 우체국창구 업무의 위탁에 관한 법률과 별정우체국법은 우편사업의 경영합리화와 창구업무의 효율화 및 대민서비스의 극대화 차원에서 제정하였다.

통신비밀보호법은 국민의 통신 및 대화의 비밀과 자유를 보장하기 위하여 범죄수사와 국가안보를 위하여 필요한 경우에만 엄격한 법적 절차를 거쳐 검열과 감청을 할 수 있도록 함으로써 헌법에 보장된 국민 사생활의 비밀과 통신의 자유가 보장되도록 하기 위하여 제정하였다.

**12** ②【×】

> **우편법 시행령 제4조(우편업무의 위탁)** ① 과학기술정보통신부장관은 법 제2조 제5항 단서에 따라 다음 각 호의 어느 하나에 해당하는 업무를 과학기술정보통신령이 정하는 자에게 위탁한다.
> 1. 우편이용자를 방문하여 우편물을 접수하는 업무
> 2. 교통이 불편한 지역 기타 우편물의 집배업무·운송업무 또는 발착업무(우편물을 구분 및 정리하는 업무를 말한다. 이하 같다)상 특히 필요하다고 인정하는 지역에서 우편물을 집배·운송 또는 발착하는 업무
> 3. 우표류(우표, 우편요금을 표시하는 증표와 우표책, 우편물의 특수취급에 필요한 봉투 및 국제반신우표권을 말한다. 이하 같다)를 조제하는 업무
> 4. 그 밖에 우편이용의 편의, 우편물의 원활한 송달 및 우편사업 운영의 효율을 제고하기 위하여 과학기술정보통신부령이 정하는 업무

**13** ②【×】

> **[우편 이용 계약의 성립시기]**
> • 우체국창구에서 접수한 때
> • 우체통에 투입한 때
> • 방문접수나 집배원 접수의 경우는 영수증이나 수령증을 교부한 때

**14** ④【×】 우편업무를 국가가 경영하는 이유는 취급의 안전성, 신속성, 정확성, 통일성, 공정성과 가격의 저렴성 및 시설의 보급성을 확보할 수 있기 때문이다. 따라서 영리성은 국가가 경영하는 이유가 아니다.

**정답**　11 ②　12 ②　13 ②　14 ④

**15** 우편사업을 국가가 경영하는 이유가 <u>아닌</u> 것은?

① 취급의 안정성 　　　　　　② 사업의 영리성
③ 시설의 보급성 　　　　　　④ 가격의 저렴성

**16** 콜린 클라크(Colin Grant Clark)의 산업분류의 기준으로 나눌 경우 우편산업은 노동집약적 산업으로 어느 분류에 해당하는가?

① 제1차 산업 　　　　　　② 제2차 산업
③ 제3차 산업 　　　　　　④ 제4차 산업

**17** 우편사업의 보호규정에 대한 설명으로 옳지 <u>않은</u> 것은? 18. 기출 변형

① 우편을 위한 용도로만 사용되는 물건은 압류할 수 없다.
② 우편물과 그 취급에 필요한 물건은 해손(海損)을 부담하지 않는다.
③ 우편을 위한 용도로만 사용되는 물건은 각종 세금 및 공과금의 부과대상이 되지 않는다.
④ 우편물의 발송준비를 마치기 전이라도 우편관서는 그 압류를 거부할 수 있다.

**18** 우편사업에서 보호되고 있는 사항으로 타당한 것은?

① 우편운송 시 통행이 곤란한 경우라 하더라도 담장, 울타리가 없는 택지 등을 통행할 수 없다.
② 우편물 운송 중에는 도선장의 도선을 요구할 수 있으나, 운송원은 통행요금을 지급하지 아니하고는 통행할 수 없다.
③ 우편을 위한 용도로만 사용되는 물건과 우편을 위한 용도로 사용 중인 물건은 압류할 수 없으나, 우편을 위한 용도로만 사용되는 물건(우편에 관한 서류를 포함한다)이라 하더라도 제세공과금의 부과 대상이 된다.
④ 우편물과 그 취급에 필요한 물건은 해손(海損)을 부담하지 아니한다.

**19** 우편법상 우편사업의 보호규정에 대한 설명이다. 다음 설명에 해당하는 보호규정은?

> 우편사업의 독점은 우편사업자의 보편적 서비스 제공에 대한 보상적 성격으로 우편법에 의거 서신 취급은 법에 허용된 경우를 제외하고는 금지하고 있다.

① 우편물운송요구권 　　　　　　② 운송원 등의 통행료 면제
③ 서신독점권 　　　　　　④ 우편전용물건의 부과면제

**정답 및 해설**

15  ②【×】우편사업을 국가가 경영하는 이유는 취급의 안전성, 신속성, 정확성, 통일성, 공정성과 가격의 저렴성 및 시설의 보급성을 확보할 수 있기 때문이다.

16  ③【○】그는 여기서 산업을 1차·2차·3차 산업으로 나누고, 경제의 발전은 1차 산업에서 2차 산업으로, 2차 산업에서 3차 산업으로 그 비중의 증대를 초래한다 하여, 이것을 세계 전체에 관하여 실증하였다. 뿐만 아니라 그와 같은 산업 구조의 변천은 궁극적으로 소비구조의 추이에 수반하는 것이며, 산업 간의 유업 인구 1인당의 실질 소득 수준은 1차 산업이 가장 낮고 3차 산업이 가장 높다는 사실에 주목하여 그 산업간의 생산성의 차이가 1차→2차 →3차 산업으로 노동력을 이동시키는 촉진 요인이라고 설명하였다. 따라서 현대 노동집약적 사업으로서 우편사업은 제3차 산업에 해당한다고 본다.

17  ④【×】우편물의 압류거부권은 우편관서에서 운송 중이거나 발송준비를 마친 우편물에 대해서는 압류를 거부할 수 있는 권리이다. 따라서 우편물의 발송준비를 마치기 전이라면 거부할 수 없다.
> **오답체크**
② 【○】우편물과 그 취급에 필요한 물건은 해손(海損)을 부담하지 아니한다(우편법 제7조 제3항).
③ 【○】우편을 위한 용도로만 사용되는 물건과 우편을 위한 용도로 사용 중인 물건은 압류할 수 없으며(우편법 제7조 제1항), 우편을 위한 용도로만 사용되는 물건(우편에 관한 서류를 포함한다)은 제세공과금의 부과 대상이 되지 아니한다(우편법 제7조 제2항).

18  ④【○】우편물과 그 취급에 필요한 물건은 해손(海損)을 부담하지 아니한다(우편법 제7조 제3항).
> **오답체크**
① 【×】우편업무를 집행 중인 우편운송원, 우편집배원과 우편 전용 항공기·차량·선박 등은 도로의 장애로 통행이 곤란할 경우에는 담장이나 울타리가 없는 택지, 전답, 그 밖의 장소를 통행할 수 있다. 이 경우 우편관서는 피해자의 청구에 따라 손실을 보상하여야 한다(우편법 제5조 제1항).
② 【×】우편물을 운송 중인 우편운송원, 우편집배원은 언제든지 도선장에서 도선(渡船)을 요구할 수 있으며(우편법 제5조 제3항), 요구를 받은 자는 정당한 사유 없이 이를 거부할 수 없다(우편법 제5조 제4항). 우편업무를 집행 중인 우편운송원, 우편집배원과 우편 전용 항공기·차량·선박 등은 도선장(渡船場), 운하, 도로, 교량이나 그 밖의 장소를 통행할 때에 통행요금을 지급하지 아니하고 통행할 수 있다. 다만, 청구권자의 청구가 있을 때에는 우편관서는 정당한 보상을 하여야 한다(우편법 제5조 제2항).
③ 【×】우편을 위한 용도로만 사용되는 물건과 우편을 위한 용도로 사용 중인 물건은 압류할 수 없으며(우편법 제7조 제1항), 우편을 위한 용도로만 사용되는 물건(우편에 관한 서류를 포함한다)은 제세공과금의 부과 대상이 되지 아니한다(우편법 제7조 제2항).

19  ③【○】

> **우편법 제2조(경영주체와 사업의 독점 등)** ① 우편사업은 국가가 경영하며, 지식경제부장관이 관장한다. 다만, 지식경제부장관은 우편사업의 일부를 개인, 법인 또는 단체 등으로 하여금 경영하게 할 수 있으며, 그에 관한 사항은 따로 법률로 정한다.
> ② 누구든지 제1항과 제5항의 경우 외에는 타인을 위한 서신의 송달 행위를 업(業)으로 하지 못하며, 자기의 조직이나 계통을 이용하여 타인의 서신을 전달하는 행위를 하여서는 아니 된다.

**정답**  15 ②  16 ③  17 ④  18 ④  19 ③

**20** 〈보기〉에서 서신독점 예외 대상인 것을 모두 고른 것은? <sup>24. 기출</sup>

> ┌─ 보기 ┌─
> ㄱ. 타인에게 보내는 중량 300g의 서신
> ㄴ. 화물에 첨부하는 봉하지 아니한 송장
> ㄷ. 국가기관에서 발송하는 등기취급 서신
> ㄹ. 기본통상우편요금의 10배를 넘는 서신
> ㅁ. 「여신전문금융업법」 제2조 제3호에 해당하는 신용카드

① ㄱ, ㄴ          ② ㄱ, ㄷ
③ ㄴ, ㄹ, ㅁ       ④ ㄷ, ㄹ, ㅁ

**21** 우편사업의 보호규정에 대한 설명으로 옳은 것을 모두 고른 것은? <sup>19. 기출 변형</sup>

> ㄱ. 국가기관이나 지방자치단체에서 발송하는 등기우편물은 서신독점의 대상이다.
> ㄴ. 우편업무를 위해서만 사용하는 물건은 압류가 금지되지만 각종 세금 및 공과금 부과의 대상
>     이다.
> ㄷ. 우편물의 발송, 수취나 그 밖의 우편이용에 관한 제한능력자의 행위는 능력자가 행한 것으로
>     간주한다.
> ㄹ. 상품의 가격, 기능, 특성 등을 문자, 사진, 그림으로 인쇄한 16쪽 이상인 책자 형태의 상품
>     안내서는 서신독점의 대상이다.

① ㄱ, ㄷ          ② ㄱ, ㄹ
③ ㄴ, ㄷ          ④ ㄴ, ㄹ

**22** 우편사업이 공익과 국민생활에 미치는 역할을 중시하여 법률상 많은 보호규정을 두고 있다. 우편사업의 보호규정으로 <u>잘못된</u> 것은?

① 우편관서에서 운송 중에 있거나 발송준비 완료 후의 우편물에 대하여는 국가의 권력에 기한
   압류를 거부할 수 있다.
② 우편을 위한 용도로만 사용되는 물건(우편에 관한 서류를 포함한다)은 제세공과금의 부과
   대상이 된다.
③ 과학기술정보통신부장관은 철도·궤도의 사업을 경영하는 자, 일반 교통에 이용하기 위해
   노선을 정하여 정기 또는 임시로 자동차·선박 또는 항공기 운송 사업을 경영하는 자에게
   대통령령이 정하는 바에 의하여 우편물의 운송을 명할 수 있다.
④ 선박이 위험에 처했을 때 선장은 적하되어 있는 우편물을 처분할 수 있으나 그 우편물에
   대하여 손해를 분담시킬 수 없다.

**정답 및 해설**

**20** ③ 서신독점 예외 대상인 것은 ㄴ, ㄹ, ㅁ 이며, ㄱ, ㄷ은 서신독점권의 대상이다.

> ✎ **서신의 제외 대상(우편법 시행령 제3조)**
>
> 1. 「신문 등의 진흥에 관한 법률」 제2조 제1호에 따른 신문
> 2. 「잡지 등 정기간행물의 진흥에 관한 법률」 제2조 제1호 가목에 따른 정기간행물
> 3. 다음 각 목의 요건을 모두 충족하는 서적
>    가. 표지를 제외하고 48쪽 이상인 책자의 형태로 인쇄와 제본되었을 것
>    나. 발행인 · 출판사 · 인쇄소의 명칭 중 어느 하나를 표시하여 발행되었을 것
>    다. 쪽수를 표시하여 발행되었을 것
> 4. 상품의 가격 · 기능 · 특성 등을 문자 · 사진 · 그림으로 인쇄한 16쪽 이상(표지를 포함한다)인 책자 형태의 상품안내서
> 5. 화물에 첨부하는 봉하지 아니한 첨부서류나 송장
> 6. 외국과 주고받는 국제 서류
> 7. 국내에서 회사(「공공기관의 운영에 관한 법률」에 따른 공공기관을 포함한다)의 본점과 지점 간 또는 지점 상호 간에 주고받는 우편물로서 발송 후 12시간 이내에 배달이 요구되는 상업용 서류
> 8. 「여신전문금융업법」 제2조제3호에 해당하는 신용카드

※ 타인을 위한 서신의 송달행위를 업(業)으로 하거나 자기의 조직 또는 계통을 이용하여 타인의 서신을 전달하는 행위가 금지됨은 물론 그러한 행위를 하는 자에게 서신의 송달을 위탁하는 행위도 금지된다. 단, 중량이 350그램을 넘거나 기본통상우편요금의 10배를 넘는 서신은 위탁이 가능하지만 국가기관이나 지방자치단체에서 발송하는 등기취급 서신은 위탁이 불가하다.

**21** ① 【○】ㄱ, ㄷ
ㄱ. 【○】 국가기관이나 지방자치단체에서 발송하는 등기취급 서신은 위탁이 불가하다.
ㄴ. 【×】 우편업무를 위해서만 사용하는 물건에 대해서는 국세 · 지방세 등의 각종 세금 및 공과금을 부과하지 않는다.
ㄷ. 【○】 **우편법 제10조(제한능력자의 행위에 관한 의제)** 우편물의 발송 · 수취나 그 밖에 우편 이용에 관하여 제한능력자가 우편관서에 대하여 행한 행위는 능력자가 행한 것으로 본다.
ㄹ. 【×】 상품의 가격, 기능, 특성 등을 문자, 사진, 그림으로 인쇄한 16쪽 이상(표지 포함)인 책자 형태의 상품 안내서는 서신독점의 대상이 아니다.

**22** ② 【×】 우편을 위한 용도로만 사용되는 물건(우편에 관한 서류를 포함한다)은 제세공과금의 부과 대상이 되지 아니한다(우편법 제7조 제2항).

**정답**  20 ③  21 ①  22 ②

**23** 우편사업의 보호규정이 <u>아닌</u> 것은?

① 서신 등의 독점권
② 운송원 등에 조력청구권
③ 우편물의 해손분담
④ 무능력자의 행위에 관한 의제


**24** 우편사업의 보호규정에 대한 설명이다. 다음 설명에 해당하는 보호규정은?

> 선박이 위험에 직면하였을 때 선장은 실려 있는 물건을 처분할 수 있다. 이 때 손해는 화주전원
> 이 적재하물 비례로 공동 분담하게 된다. 이 경우에도 우편물에 대해서는 이를 분담시킬 수 없다.

① 우편물운송요구권
② 우편물의 해손불분담
③ 운송원 등의 통행료 면제
④ 우편전용물건의 부과면제


**25** 우편사업의 보호규정에 관한 설명으로 옳지 <u>않은</u> 것은?

① 우편물 운송요구권이란 철도·궤도사업 경영자 및 자동차·선박·항공기 운송사업 경영자
에게 우편물 운송을 요구할 수 있는 권리를 말한다. 이를 따르지 않을 경우 100만 원 이하의
벌금을 부과한다.
② 전쟁과 같은 국가 비상사태 때 국가기관과 지방자치단체 간에 주고받는 행정 우편을 취급하
는 운송원이 우편관서 외의 기관과 직원에게 교통수단이나 그 밖의 도움을 요청할 수 있다.
③ 운송원 등의 조력 청구권과 우편운송원 등의 통행권에 따른 보상은 그 사실이 있었던 날부
터 1년 내 행사하지 않으면 시효가 완성된다.
④ 우편관서는 도움을 준 자의 청구에 따라 적절한 보수를 지급하여야 한다. 이러한 보상금에
관한 과학기술정보통신부장관의 결정에 불복하는 자는 그 통지를 받은 날부터 6개월 내에
소송을 제기할 수 있다.

## 26 운송원 등의 조력청구권에 관한 설명 중 <u>틀린</u> 것은?

① 우편업무를 집행 중인 우편운송원, 우편집배원과 우편전용항공기 · 차량 · 선박 등이 사고를 당하였을 때에는 주위에 조력을 청구할 수 있다.

② 조력 요구를 받은 자는 정당한 사유 없이 거부할 수 있다.

③ 우편관서는 도움을 준 자의 청구에 따라 적절한 보수를 지급하여야 한다.

④ 조력청구권은 우편사업의 보호규정에 속한다.

---

**정답 및 해설**

**23** ③【×】 우편물의 보호규정으로 해손부담이 아니라 해손불분담이다(우편법 제7조 제3항). 해손부담은 선박이 위험에 직면한 경우에 선장이 적하된 물건을 처분 시 남은 화물 화주 소유의 적재화물 비례로 공동 분담하는 것을 의미하는데, 이 경우에도 우편물에 대하여는 손해를 분담시킬 수 없다.

**오답체크**

①②④【○】 우편사업의 보호규정으로는 서신 등의 보호규정(우편법 제2조 제2항), 우편물운송요구권(우편법 제3조의2, 우편법 시행령 제4조의2), 운송원 등에 조력청구권(우편법 제4조), 운송원 등의 통행권(동법 제5조 제1항), 운송원 등의 통행료 면제(우편법 제5조 제2항), 우편점용물건의 압류금지(우편법 제7조 제1항), 우편전용물건의 부과면제(우편법 제7조 제2항), 우편물의 해손불분담(우편법 제7조 제3항), 우편물의 압류거부권(우편법 제8조), 우편물의 우선검역권(우편법 제9조), 무능력자의 행위에 관한 의제(우편법 제10조) 등이 있다.

**24** ②【○】 우편물과 그 취급에 필요한 물건은 해손(海損)을 부담하지 아니한다(우편법 제7조 제3항).

**25** ④【×】

> **우편법 제3조의2** ① 과학기술정보통신부장관은 다음 각 호의 어느 하나에 해당하는 자에게 대통령령으로 정하는 바에 따라 우편물의 운송을 명할 수 있다.
> 1. 철도 · 궤도 사업을 경영하는 자
> 2. 일반 교통에 이용하기 위하여 노선을 정하여 정기적으로 또는 임시로 자동차 · 선박 · 항공기의 운송사업을 경영하는 자
> ② 과학기술정보통신부장관은 제1항에 따라 우편물을 운송한 자에게 정당한 보상을 하여야 한다.
>
> **우편법 제4조(운송원 등의 조력 청구권)** ② 전시 · 사변이나 이에 준하는 국가 비상사태 시에 국가기관과 지방자치단체 상호간에 주고 받는 행정우편을 취급하는 운송원 등은 우편관서 외의 다른 기관과 소속 직원에게 행정우편을 운송하기 위하여 필요한 교통수단의 제공이나 그 밖의 도움을 요구할 수 있다.
>
> **우편법 제43조(배상 및 보수 등의 단기소멸시효)** 이 법에 따른 보수 또는 손실보상, 손해배상의 청구권은 과학기술정보통신부장관이 지정한 우편관서에 대하여 다음 각 호의 구분에 따른 기간 내에 행사하지 아니하면 소멸시효가 완성된다.
> 1. 제4조 제1항 후단에 따른 보수와 제5조 제1항 · 제2항에 따른 보상은 그 사실이 있었던 날부터 1년
> 2. 제38조에 따른 배상은 우편물을 발송한 날부터 1년
>
> **우편법 제44조(보수 등의 결정에 대한 불복의 구제)** 제4조 제1항 후단에 따른 보수, 제5조 제1항 · 제2항에 따른 보상 및 제38조에 따른 손해배상에 관한 과학기술정보통신부장관의 결정에 불복하는 자는 그 통지를 받은 날부터 3개월 내에 소송을 제기할 수 있다.

**26** ②【×】 조력 요구를 받은 자는 정당한 사유 없이 거부할 수 없다.

---

**정답**    23 ③    24 ②    25 ④    26 ②

**27** 다음 용어의 정의 중 옳지 <u>않은</u> 것은?

① "통상우편물"이란 서신(書信) 등 의사전달물, 통화(송금통지서를 포함한다) 및 소형포장우편물을 말한다.

② "소포우편물"이란 통상우편물 외의 물건을 포장한 우편물을 말한다.

③ "우표"란 우편요금의 선납과 우표수집 취미의 문화를 확산시키기 위하여 발행하는 증표를 말한다.

④ "서신"이란 의사전달을 위하여 특정인이나 특정 주소로 송부하는 것으로서 문자 · 기호 · 부호 또는 그림 등으로 표시한 유형의 문서 또는 전단을 말한다. 신문, 정기간행물, 서적, 상품안내서 등이 여기에 해당된다.

**28** 무능력자의 우편이용에 관한 설명 중 옳지 <u>않은</u> 것은?

① 우편물의 발송, 수취 기타 우편이용에 관하여 무능력자가 우편관서에 대하여 행한 행위는 능력자가 행한 것으로 본다.

② 무능력자 중 미성년자가 행한 우편이용은 부모의 동의가 없으면 취소할 수 있다.

③ 무능력자 중 피한정후견인은 우편이용에 관하여도 동일한 효력이 인정된다.

④ 무능력자 중 피성년후견인은 법정대리인의 동의 없이 우편이용을 할 수 있다.

**29** 다음 내용과 관련된 법률은? 10. 기출

> 우정사업의 조직 · 예산 및 운영에 관한 자율성을 확보하고 우편 · 우편대체 · 우체국 금융 및 보험사업과 이에 부대되는 사업을 보다 효율적으로 추진함으로써 우편역무에 대한 품질을 향상시키고 국민 경제발전에 기여한다.

① 우편법
② 우체국예금 · 보험에 관한 법률
③ 체신창구업무의위탁에 관한 법률
④ 우정사업운영에 관한 특례법

**30** 우편법 용어의 정의에 대한 설명으로 <u>틀린</u> 것은?

① "통상우편물"이란 서신(書信) 등 의사전달물, 통화(송금통지서를 포함한다) 및 소형포장우편물을 말한다.

② "소포우편물"이란 통상우편물 외의 물건을 포장한 우편물을 말한다.

③ "우편요금을 표시하는 증표"란 우편요금의 선납과 우표수집 취미의 문화를 확산시키기 위하여 발행하는 증표를 말한다.

④ "서신"이란 의사전달을 위하여 특정인이나 특정 주소로 송부하는 것으로서 문자 · 기호 · 부호 또는 그림 등으로 표시한 유형의 문서 또는 전단을 말한다. 다만, 신문, 정기간행물, 서적, 상품안내서 등 대통령령으로 정하는 것은 제외한다.

**31** 과학기술정보통신부장관이 우정사업본부장에게 위임할 수 있는 것이 <u>아닌</u> 것은?

① 보편적 우편역무의 제공

② 선택적 우편역무의 제공

③ 우편금제품의 결정·고시, 우편물의 취급용적·중량·포장의 결정·고시 및 우편역무의 제공거절·제한

④ 업무위탁지역의 지정·고시

---

**정답 및 해설**

**27** ④ 【×】 "서신"이란 의사전달을 위하여 특정인이나 특정 주소로 송부하는 것으로서 문자·기호·부호 또는 그림 등으로 표시한 유형의 문서 또는 전단을 말한다. 다만, 신문, 정기간행물, 서적, 상품안내서 등 대통령령으로 정하는 것은 제외한다.

**28** ② 【×】 우편 이용관계에 있어서는 무능력자의 행위라도 능력자의 행위와 동일한 효력이 있으며, 무능력자의 행위임을 이유로 우편관서에 대하여 이용관계의 무효를 주장할 수 없다.

**29** ④ 【○】

> **우정사업운영에 관한 특례법 제1조(목적)** 이 법은 우정사업의 조직, 인사, 예산 및 운영 등에 관한 특례를 규정함으로써 우정사업의 경영합리화를 도모하여 우정서비스의 품질을 향상시키고 국가경제의 발전에 이바지함을 목적으로 한다.

**30** ③ 【×】 지문의 내용은 "우편요금을 표시하는 증표"가 아니라 "우표"에 대한 설명이다. "우표"란 우편요금의 선납과 우표수집 취미의 문화를 확산시키기 위하여 발행하는 증표를 말한다(우편법 제1조의2 제5호). "우편요금을 표시하는 증표"란 우편엽서, 항공서신, 우편요금 표시 인영(印影)이 인쇄된 봉투(연하장이나 인사장이 딸린 것을 포함한다)를 말한다(우편법 제1조의2 제6호).

**31** ④ 【×】 과학기술정보통신부장관이 지방우정청장에게 위임할 수 있는 사항이다(우편법 시행령 제9조의2 제2항 제2호).

**오답체크**

①②③ 【○】 과학기술정보통신부장관이 우정사업본부장에게 위임할 수 있는 사항이다(우편법 시행령 제9조의2 제1항 제5·6·8호).

> **우편법 시행령 제9조의2(권한의 위임)** ① 과학기술정보통신부장관은 법 제12조의3의 규정에 의하여 다음 각호의 권한을 우정사업본부장에게 위임한다. 〈개정 2008.2.29, 2011.12.2, 2013.3.23〉
>   5. 법 제14조에 따른 보편적 우편역무의 제공
>   6. 법 제15조에 따른 선택적 우편역무의 제공
>   8. 법 제17조의 규정에 의한 우편금제품의 결정·고시, 우편물의 취급용적·중량·포장의 결정·고시 및 우편역무의 제공거절·제한
> ② 과학기술정보통신부장관은 법 제12조의3의 규정에 의하여 다음 각호의 권한을 지방우정청장에게 위임한다. 〈개정 2005.8.19, 2008.2.29, 2011.5.30, 2013.3.23〉
>   2. 제4조 제2항의 규정에 의한 업무위탁지역의 지정·고시

---

**정답**  27 ④  28 ②  29 ④  30 ③  31 ④

**32** 우편업무 및 서신송달업무에 종사하는 자가 우편관서 및 서신송달업자가 취급 중인 서신의 비밀을 침해한 경우 가하는 제재는?

① 3년 이하의 징역 또는 1,000만 원 이하의 벌금

② 2년 이하의 징역 또는 500만 원 이하의 벌금

③ 5년 이하의 징역 또는 5,000만 원 이하의 벌금

④ 3년 이하의 징역 또는 2,000만 원 이하의 벌금

**33** 「우편법」 위반에 대한 벌칙 설명으로 옳은 것은? 21. 기출

① 우편업무에 종사하는 자가 정당한 사유 없이 우편물의 취급을 거부하거나 이를 고의로 지연시키게 한 경우에는 1년 이하의 징역 또는 5백만 원 이하의 벌금에 처한다.

② 우편관서 및 서신송달업자가 취급 중인 우편물 또는 서신을 정당한 사유 없이 개봉, 훼손, 은닉 또는 방기하거나 고의로 수취인이 아닌 자에게 내준 자는 2년 이하의 징역 또는 2천만 원 이하의 벌금에 처한다.

③ 소인이 되지 아니한 우표를 떼어낸 자는 1년 이하의 징역 또는 1천만 원 이하의 벌금에 처한다.

④ 우편금지물품을 우편물로 발송한 자는 1년 이하의 징역 또는 1천만 원 이하의 벌금에 처하고 그 물건을 몰수한다.

---

**정답 및 해설**

**32** ③ 【○】 우편업무 및 서신송달업무에 종사하는 자가 우편관서 및 서신송달업자가 취급 중인 서신의 비밀을 침해하는 행위를 하였을 경우에는 5년 이하의 징역 또는 5,000만 원 이하의 벌금에 처한다(우편법 제51조 제2항).

**33** ③ 【○】

오답체크

① 【×】 우편업무에 종사하는 자가 정당한 사유 없이 우편물의 취급을 거부하거나 이를 고의로 지연시키게 한 경우에는 1년 이하의 징역 또는 1천만 원 이하의 벌금에 처한다(우편법 제50조).

② 【×】 우편관서 및 서신송달업자가 취급 중인 우편물 또는 서신을 정당한 사유 없이 개봉, 훼손, 은닉 또는 방기하거나 고의로 수취인이 아닌 자에게 내준 자는 3년 이하의 징역 또는 3천만 원 이하의 벌금에 처한다(우편법 제48조 제1항).

④ 【×】 우편금지물품을 우편물로서 발송한 자는 2년 이하의 징역 또는 2천만 원 이하의 벌금에 처하고 그 물건을 몰수한다(우편법 제52조).

**정답** 　32 ③　33 ③

## 우편서비스의 구분 및 송달기준

**01** 다음 중 보편적 우편역무에 대한 설명으로 틀린 것은?

① 기본적인 우편역무로서 보편적 우편역무를 제공해야 하는 자는 과학기술정보통신부장관이다.

② 보편적 우편역무는 통상우편물과 소포우편물로 구분한다.

③ 보편적 우편역무의 대상은 2kg 이하의 통상우편물, 20kg 이하의 소포우편물, 2kg 이하의 통상우편물 또는 20kg 이하의 소포우편물의 기록취급 등 특수취급우편물, 그 밖의 대통령령으로 정하는 우편물이다.

④ 보편적 우편역무 제공에 필요한 우편물의 이용조건 등에 필요한 사항은 우정사업본부장이 정하여 고시하여야 한다.

**02** 보편적 우편서비스에 대한 설명 중 옳지 <u>않은</u> 것은?

① 국가가 국민에게 제공하는 가장 보편적인 우편서비스이다.

② 과학기술정보통신부장관은 모든 국민에게 우편서비스를 제공한다.

③ 통상우편물, 소포우편물, 특급배달우편물로 구분한다.

④ 선택적 우편서비스와 분류된다.

---

**정답 및 해설**

**01** ④ 【×】 과학기술정보통신부장관은 과학기술정보통신부령으로 정하는 바에 따라 보편적 우편역무 제공에 필요한 우편물의 수집·배달 횟수, 우편물 송달에 걸리는 기간, 이용조건 등에 필요한 사항을 정하여 고시하여야 한다(우편법 제14조 제3항).

**오답체크**
① 【○】 우편법 제14조 제1항 참조.
② 【○】 동조 제2항 참조.
③ 【○】 동조 제2항 참조.

**02** ③ 【×】 보편적 우편서비스는 통상우편물과 소포우편물로 구분한다.

**정답**    01 ④    02 ③

**03** 보편적 우편서비스의 대상이 <u>아닌</u> 것은?

① 2kg 이하의 통상우편물

② 20kg 이하의 소포우편물

③ ①·②의 우편물의 기록취급 등 특수취급우편물

④ 그 밖에 법률로 정하는 우편물


**04** 우편사업이 제공하는 선택적 우편서비스에 해당하는 것은? [18. 기출]

① 중량이 800g인 서류를 송달하는 경우

② 중량이 25kg인 쌀자루를 송달하는 경우

③ 중량이 20g인 서신을 내용증명으로 송달하는 경우

④ 중량이 2kg인 의류를 배달증명으로 송달하는 경우


**05** 국내우편서비스 선택적 우편역무의 종류에 해당하지 <u>않는</u> 것은? [12. 기출]

① 우편자루배달            ② 토요일 일간신문배달

③ 본인지정배달          ④ 우체국 꽃배달


**06** 〈보기〉에서 선택적 우편서비스가 <u>아닌</u> 것은 모두 몇 개 인가?

┌─ 보기 ┌─────────────────────────────────

  ㉠ 착불배달                 ㉡ EMS

  ㉢ 대금교환                 ㉣ 우편자루배달

  ㉤ 휴일소포배달            ㉥ 토요일 택배서비스

① 1개                  ② 2개

③ 3개                  ④ 4개


**07** 선택적 우편역무에 관한 설명으로 <u>틀린</u> 것은?

① 과학기술정보통신부장관은 고객의 필요에 따라 보편적 우편역무 외의 우편역무를 제공할 수 있다.

② 우편 이용과 관련된 용품의 제조 및 판매는 선택적 우편역무이다.

③ 그 밖에 우편역무에 부가하거나 부수하여 제공하는 역무도 선택적 우편역무이다.

④ 선택적 우편역무의 종류와 그 이용조건은 우정사업본부장이 정한다.

**정답 및 해설**

**03** ④ 【×】

> ✎ **선택적 우편역무의 대상(우편법 제14조 제2항)**
> 4. 그 밖에 대통령령으로 정하는 우편물

**04** ② 【○】

**오답체크**

①, ③, ④은 보편적 우편역무에 해당한다.

> ✎ **선택적 우편역무의 대상(우편법 제15조 제2항)**
> 1. 2kg 초과하는 통상우편물
> 2. 20kg 초과하는 소포우편물
> 3. 제1호 또는 제2호의 우편물의 기록취급 등 특수취급우편물
> 4. 우편(통신×)과 다른 기술 또는 역무가 결합된 역무
>     예 전자우편, 모사전송(FAX)우편, 우편물 방문접수 등
> 5. 우편시설, 우표, 우편엽서, 우편요금 표시 인영이 인쇄된 봉투 또는 우편차량장비 등을 이용하는 역무
> 6. 우편 이용과 관련된 용품의 제조 및 판매
> 7. 그 밖에 우편역무에 부가하거나 부수하여 제공하는 역무

**05** ④ 【×】 우체국 꽃배달은 선택적 우편역무에 해당하지 않는다.

**오답체크**

①②③ 【○】 우편자루배달, 토요일 일간신문배달, 본인지정배달은 선택적 우편역무에 해당한다.

> ✎ **선택적 우편역무의 종류(우편법 시행규칙 제25조 제1항)**
> 등기취급, 보험취급, 대금교환, 증명취급, 국내특급우편, 특별송달, 민원우편, 우편자루배달(삭제), 모사전송우편, 우편주문판매, 광고우편, 전자우편, 우편물방문접수, 토요일 일간신문배달(삭제), 휴일소포배달(삭제 후 토요일 택배서비스 신설), 착불배달, 계약등기, 회신우편, 본인지정배달, 우편주소 정보제공 등

**06** ③ 【×】 선택적 우편서비스가 아닌 것은 ⓒ EMS, ② 우편자루배달, ⑩ 휴일소포배달 3개가 정답이다.

> ✎ **선택적 우편역무의 종류(우편법 시행규칙 제25조 제1항)**
> 등기취급, 보험취급, 대금교환, 증명취급, 국내특급우편, 특별송달, 민원우편, 우편자루배달(삭제), 모사전송우편, 우편주문판매, 광고우편, 전자우편, 우편물방문접수, 토요일 일간신문배달(삭제), 휴일소포배달(삭제 후 토요일 택배서비스 신설), 착불배달, 계약등기, 회신우편, 본인지정배달, 우편주소 정보제공 등

**07** ④ 【×】 선택적 우편역무의 종류와 그 이용조건은 과학기술정보통신부령으로 정한다(우편법 제15조 제3항).

**오답체크**

①②③ 【○】 우편법 제15조 제1항·제2항 참조.

> ✎ **선택적 우편역무의 제공(우편법 제15조)**
> ① 과학기술정보통신부장관은 고객의 필요에 따라 제14조에 따른 보편적 우편역무 외의 우편역무 (이하 "선택적 우편역무"라 한다)를 제공할 수 있다.
> ③ 선택적 우편역무의 종류와 그 이용조건은 과학기술정보통신부령으로 정한다.

**정답**  　03 ④　04 ②　05 ④　06 ③　07 ④

**08** 〈보기〉에서 선택적 우편역무의 대상이 <u>아닌</u> 것은 몇 개 인가?

> ┌ 보기 ┌
> ㉠ 2kg을 초과하는 통상우편물
> ㉡ 20kg을 초과하는 소포우편물
> ㉢ 2kg을 초과하는 통상우편물 또는 20kg을 초과하는 소포우편물의 기록취급 등 특수취급우편물
> ㉣ 우편과 다른 기술 또는 역무가 결합된 역무
> ㉤ 그 밖에 우편역무에 부가하거나 부수하여 제공하는 역무

① 1개  
② 2개  
③ 3개  
④ 모두 옳음

**09** 선택적 우편서비스의 대상이 <u>아닌</u> 것은?

① 2kg을 초과하는 통상우편물  
② 20kg을 초과하는 소포우편물  
③ 우편이용과 관련된 용품의 제조 및 판매  
④ 통신과 유사한 기술 또는 역무가 결합된 서비스

**10** 선택적 우편서비스에 대한 설명 중 옳지 <u>않은</u> 것은?

① 2kg을 초과하는 통상우편물의 기록취급 등 특수취급우편물에 관한 우편서비스를 제공할 수 있다.  
② 우편시설, 우표, 우편엽서, 우편요금 표시인영이 인쇄된 봉투 또는 우편차량장비 등을 이용하는 서비스이다.  
③ 우편 이용과 관련된 용품의 제조 및 판매도 포함한다.  
④ 10kg을 초과하는 소포우편물이 그 대상이다.

**11**  선택적 우편역무의 종류에 관한 설명으로 옳지 <u>않은</u> 것은?

① 통화등기, 물품등기, 유가증권등기의 보험취급은 현금이나 고가의 물품을 발송할 때 집에서 받을 수 있도록 배달하는 서비스로 우체국의 과실로 분실했을 경우에는 표기금액을 배상한다.

② 배달증명은 등기취급을 전제로 우체국창구 또는 정보통신망을 통하여 발송인이 수취인에게 어떤 내용의 문서를 언제 발송하였다는 사실을 우체국이 증명하는 특수취급 제도이다.

③ 특별송달은 민사소송법이 정하는 방법에 따라 등기통상으로 송달하고 송달 사실을 우편송달통지서를 통해 발송인에게 알려주는 서비스를 말한다.

④ 대금교환우편물은 물건을 배달하고 대금을 수취인으로부터 받아 발송인에게 송금하여 주는 서비스로 소포우편물에 한하여 취급한다.

---

### 정답 및 해설

**08** ④【×】 ㉠㉡㉢㉣㉤은 모두 타당한 지문이다. 우편법 제15조 제2항 참조.

> ✎ **선택적 우편역무의 대상(우편법 제15조 제2항)**
> 1. 2kg 초과하는 통상우편물
> 2. 20kg 초과하는 소포우편물
> 3. 제1호 또는 제2호의 우편물의 기록취급 등 특수취급우편물
> 4. 우편(통신×)과 다른 기술 또는 역무가 결합된 역무
>     예 전자우편, 모사전송(FAX)우편, 우편물 방문접수 등
> 5. 우편시설, 우표, 우편엽서, 우편요금 표시 인영이 인쇄된 봉투 또는 우편차량장비 등을 이용하는 역무
> 6. 우편 이용과 관련된 용품의 제조 및 판매
> 7. 그 밖에 우편역무에 부가하거나 부수하여 제공하는 역무

**09** ④【×】

> ✎ **선택적 우편역무의 대상(우편법 제15조 제2항)**
> 4. 우편(통신×)과 다른 기술 또는 역무가 결합된 역무
>     예 전자우편, 모사전송(FAX)우편, 우편물 방문접수 등

**10** ④【×】 20kg을 넘는 소포우편물이 선택적 우편서비스의 대상이다. 보편적 우편서비스는 20kg 이하의 소포우편물이 그 대상이다.

**11** ②【×】 배달증명은 수취인에게 우편물을 배달하거나 교부한 경우에 그 사실을 배달우체국에서 증명해서 발송인에게 통지하는 서비스이다.

**정답**   08 ④   09 ④   10 ④   11 ②

**12**  선택적 우편역무의 종류에 관한 설명으로 옳지 <u>않은</u> 것은?

① 보험취급에는 통화등기, 물품등기, 유가증권등기가 있다.

② 내용증명은 등기취급을 전제로 우편물의 배달일자 및 수취인을 배달우체국에서 증명하여 발송인에게 통지하는 제도이다.

③ 특별송달은 등기취급을 전제로 배달우체국에서 배달결과를 발송인에게 통지하는 제도를 말한다.

④ 전자우편은 우체국 창구나 정보통신망을 통하여 전자적 형태로 접수된 통신문 등을 발송인이 의뢰한 형태로 출력·봉함하여 수취인에게 배달하는 제도이다.


**13**  우편서비스의 종류와 이용조건에 관한 설명으로 옳지 <u>않은</u> 것은? 16. 기출

① 30kg 이하 소포우편물은 보편적 우편서비스에 해당한다.

② 2kg을 초과하는 통상우편물은 선택적 우편서비스 대상이다.

③ 일반소포우편물의 송달기준은 접수한 다음 날부터 3일 이내이다.

④ 소포우편물에는 원칙적으로 서신을 넣을 수 없으나, 물건과 관련이 있는 납품서, 영수증, 설명서 등은 함께 넣어 보낼 수 있다.

정답 및 해설

**12** ② 【×】

> ✎ **우편법 시행규칙 제25조 제1항 제4호 증명취급**
>
> 가. 내용증명 : 등기취급을 전제로 우체국창구 또는 정보통신망을 통하여 발송인이 수취인에게 어떤 내용의 문서를 언제 발송하였다는 사실을 우체국이 증명하는 특수취급제도
> 나. 접수시각증명 삭제 [2014.12.4.]
> 다. 배달증명 : 등기취급을 전제로 우편물의 배달일자 및 수취인을 배달우체국에서 증명하여 발송인에게 통지하는 특수취급제도

오답체크

① 【○】

> ✎ **우편법 시행규칙 제25조 제1항 제2호 보험취급**
>
> 가. 통화등기 : 등기취급을 전제로 우정사업본부장이 발행하는 보험등기 취급용 봉투(이하 "보험등기봉투"라 한다)를 이용하여 현금을 배달하는 특수취급제도
> 나. 물품등기 : 등기취급을 전제로 보험등기봉투를 이용하여 귀금속·보석·옥석 기타 귀중품을 배달하는 특수취급제도. 이 경우 물품의 부피가 커서 보험등기봉투에 넣을 수 없는 때에는 다른 봉투를 사용하거나 포장하여 물품등기로 할 수 있다.
> 다. 유가증권등기 : 등기취급을 전제로 보험등기봉투를 이용하여 수표·우편환증서 기타 유가증권을 배달하는 특수취급제도

③ 【○】

> ✎ **우편법 시행규칙 제25조 제1항 제6호 특별송달**
>
> 등기취급을 전제로 「민사소송법」 제176조의 규정에 의한 방법으로 송달하는 우편물로서 배달우체국에서 배달결과를 발송인에게 통지하는 특수취급제도

④ 【○】

> ✎ **우편법 시행규칙 제25조 제1항 제12호 전자우편**
>
> 우체국 창구나 정보통신망을 통하여 전자적 형태로 접수된 통신문 등을 발송인이 의뢰한 형태로 출력·봉함하여 수취인에게 배달하는 제도

**13** ① 【×】

| | |
|---|---|
| 보편적 우편서비스 | ① 2kg 이하의 통상우편물<br>② 20kg 이하의 소포우편물<br>③ '①' 또는 '②'의 우편물의 기록취급 등 특수하게 취급하는 우편물<br>④ 그 밖에 대통령령으로 정하는 우편물 |
| 선택적 우편서비스 | ① 2kg을 초과하는 통상우편물<br>② 20kg을 초과하는 소포우편물<br>③ '①' 또는 '②'의 우편물의 기록취급 등 특수하게 취급하는 우편물<br>④ 우편과 다른 기술 또는 서비스가 결합된 우편서비스 : 전자우편, 모사전송(FAX)우편, 우편물 방문접수 등<br>⑤ 우편시설, 우표, 우편엽서, 우편요금 표시 인영이 인쇄된 봉투 또는 우편차량장비 등을 이용하는 서비스<br>⑥ 우편 이용과 관련된 용품의 제조 및 판매<br>⑦ 그 밖에 우편서비스에 부가하거나 부수하여 제공하는 서비스 |

정답   12 ②   13 ①

**14**  우편물 접수에 관한 설명으로 옳지 <u>않은</u> 것은?

① 우체통에 투입한 우편물의 접수시점은 집배원이 우편물을 수집하여 첨부된 우표에 소인하는 때이다.

② 통상우편물은 봉함하지 않고 발송하는 경우도 있다.

③ 발송인이 우편물 내용의 신고 또는 개봉(개피)을 거부할 때는 그 우편물을 접수하지 아니할 수 있다.

④ 우편물의 우체국 창구접수는 접수한 때부터 우편 이용 관계자가 발생하며, 우편관서와 발송인 사이에 우편물 송달계약이 이루어진다.

**15**  다음 괄호 안에 들어갈 우편물 송달기준으로 알맞은 것은? 08. 기출

| |
|---|
| • 보통우편물은 접수한 날의 다음 날부터 ( ㉠ ) 이내<br>• 익일특급은 ( ㉡ ) 이내 |

|  | ㉠ | ㉡ |
|---|---|---|
| ① | 3일 | 접수 익일 |
| ② | 2일 | 접수 당일 |
| ③ | 2일 | 접수 익일 |
| ④ | 3일 | 접수 당일 |

**16**  송달기준에 대한 설명 중 옳지 <u>않은</u> 것은?

① 송달기준의 접수시각은 우정사업본부장이 정한다.

② 토요일은 송달 기준일에 산입하지 아니한다.

③ 산간오지는 우편물송달기준을 달리 정할 수 있다.

④ 관보는 접수한 다음 날까지 이를 송달할 수 있다.

**17**  다음 우편서비스 중 송달기준이 가장 긴 것은? 10. 기출

① 특별송달                          ② 등기소포

③ 민원우편                          ④ 익일특급

**18** 우편물의 송달기준에 대한 설명으로 옳지 <u>않은</u> 것은?

① 우편물의 송달기준이란 우편물에 소요되는 기간을 말한다.

②「관공서의 공휴일에 관한 규정」에 의한 공휴일, 기타 다른 법령에 의한 유급휴일 · 토요일 및 우정사업본부장이 배달하지 아니하기로 정한 날은 이를 우편물송달기준에 산입하지 아니한다.

③ 우정사업본부장은 도서 · 산간오지 등 교통이 불편하여 우편물의 운송이 특히 곤란한 지역에 대하여는 지역별 또는 지역 상호간에 적용할 우편물송달기준을 달리 정할 수 있다.

④ 주 3회 이상 발행되는 신문으로「신문 등의 진흥에 관한 법률」에 따라 등록된 일간 신문 및 관보를 우편물정기발송계약에 따라 발송할 때에는 보통우편물로 접수한 경우에도 접수한 날의 다음 날까지 이를 송달할 수 있다.

---

**정답 및 해설**

**14** ①【×】 우편물의 접수시점은 우체국 창구에서 접수하거나 우체통에 우편물을 투입한 때, 방문접수는 영수증이나 수령증을 교부한 때이다. 따라서 이때부터 우편이용 관계가 발생한다.

**15** ①【○】 송달기준은 보통우편물은 접수한 날의 다음 날부터 3일 이내, 익일특급은 접수 익일 12시 이내이다.
※ 송달기준(우편물 송달에 소요되는 기간, 즉 우편물을 접수한 날로부터 배달할 날까지의 기준 일수)

| 구 분 | 송달기준 | 비고 |
|---|---|---|
| 보통우편물 | 접수한 날의 다음 날부터 3일 이내 배달 | • 보통 통상 · 소포<br>• 보통 등기 |
| 익일특급 | 접수한 날의 다음 날 | 제주 선편 : D+2일 |
| 등기소포 | | • D는 우편물을 접수한 날 |

**16** ①【×】 송달기준의 접수시각은 관할우체국장이 공고한 접수시간을 기준으로 한다.

**17** ①【○】 특정한 우편물을 일반우편물과는 다른 절차(민사소송법 제187조)로 보내고 보낸 사실을 보낸 사람에게 증명하는 제도. 법원이 소송관계자 앞으로 보내는 서류 따위에 적용한다. 특별송달은 일반등기우편과 특급우편으로 취급된다. 일반등기우편의 경우 접수한 다음 날부터 3일 이내에 배달된다.
오답체크
③【×】 민원우편은 국내특급우편(익일특급)으로 취급된다.

**18** ④【×】 주 5회 이상 발행되는 신문이다. 즉, 「신문 등의 진흥에 관한 법률」 제9조에 따라 등록된 일간신문(주 5회 이상 발행되는 신문으로 한정한다) 및 관보를 우편물정기발송계약에 따라 발송할 때에는 보통우편물로 접수한 경우에도 접수한 날의 다음 날까지 이를 송달할 수 있다(우편법 제14조).
오답체크
①【○】 우편물의 송달기준이란 우편물에 소요되는 기간 즉, 우편물을 접수한 날로부터 배달할 날까지의 기준일수를 말한다.
②【○】 우편법 제12조 제3항 참조.
③【○】 우편법 제13조 제1항 참조.

**정답**   14 ①   15 ①   16 ①   17 ①   18 ④

**19** 〈보기〉에서 국내우편물 배달기한에 대한 설명으로 옳은 것을 모두 고른 것은? 23. 기출

> 보기
> ㄱ. 익일특급우편물의 배달기한은 접수한 다음 날까지이다.
> ㄴ. 관보규정에 따른 관보는 배달기한 적용의 예외 대상이다.
> ㄷ. 등기통상과 등기소포우편물의 배달기한은 접수한 다음 날까지이다.
> ㄹ. 교통 여건 등으로 인해 우편물 운송이 특별히 어려운 곳은 관할 우편집중국장이 별도로 배
>    달기한을 정하여 공고한다.

① ㄱ, ㄴ  　　　　　　② ㄷ, ㄹ
③ ㄱ, ㄴ, ㄷ  　　　　④ ㄱ, ㄴ, ㄹ

**20** 〈보기〉에서 우편서비스 중 일반적인 송달기준일이 접수일(D)로부터 3일 이내로써 같은 것으로 연결한 것은?

> 보기
> ㉠ 등기통상우편
> ㉡ 등기소포우편
> ㉢ 통상적인 민원우편(특급취급하지 않은 경우)

① ㉠, ㉡  　　　　　　② ㉠, ㉢
③ ㉡, ㉢  　　　　　　④ ㉢, ㉣

---

**정답 및 해설**

**19** ① 【O】 ㄱ, ㄴ
ㄱ. 【O】 익일특급우편물의 배달기한은 D+1이다.
ㄴ. 【O】 「관보규정」에 따른 관보는 배달기한 적용의 예외로서 D+1이다.

**오답체크**
ㄷ. 【X】 등기통상의 배달기한은 D+3이고, 등기소포우편물의 배달기한은 D+1이다.
ㄹ. 【X】 교통 여건 등으로 인해 우편물 운송이 특별히 어려운 곳은 관할 지방우정청장이 별도로 배달기한을 정하여 공고한다.

**20** ② 【O】 ㉠, ㉢
㉠ 등기통상우편은 접수일(D)로부터 3일 이내이다. 따라서 송달기준이 가장 긴 경우에 해당한다.
㉡ 등기소포우편 서비스는 접수한 날의 다음 날 배달이 원칙이다.
㉢ 민원우편은 통상적으로 등기취급(접수일(D)로부터 3일 이내)을 원칙으로 한다. 다만, 국내특급우편취급을 할 경우 접수한 날의 다음 날 배달한다.

**정답**　19 ①　20 ②

## 🔖 통상우편물과 소포우편물

**01** 봉투에 넣어 봉함하여 발송하는 통상우편물의 규격요건에 관한 내용이다. 위반 시 규격외 요금을 징수하는 것은? 12. 기출

① 우편물의 무게는 최소 3g에서 최대 50g이다.
② 우편물의 봉투봉함 방법은 풀 또는 접착제를 사용하여야 한다.
③ 우편물의 표면 및 내용물은 편편하고 균일하여야 한다.
④ 우편물의 봉투색상은 흰색 또는 밝은색으로 한다.

---

**정답 및 해설**

**01** ① 【○】 봉투에 넣어 봉함하여 발송하는 우편물의 규격요건에 관하여 위반 시 규격 외 요금징수 대상인 것은 우편물의 크기, 무게, 봉투지질(재질), 우편번호기재, 우편물의 외부기재 사항이다.

오답체크

②③④ 【×】 봉투에 넣어 봉함하여 발송하는 우편물의 규격요건에 관하여 위반 시 규격 외 요금징수 대상이 아닌 것은 봉투색상(④), 우표첨부위치, 봉투봉함방법(②), 표면 및 내용물(③)이다.

✍ 봉투에 넣어 봉함하여 발송하는 우편물의 규격요건 [통상우편물의 규격요건 및 외부 표시(기재) 사항 등에 관한 고시(지식경제부고시 제2015-26호)]

| 구 분 | 내 용 | | 위반 시 규격외 요금징수 여부 |
|---|---|---|---|
| 크기 | • 세로(D) | 최소 90mm ~ 최대 130mm(허용오차 5mm) | |
| | • 가로(W) | 최소 140mm ~ 최대 235mm(허용오차 5mm) | ○ |
| | • 두께(T) | 최소 0.16mm ~ 최대 5mm(누르지 않은 자연 상태) | |
| 무게 | 최소 3g ~ 최대 50g | | ○ |
| 봉투색상 | 흰색 또는 밝은 색 : 반사율 70% 이상 | | |
| 봉투지질(재질) | 재질은 종이로써 70g/m²이상, 불투명도 75% 이상 | | ○ |
| 우편번호 기재 | 우편번호를 정확히 기재(수취인 우편번호 상·하·좌에 4mm 이상의 여백을 둘 것, 특히 창문봉투의 경우 우편번호가 창문 안에 다 보이도록 할 것) | | ○ |
| 우표첨부 위치 | 정해진 우표 첨부 위치에 우표를 붙이거나(가로봉투 우측상단 40mm × 74mm 이내) 우편요금 납부표시를 할 것 | | |
| 봉투봉함 방법 | 풀 또는 접착제를 사용해야 함(스테이플, 핀, 리벳 등 사용금지) | | |
| 표면 및 내용물 | 편편하고 균일하여야 함(단추, 동전, 도장 등 튀어나오는 것 제외) | | |
| 우편물의 외부기재 사항 | 밑면에서 17mm, 오른쪽에서 140mm 여백을 둘 것 발광물질 사용 또는 우편물의 눌러찍기, 돋아내기, 구멍 뚫기 금지 | | ○ |

**정답** 01 ①

**02**   **국내통상우편물의 규격요건 및 외부표시(기재) 사항에 대한 설명으로 옳은 것은?** 23. 기출

① 여섯자리 우편번호 작성란이 인쇄된 봉투를 이용한 통상우편물은 모두 규격외로 취급한다.

② 무게가 50g이고 누르지 않은 자연 상태에서 두께가 10mm인 경우에는 규격외로 취급한다.

③ 봉투의 세로 크기가 최소 140mm, 최대 235mm(허용오차 ±5mm)인 경우에는 규격으로 취급
한다.

④ 봉투의 모양이 직사각형 형태로 재질은 종이이며 색깔이 검은색인 경우에는 규격외로 취급
한다.

**03**   **통상우편물 접수 시 규격 외 요금을 징수해야 하는 우편물의 개수로 옳은 것은?** 19. 기출

> ㄱ. 봉투의 재질이 비닐인 우편물
> ㄴ. 봉투를 봉할 때 접착제를 사용한 우편물
> ㄷ. 수취인 우편번호를 6자리로 기재한 우편물
> ㄹ. 누르지 않은 자연 상태에서 두께가 10mm인 우편물
> ㅁ. 봉투 색상이 70% 이하 반사율을 가진 밝은 색우편물
> ㅂ. 정해진 위치에 우편요금납부 표시를 하지 않거나, 우표를 붙이지 않은 우편물

① 1개     ② 2개
③ 3개     ④ 4개

**04**   **다음 중 봉함우편물에 대하여 규격외 요금을 징수하여야 하는 경우는?**

① 무게 50g 이하인 경우

② 가로의 크기가 140mm ~ 235mm인 경우

③ 봉투의 재질이 종이인 경우

④ 발광물질을 사용하여 문자를 표시한 경우

**02** ② 【○】 누르지 않은 자연 상태에서 두께가 5mm인 경우가 규격으로 취급한다. 따라서 10mm인 경우에는 규격외로 취급한다.

| [위반 시 규격외 취급] | | |
|---|---|---|
| 요건 | | 내용 |
| (1) 크기 | 세로 (D) | 최소 90mm, 최대 130mm(허용오차 ±5mm) |
| | 가로 (W) | 최소 140mm, 최대 235mm(허용오차 ±5mm) |
| | 두께 (T) | 최소 0.16mm, 최대 5mm(누르지 않은 자연 상태) |
| (2) 모양 | | 직사각형 형태 |
| (3) 중량 | | 최소 3g, 최대 50g |
| (4) 재질 | | 종이(창문봉투의 경우 다른 소재로 투명하게 창문 제작) |
| (5) 우편번호 기재 | | 수취인 우편번호(국가기초구역 체계로 개편된 5자리 우편번호)를 정확히 기재해야 하며, 일체 가려짐이 없어야 함<br>수취인 우편번호 여백규격 및 위치<br>•규격: 상·하·좌·우에 4mm 이상 여백<br>•위치: (7)의 공백 공간 밖, 주소·성명 등의 기재사항의 아래쪽 수취인 기재영역 좌우 너비 안쪽의 범위에 위치<br>※ 해당 영역에는 우편번호 외 다른 사항 표시 불가<br>　우편번호 작성란을 인쇄하는 경우에는 5개의 칸으로 구성하여야 함<br>※ 단, 여섯자리 우편번호 작성란이 인쇄(2019년 10월 이전)된 봉투를 이용한 통상우편물은 우편번호 숫자를 왼쪽 칸부터 한 칸에 하나씩 차례대로 기입하고 마지막 칸은 공란으로 두어야 함 |
| (6) 표면 및 내용물 | | 문자·도안 표시에 발광·형광·인광물질 사용 및 기계판독률을 떨어뜨릴 수 있는 배경 인쇄 불가<br>봉할 때는 풀, 접착제 사용(스테이플, 핀, 리벳 등 도드라진 것 사용불가)<br>우편물의 앞·뒤, 상·하·좌·우는 완전히 봉해야 함(접착식 우편물 포함)<br>특정부분 튀어나옴·눌러찍기·돌아내기·구멍뚫기 등이 없이 균일해야 함<br>※ 종이·수입인지 등을 완전히 밀착하여 붙인 경우나 점자 기록은 허용 |
| (7) 기계처리를 위한 공백 공간 * 허용오차 ±5mm | | 앞면: 오른쪽 끝에서 140mm × 밑면에서 17mm, 우편번호 오른쪽 끝에서 20mm<br>뒷면: 왼측 끝에서 140mm × 밑면에서 17mm |

**03** ③ 【○】 통상우편물 접수 시 규격 외 요금을 징수해야 하는 우편물은 ㄱ, ㄷ, ㄹ이다. 그러나 ㄴ은 규격요건에 해당하고, ㅁ, ㅂ은 권장요건에 해당한다. (문제 1번 해설 표 참조)

**04** ④ 【○】

| [봉함우편물의 규격] |
|---|
| •크기 세로: 최소 90mm, 최대 130mm(허용오차 ±5mm)<br>　　　가로: 최소 140mm, 최대 235mm(허용오차 ±5mm)<br>　　　두께: 최소 0.16mm, 최대 5mm(누르지 않은 자연 상태)<br>•무게: 50g 이하<br>•봉투의 재질: 종이<br>•수취인 우편번호를 기재하고 우편번호 좌, 우에 4mm 이상의 공간 확보<br>•문자나 도안 등을 표시하는 경우에는 발광물질을 사용하여서는 아니 된다.<br>•우편물에 눌러찍기, 돌아내기, 구멍 뚫기를 할 수 없다. |

**정답**　　02 ②　　03 ③　　04 ④

**05** 통상우편물의 발송요건에 대한 설명으로 옳지 <u>않은</u> 것은?

① 봉투에 넣어 발송하는 것이 원칙이며 봉함이 적절하지 않은 경우에는 등기소포로 발송할 수 있다.

② 우정사업본부장이 발행하는 우편엽서와 제조요건에 적합한 사제엽서 등은 봉함하지 않고 발송할 수 있다.

③ 발송 시 발송인 및 수취인의 주소, 성명과 우편번호 그리고 우편요금의 납부표시를 외부에 표시하여야 한다.

④ 정기발송 우편계약물은 별도 고시의 발송요건에 따라 발송한다.

**06** 우편물의 외부표시(기재) 사항에 대한 설명으로 옳은 것은? 22. 기출

① 통상우편물 요금감액을 받기 위해서는 집배코드별로 구분하여 제출해야 한다.

② 집배코드는 도착집중국 3자리, 배달국 2자리, 집배팀 2자리, 집배구 2자리로 구성되어 있다.

③ 우체국과 협의되지 않은 우편요금 표시인영은 표기할 수 없으나, 개인정보보호 법령에 따른 주민등록번호는 기재할 수 있다.

④ 집배코드란 우편물 구분을 편리하게 할 수 있도록 만든 일종의 코드로서, 문자로 기재된 수취인의 주소정보를 일정한 기준에 따라 숫자로 변환한 것이다.

**07** 우편물의 외부에 표시(기재) 또는 부착할 수 있는 사항과 그 방법에 관한 설명으로 <u>틀린</u> 것은?

① 발송인은 필요한 내용을 봉투 앞면의 지정된 위치와 봉투 뒷면의 기계처리를 위한 밑면으로부터 17mm, 왼쪽에서 140mm를 제외한 부분에 표시하거나 이를 표시한 것을 완전히 밀착하여 붙일 수 있다.

② 발송인이 필요로 하는 사항은 발송하는 우편물의 내용과 관련된 사항을 말하며, 우편물의 봉투 뒷면에는 광고를 기재할 수 없다.

③ 문자나 도안 등을 표시하는 경우에는 발광물질(인광물질 및 형광 물질을 포함)을 사용하여서는 아니 된다.

④ 우편물에 눌러찍기, 돋아내기, 구멍 뚫기 등을 할 수 없다.

**08** 통상우편물로서 봉함하지 않고 발송할 수 있는 경우로 옳지 <u>않은</u> 것은?

① 사제엽서 제조요건에 적합하게 제조된 사제엽서

② 중앙행정기관의 장이 발행하는 우편엽서

③ 모사전송(팩스)우편물

④ 전자우편물

**정답 및 해설**

**05** ① 【×】 봉투에 넣어 발송하는 것이 원칙이며 봉함이 적절하지 않은 때에는 완전히 포장하여 발송할 수 있다.

**06** ① 【○】

**오답체크**

② 【×】 집배코드는 총 9자리로 도착집중국 2자리, 배달국 3자리, 집배팀 2자리, 집배구 2자리로 구성되어 있다.

③ 【×】 우체국과 협의되지 않은 우편요금 표시인영, 개인정보보호 법령에 따른 주민등록번호 등 고유식별정보는 우편물의 외부표시(기재) 금지사항이다.

④ 【×】 집배코드란 우편물 구분·운송·배달에 필요한 구분정보를 가독성이 높은 단순한 문자와 숫자로 표기한 것이다. 우편물 구분을 편리하게 할 수 있도록 만든 일종의 코드로서, 문자로 기재된 수취인의 주소정보를 일정한 기준에 따라 숫자로 변환한 것은 우편번호이다.

**07** ② 【×】 발송인이 필요로 하는 사항은 발송하는 우편물의 내용과 관련된 사항을 말하며, 우편물의 봉투 뒷면에는 광고를 기재할 수 있다.

> ✎ 우편물의 외부에 표시(기재) 또는 부착할 수 있는 사항과 그 방법 [통상우편물의 규격요건 및 외부 표시(기재) 사항 등에 관한 고시 (지식경제부고시 제2012-45호)]
> 2) 우편물의 외부에 표시(기재) 또는 부착할 수 있는 사항과 그 방법
> 　가) 발송인은 필요한 내용을 봉투 앞면의 지정된 위치와 봉투 뒷면의 기계처리를 위한 밑면으로부터 17mm, 왼쪽에서 140mm를 제외한 부분에 표시하거나 이를 표시한 것을 완전히 밀착하여 붙일 수 있다.
> 　나) 발송인이 필요로 하는 사항은 발송하는 우편물의 내용과 관련된 사항을 말하며, 우편물의 봉투 뒷면에는 광고를 기재할 수 있다.
> 　다) 다만, 우편물의 품위 유지를 위해 공공의 안녕질서, 미풍양속을 저해하는 다음 각 호에 해당하는 광고를 기재할 수 없다. 정기간행물, 서적도 이에 따른다.
> 　　⑴ 공공의 안녕질서 또는 미풍양속을 저해하는 것으로 인정되는 사항
> 　　　(가) 범죄행위를 목적으로 하거나 범죄행위를 부추기는 내용
> 　　　(나) 반국가적 행위의 수행을 목적으로 하는 내용
> 　　　(다) 선량한 풍속 기타 사회질서를 해하는 내용
> 　　⑵ 청소년에게 유해한 내용으로 인정되는 사항
> 　　　(가) 성적인 욕구를 자극하는 선정적인 것이거나 음란한 내용
> 　　　(나) 포악성이나 범죄의 충동을 일으킬 수 있는 내용
> 　　　(다) 성폭력을 포함한 각종형태의 폭력행사와 약물 남용을 자극하거나 미화하는 내용
> 　　　(라) 건전한 인격과 시민의식의 형성을 저해하는 반사회적·반윤리적인 내용
> 　　　(마) 기타 청소년의 정신적, 신체적 건강에 명백히 해를 끼칠 우려가 있는 내용
> 　　⑶ 성적 수치심이나 불쾌감을 일으키는 사항
> 　　⑷ 우편법 또는 다른 법률에서 금지하는 사항
> 　라) 문자나 도안 등을 표시하는 경우에는 발광물질(인광물질 및 형광 물질을 포함한다.)을 사용하여서는 아니 된다.
> 　마) 우편물에 눌러찍기, 돋아내기, 구멍 뚫기 등을 할 수 없다.
> 　바) 요금납부표시 영역에 시각장애인용 표시를 인쇄할 수 있다. 다만, 요금별·후납으로 접수되는 우편물 중 요금납부표시를 인쇄한 우편물에 한한다.

**08** ② 【×】 우정사업본부장이 발행하는 우편엽서가 봉함하지 않고 발송할 수 있는 경우이다.

**정답**　　05 ①　　06 ①　　07 ②　　08 ②

**09** 국내소포우편물에 대한 설명으로 옳은 것은? 23. 기출

① 가로, 세로, 높이를 합하여 35cm 미만인 소형포장우편물은 소포우편물로 구분하여 취급한다.

② 일반소포우편물은 우표납부로 우편요금 결제가 가능하며 반송 시 반송수수료를 징수하지 않는다.

③ 최소용적은 평면의 크기가 길이 14cm, 너비 9cm 이상, 원통형으로 된 것은 직경의 2배와 길이를 합하여 23cm이다.

④ 고객이 등기소포우편물 1개의 접수정보를 사전에 제공하고 우체국 창구에서 요금즉납으로 결제한 경우, 우편요금의 3%를 감액받는다.

**10** 〈보기〉에서 국내우편물 제한 부피 및 무게에 관한 설명으로 옳은 것을 모두 고른 것은?

16. 기출

> 보기
>
> ㄱ. 통상우편물의 최대무게: 8,000g
> ㄴ. 통상우편물의 최소부피
> - 평면의 길이 14cm, 너비 9cm
> - 원통형은 '지름의 2배'와 길이를 합하여 23cm(단, 길이는 14cm 이상)
> ㄷ. 소포우편물의 최소부피
> - 가로·세로·높이 세변을 합하여 35cm(단, 가로는 17cm 이상, 세로는 12cm 이상)
> - 원통형은 '지름의 2배'와 길이를 합하여 35cm(단, 지름은 3.5cm 이상, 길이는 17cm 이상)
> ㄹ. 소포우편물의 최대부피: 가로·세로·높이 세변을 합하여 1m이내(단, 어느변이나 90cm를 초과할 수 없음)

① ㄱ, ㄴ  
② ㄱ, ㄹ  
③ ㄴ, ㄷ  
④ ㄷ, ㄹ

**11** 다음 중 등기소포와 보통소포에 대한 설명으로 옳지 <u>않은</u> 것은?

① 보통소포는 접수에서 배달까지의 기록취급을 하지 않는다.

② 등기소포, 보통소포 모두 신용카드 결제는 불가능하다.

③ 보통소포의 경우 손해배상을 청구할 수 없다.

④ 등기소포의 경우 반송 시 반송수수료를 징수한다.

**12**  등기소포와 보통소포의 이동(異同)에 대한 설명으로 **틀린** 것은?

① 취급방법으로 등기소포와 보통소포는 영수증을 교부한다.

② 망실·훼손, 지연배달 시 손해배상 청구로 등기소포는 청구가 가능하나 보통소포는 청구가 가능하지 않다.

③ 반송 시 반송수수료 징수(등기취급수수료 해당금액)는 등기소포는 징수하나 보통소포는 징수하지 않는다.

④ 부가특수서비스취급에 대하여 등기소포는 취급이 가능하지 않으나, 보통소포는 취급이 가능하다.

---

### 정답 및 해설

**09** ④【○】

**오답체크**

①【×】 가로, 세로, 높이를 합하여 35cm 미만인 소형포장우편물은 통상우편물로 구분하여 취급한다.

②【×】 등기소포는 반송 시 반송수수료(등기통상취급 수수료 해당금액)를 징수하지만, 일반소포는 반송료가 따로 없다.

③【×】

> **[소포우편물 최소 용적]**
> 1) 가로·세로·높이 세 변을 합하여 35cm(단, 가로는 17cm 이상, 세로는 12cm 이상)
> 2) 원통형은 "지름의 2배"와 길이를 합하여 35cm(단, 지름은 3.5cm 이상, 길이는 17cm 이상)

**10** ③【○】 ㄴ, ㄷ

ㄱ.【×】 통상우편물의 최대무게 : 6,000g, 선택적 우편서비스의 통상우편물의 최대는 6kg이다. 또한 최소는 2g부터이다.

ㄹ.【×】 소포우편물의 최대부피 : 가로·세로·높이 세 변을 합하여 160cm 이내(단, 어느 변이나 1m를 초과할 수 없음)

**11** ②【×】 등기소포, 보통소포 모두 우표납부, 현금, 신용카드 결제가 가능하다.

**12** ④【×】 부가특수서비스취급에 대하여 등기소포는 취급이 가능하나, 보통소포는 취급이 가능하지 않다.

**[등기소포와 보통소포의 차이]**

| 구분 | 등기소포 | 일반소포 |
| --- | --- | --- |
| 취급방법 | 접수에서 배달까지의 송달과정에 대해 **기록** | 기록하지 않음 |
| 요금납부 방법 | 현금, 우표첩부, 우표납부, 신용카드 결제 등 | 현금, 우표첩부, 신용카드 결제 등 |
| 손해배상 | 분실·훼손, 지연배달 시 **손해배상청구** 가능 | 없음 |
| 반송료 | 반송 시 **반송수수료**<br>(등기통상취급 수수료 해당금액) 징수 | 없음 |
| 부가취급서비스 | **부가취급서비스 가능** | 불가능 |

**정답**  09 ④  10 ③  11 ②  12 ④

**13** 국내우편물의 접수 및 처리에 대한 설명으로 <u>틀린</u> 것은?

① 발송인이 우편물 내용의 신고 또는 개봉(개피)을 거부할 때는 그 우편물을 접수하지 아니한다.

② 소포우편물의 최대용적은 가로·세로·높이 세 변을 합하여 160cm 다만, 어느 변이나 1m를 초과할 수 없다.

③ 내용증명 우편물의 반환청구는 원본과 등본 2부에 모두 반환청구 사유와 교부내역을 적고 우체국 보관용에 청구서 사본을 첨부해 둔다.

④ 소형우편물의 최소용적은 가로·세로·높이 세변을 합하여 35cm 단, 가로는 17cm 이상, 세로는 12cm 이상이어야 한다.

**14** 국내소포우편물의 취급조건과 접수에 관한 설명으로 옳지 <u>않은</u> 것은? 12. 기출

① 최대 제한중량은 30kg이다.

② 노트, 사진, 거래통장, 통화는 소포로 취급할 수 있다.

③ 접수 시 내용품을 문의하고 우편물의 포장상태를 검사한다.

④ 보통소포우편물의 표면 왼쪽 중간에 '소포' 표시를 한다.

**15** 소포우편물에 대한 설명으로 옳지 <u>않은</u> 것은?

① 최대용적은 가로·세로·높이 세 변을 합하여 160cm이나 한 변은 1m를 초과할 수 있다.

② 최소용적은 가로·세로·높이 세 변을 합하여 35cm이다.

③ 대금교환우편물은 소포우편물에 한하여 취급한다.

④ 요금후납의 경우 소포우편물의 대상은 동일인이 매월 100통 이상 발송하는 경우이다.

**16** 국내소포우편물의 취급조건과 접수에 관한 설명으로 옳지 <u>않은</u> 것은?

① 소포우편물의 최대 용적은 길이·너비 및 두께를 합하여 160cm 이내이어야 한다. 단, 어느 길이도 1m를 초과할 수 없다.

② 서신, 통화는 원칙상 소포우편물의 대상이 아니다. 다만, 물품과 관련된 납품서, 영수증, 설명서, 감사인사메모 등은 상품(물품)의 일부로 보아 동봉할 수 있다.

③ 소포우편물의 접수 시 포장상태의 검사로서 폭발물, 인화물질, 마약류 등의 우편금제품의 포함여부, 다른 우편물의 손상을 주지 않으며, 튼튼하게 포장하였는지를 확인하는 검사를 해야 한다.

④ 보통소포우편물의 표면 왼쪽 중간에 '소포' 표시를 하며, 소포번호의 표시는 소포번호표를 우편물의 표면 오른쪽 윗부분에 요금별·후납 표시인을 날인한다.

**17**  우편엽서의 종류가 <u>아닌</u> 것은?

① 그림엽서　　　　　　　　　　② 광고엽서
③ 고객맞춤형엽서　　　　　　　④ 증명엽서

---

**정답 및 해설**

**13** ④【×】
- 소포우편물의 최대용적은 가로·세로·높이 세 변을 합하여 160cm 다만, 어느 변이나 1m를 초과할 수 없다.
- 소포우편물의 최소용적은 가로·세로·높이 세 변을 합하여 35cm 단, 가로는 17cm 이상, 세로는 12cm 이상이어야 한다.
- 소포우편물의 중량은 30kg 이내이어야 한다.
- 우편관서의 장과 발송인과의 사전계약에 따라 발송인을 방문하여 접수하는 경우에는 그 계약으로 달리 정할 수 있다.

**14** ②【×】 서신, 통화는 원칙상 소포우편물의 대상이 아니다(우편법 제1조의2 제2호·제3호). 다만, 물품과 관련된 납품서, 영수증, 설명서, 감사인사메모 등은 상품(물품)의 일부로 보아 동봉할 수 있다.

【오답체크】

①【○】 소포우편물의 제한 중량은 30kg이다. 소포우편물의 길이·너비 및 두께를 합하여 160cm 이내(단, 어느 길이도 1m를 초과할 수 없다)이어야 한다.

③【○】 소포우편물의 접수 시 내용품의 문의로서 ㉠ 폭발물, 인화물질, 마약류 등의 우편금제품의 포함여부, ㉡ 다른 우편물을 훼손시키거나 침습을 초래할 가능성 여부에 관한 문의를 해야 하고, 포장상태의 검사로서 ㉢ 내용품이 송달 중에 파손되지 않고, ㉣ 다른 우편물의 손상을 주지 않으며, ㉤ 튼튼하게 포장하였는지를 확인하는 검사를 해야 한다.

④【○】 보통소포우편물의 표면 왼쪽 중간에 '소포' 표시를 하며, 소포번호의 표시는 소포번호표를 우편물의 표면 오른쪽 윗부분에 요금별·후납 표시인을 날인하고, 접수번호, 접수우체국 및 중량을 기재한다.

**15** ①【×】 가로·세로·높이의 어느 한 변도 1m를 초과할 수 없다.

**16** ③【×】

| [소포우편물의 접수 시 유의사항] | |
| --- | --- |
| 내용품의 문의 | ㉠ 폭발물, 인화물질, 마약류 등의 우편금제품의 포함여부, ㉡ 다른 우편물을 훼손시키거나 침습을 초래할 가능성 여부에 관한 문의를 해야 한다. |
| 포장상태의 검사 | ㉠ 내용품이 송달 중에 파손되지 않고, ㉡ 다른 우편물의 손상을 주지 않으며, ㉢ 튼튼하게 포장하였는지를 확인하는 검사를 해야 한다. |

**17** ④【×】 증명엽서는 우편엽서의 종류에 해당하지 않는다.

【오답체크】

①②③【○】 우편엽서의 종류로는 통상엽서, 경조엽서, 그림엽서, 광고엽서, 고객맞춤형엽서가 있다.

**정답**　13 ④　14 ②　15 ①　16 ③　17 ④

**18** 우편엽서의 발행방법에 관한 설명으로 <u>틀린</u> 것은?

① 광고엽서는 사제할 수 없다.
② 사제엽서도 평판(오프셋)으로 인쇄하여야 한다.
③ 표면은 편편하고 균일하여야 한다.
④ 앞면의 색상은 흰색이나 밝은색으로 70% 이상의 반사율을 가져야 한다.

**19** 우편엽서의 규격외 엽서 추가 적용사항에 관한 설명으로 <u>틀린</u> 것은?

① 수취인의 우편번호를 기재하지 않는 경우
② 수취인 우편번호 기재란의 상·하·좌·우에 5mm 이상의 여백을 두지 않은 경우
③ 수취인 우편번호 기재란 아랫부분이 봉투표면의 오른쪽 끝에서 20mm, 밑면으로부터 17mm
  에 위치하지 않은 경우
④ 우편법 시행규칙상의 사제엽서의 제조요건을 벗어난 경우

**20** 사제엽서의 제조요건 중 종류·규격·형식 등에 관한 권한자로 옳은 것은?

① 과학기술정보통신부장관
② 우정사업본부장
③ 관할지방우정청장
④ 관할우체국장

**21** 띠종이 등으로 묶어서 발송하는 정기간행물에 대한 설명으로 옳지 <u>않은</u> 것은?

① 신문형태가 아닌 정기간행물의 띠종이 가로 길이는 최소 90mm에서 최대 235mm이다.
② 띠종이의 색상은 흰색 또는 밝은색으로 70%의 반사율이 요건이다.
③ 띠종이의 포장상태는 신문 이외의 경우에는 A4 이내이고 우편물은 원형 그대로 사용한다.
④ 발송인이 필요로 하는 사항은 우편물 외부에 띠종이 앞면을 가로로 2등분한 아랫부분에 발
  송인이 필요로 하는 사항을 표시할 수 있다.

**22** 띠종이로 묶어서 발송할 수 있는 것은?

① 우정사업본부장이 발행하는 우편엽서
② 요건을 갖춘 사제엽서
③ 우편물 정기발송계약을 맺은 정기간행물
④ 봉함하기가 적절하지 않은 통상우편물

---

**정답 및 해설**

**18** ② 【×】 우편엽서는 평판(오프셋)으로 인쇄하여야 한다(다만, 사제엽서는 제외).

> **[우편엽서의 발행방법]**
> • 광고엽서는 사제할 수 없다.
> • 평판(오프셋)으로 인쇄하여야 한다(다만, 사제엽서는 제외)
> • 표면은 편편하고 균일하여야 한다.
> • 앞면의 색상은 흰색이나 밝은 색으로 70% 이상의 반사율을 가져야 한다.

**19** ② 【×】 수취인 우편번호 기재란의 상·하·좌·우에 5mm가 아니라 4mm 이상의 여백을 두지 않은 경우이다.

> **[우편엽서의 규격외 엽서 추가 적용사항]**
> 1. 수취인의 우편번호를 기재하지 않는 경우
> 2. 수취인 우편번호 기재란의 상·하·좌·우에 4mm 이상의 여백을 두지 않거나 수취인 우편번호 기재란 아랫부분이 봉투표면의 오른쪽 끝에서 20mm, 밑면으로부터 17mm에 위치하지 않은 경우
> 3. 우편법 시행규칙상의 사제엽서의 제조요건을 벗어난 경우
>    • 발송인이 아닌 자의 광고를 게재하지 아니할 것
>    • 우표에 갈음하는 우편요금표시인영을 인쇄하지 아니할 것
>    • 우편엽서표면의 윗부분 중앙에 '우편엽서' 또는 이에 상당하는 문자를 표시

**20** ② 【○】 **우편법 시행규칙 제20조** 우편엽서를 개인, 기관 또는 단체가 제조하는 경우에는 우정사업본부장이 정하여 고시하는 우편엽서의 종류·규격·형식 등에 적합하여야 한다.

**21** ④ 【×】 발송인이 필요로 하는 사항은 띠종이 앞면을 가로로 2등분한 윗부분과 띠종이 뒷면 전체에 발송인이 필요로 하는 사항을 표시하거나 이를 표시한 것을 완전히 밀착하여 붙일 수 있다.

**22** ③ 【○】

> **[발송요건]**
> • 통상우편물은 봉투에 넣어 봉함하여 발송하여야 하며, 봉함하기가 적절하지 않은 것은 우정사업본부장이 고시한 기준에 적합하도록 포장하여 발송할 수 있다.
> • 우정사업본부장이 발행하는 우편엽서, 16쪽 이상인 책자 형태의 상품안내서, 우편법 시행규칙에 의한 요건을 갖춘 사제엽서, 모사전송(팩스)우편물, 전자우편물은 봉함이나 포장하지 아니하고 발송할 수 있다.
> • 우편물 정기발송계약을 맺은 정기간행물은 우정사업본부장이 정하는 요건에 따라 띠종이 등으로 묶어서 발송할 수 있다.
> • 우편물 이용자는 우편물의 외부에 다음사항을 표시하여야 한다.
>    − 발송인 및 수취인의 주소, 성명과 우편번호
>    − 우편요금의 납부표시 및 우정사업본부장이 정하여 고시한 사항

---

**정답**   18 ②   19 ②   20 ②   21 ④   22 ③

## 📁 방문접수소포(우체국택배)

**01** 고객이 인터넷을 통하여 서비스를 신청하시면 고객의 주소지로 방문하여 접수하고 수취인에게 신속히 배달해 주는 서비스는?

① 우체국경조카드  
② 전자우편  
③ 우체국택배  
④ 우체국쇼핑

**02** 방문접수소포(우체국소포)에 대한 설명으로 옳은 것은? 22. 기출

① 인터넷우체국을 이용하여 방문접수 신청은 가능하나, 요금수취인부담(요금 착불) 신청은 불가하다.
② 초소형 특정요금은 월 평균 10,000통 이상 발송업체 중 초소형물량이 80% 이상인 경우에 적용이 가능하다.
③ 연합체 발송계약이란 계약자가 주계약 우체국을 지정하여 이용계약을 체결하고 여러 우편관서에서 별도의 계약 없이 계약소포를 발송하는 것이다.
④ 한시적 발송계약은 3개월 이내에 한시적으로 계약소포를 발송하는 것이다.

**03** 국내 요금수취인부담 우편물에 대한 설명으로 옳지 <u>않은</u> 것은? 23. 기출

① 요금수취인부담 이용계약의 해지 이후 발송 유효기간 내에 발송된 우편물은 발송인에게 반환한다.
② 우편요금은 부가취급수수료를 포함한 금액의 110%이며, 합계금액에 원 단위가 있을 경우에는 절사한다.
③ 국가기관, 지방자치단체 또는 정부투자기관은 계약일로부터 2년을 초과하여 발송 유효기간을 정할 수 있다.
④ 배달우체국장(계약등기와 등기소포는 접수우체국장)과의 계약을 통해 그 우편요금을 발송인에게 부담시키지 않고 수취인 자신이 부담하는 제도이다.

**04**  우체국택배에 관한 설명으로 옳지 <u>않은</u> 것은?

① 우체국택배는 소포우편물 방문접수의 브랜드로 업무의 표장이다. 이는 개별택배와 계약택배서비스로 나뉘어 서비스를 하고 있으며, 요금수취인부담(요금착불)도 가능하다.

② 방문접수의 종류로는 개별택배와 월 발송물량이 50개 이상일 경우 우체국과 별도로 계약을 체결하는 계약택배가 있다.

③ 개인고객의 방문접수 신청 시 해당 우체국에서 픽업하는 서비스에 해당한다. 다만, 포장불량으로 부패 혹은 파손의 우려가 큰 물품 및 300만 원 이상의 고가의 물품의 취급은 제한된다.

④ 전화 및 인터넷을 이용한 방문접수를 실시하고 있다.

---

**정답 및 해설**

**01** ③ 【○】 우체국택배는 소포우편물 방문접수의 브랜드로 업무의 표장이다. 이는 개별택배와 계약택배서비스로 나뉘어 서비스를 하고 있으며, 전화 및 인터넷을 이용한 방문접수를 실시하고 있다.

**02** ④ 【○】

**오답체크**

① 【×】 인터넷우체국을 이용하여 방문접수 신청은 요금수취인부담 요금 착불도 가능하다.

② 【×】 초소형 특정요금이란 초소형 계약소포에 대하여 규격 물량 단계별 요금 및 평균요금을 적용하지 않고 본부장 또는 지방우정청장 승인으로 적용하는 요금을 말한다. 단, 월 평균 만통 이상 발송업체 중 초소형 물량이 90% 이상인 경우 적용 가능하다.

③ 【×】 연합체 발송계약이란 상가나 시장 또는 농장 등을 중심으로 일정한 장소에 유사사업을 목적으로 연합되어 있는 법인 임의단체의 회원들이 1개의 우편관서와 계약을 체결하고 한 장소에 집하하여 계약소포를 발송하는 것을 말한다. 따라서 다수지발송계약에 관한 설명으로 옳지 않은 지문에 해당한다.

**03** ① 【×】 요금수취인부담 이용계약의 해지 이후 발송 유효기간 내에 발송된 우편물은 수취인에게 배달하여야 한다. 발송 유효기간을 경과하여 발송한 요금수취인부담 우편물은 발송인에게 반환한다.

**04** ② 【×】 방문접수의 종류로는 개인 고객의 방문접수 신청 시 해당 우체국에서 픽업하는 개별택배와 우체국과 사전계약을 통해 별도의 요금을 적용하고 주기적으로 픽업하는 계약택배로 나누며 계약택배는 월 발송물량이 100개 이상일 경우 이용 가능한 서비스이다.

**정답**  01 ③  02 ④  03 ①  04 ②

**05** **우체국택배에 관한 설명으로 옳은 것은?** 12. 기출

① 포장불량으로 부패 혹은 파손 우려가 큰 물품 및 300만 원 이상의 고가품은 취급이 제한된다.

② 파손, 분실 시 최대 30만 원까지 보상한다.

③ 이용요금은 지역 구분 없이 동일요금을 적용한다.

④ 월 발송물량이 50개 이상일 경우 우체국과 별도로 계약을 체결하여 저렴하게 이용할 수 있다.

**06** **방문접수(우체국택배)에 대한 설명으로 옳지 않은 것은?**

① 우체국택배(KPS)는 소포우편물 방문접수의 브랜드로 업무표장이다.

② 방문접수의 종류로는 개별택배(개인 고객의 방문접수 신청 시 해당 우체국에서 픽업)와 계약택배(우체국과 사전계약을 통해 별도의 요금을 적용하고 주기적으로 픽업)가 있다.

③ 방문접수지역으로는 4급 또는 5급 우체국이 설치되어 있는 시·군의 시내 배달 구(시내지역)와 그 이외 관할 우체국장이 방문접수를 실시하는 지역이 있다.

④ 인터넷 접수 할인제의 적용대상은 개별택배와 계약택배에 적용되며, 할인요금은 1000원이다.

**07** **우체국택배의 인터넷 접수할인제에 대한 설명으로 옳지 않은 것은?**

① 개별택배가 그 적용대상이다.

② 인터넷우체국에 회원가입하고 배송정보를 입력하여 등록한다.

③ 할인요금은 500원이다.

④ 기본할인에 할인율을 추가할 수 없다.

**08** **우체국택배(KPS)에 관한 설명으로 옳지 않은 것은?**

① 개인고객의 방문접수 신청 시 해당 우체국에서 픽업하는 서비스에 해당한다. 다만, 포장불량으로 부패 혹은 파손의 우려가 큰 물품 및 300만 원 이상의 고가의 물품의 취급은 제한된다.

② 파손, 분실 시 최대 10만 원까지 보상한다.

③ 이용요금은 동일지역과 타지역을 구분한 요금으로 적용한다.

④ 월 발송물량이 100개 이상일 경우 우체국과 별도로 계약을 체결하여 저렴하게 이용할 수 있다.

---

**정답 및 해설**

**05** ① 【○】 개인고객의 방문접수 신청 시 해당 우체국에서 픽업하는 서비스에 해당한다. 다만, 포장불량으로 부패 혹은 파손의 우려가 큰 물품 및 300만 원 이상의 고가의 물품의 취급은 제한된다.

오답체크

② 【×】 파손, 손실 시 최대 50만 원까지 보상한다.

③ 【×】 이용요금은 동일지역과 타지역을 구분한 요금으로 적용한다.

④ 【×】 월 발송물량이 100개 이상일 경우 우체국과 별도로 계약을 체결하여 저렴하게 이용할 수 있다.

**06** ④ 【×】 방문접수(우체국택배)의 인터넷 접수 할인제의 적용대상은 개별택배에만 적용되며, 할인요금은 500원이다.

**07** ④ 【×】

> **[다량 인터넷 접수 할인요금 적용방법]**
> 우선 개당 500원씩 할인하여 감액요금을 적용하고 다량 물량에 해당하는 할인율을 추가로 적용

**08** ② 【×】 우체국택배(KPS)의 경우 등기취급을 전제로 한 소포우편물을 대상으로 함으로 손해배상금은 보험취급을 하지 않는 경우 50만 원 범위내에서 실손해액을 보상한다.

**정답**   05 ①   06 ④   07 ④   08 ②

**01** 우편물의 물품 중 독약·극약·독물 및 생병원체의 포장방법에 대한 설명으로 옳지 <u>않은</u> 것은?

① 우편물의 표면 중 보기 쉬운 곳에 품명 및 '위험물'이라고 표시하여야 한다.

② 우편물 외부에 발송인의 자격 및 성명을 기재하여야 한다.

③ 독약·극약·독물 및 극물은 이를 2가지 종류로 함께 포장하지 말아야 한다.

④ 적당한 포장이나 상자에 넣는 등의 방법으로 포장한다.

**02** 〈보기〉는 통상우편물의 제한 용적 및 중량에 대한 사항을 나열한 것이다. 옳은 것을 모두 고르시오.

> ┌ 보기 ┌
> ㉠ 서신 등 의사전달물 및 통화의 경우 어느 길이나 50cm를 초과할 수 없다.
> ㉡ 소형포장우편물은 가로·세로 및 두께를 합하여 35cm 미만이어야 한다.
> ㉢ 소형포장우편물의 서적·달력·다이어리의 우편물은 1.5m까지 허용한다.
> ㉣ 최소용적은 가로 14cm, 세로 9cm이다.
> ㉤ 중량은 최소 2g에서 최대 6,000g이다.

① ㉡, ㉣, ㉤　　　　　　　　② ㉠, ㉢, ㉤

③ ㉡, ㉢, ㉤　　　　　　　　④ ㉢, ㉣, ㉤

**03** 봉함하지 않고 발송해도 되는 우편물 중 옳지 <u>않은</u> 것은?

① 통상우편물

② 전자우편

③ 제조요건에 적합한 사제엽서

④ 모사전송(팩스)우편

---

**정답 및 해설**

01 ④ 【×】 독약·극약·독물 및 극물은 액체·액화하기 쉬운 물건과 같이 안전누출방지용기에 넣어 내용물이 새어나지 않도록 봉하고 외부의 압력에 견딜 수 있는 튼튼한 상자에 넣고, 만일 용기가 부서지더라도 완전히 누출물을 흡수할 수 있도록 솜, 톱밥 기타 부드러운 것으로 충분히 싸고 고루 다져 넣는다.

02 ① 【○】 ㉡, ㉣, ㉤
ㄱ 【×】 서신 등 의사전달물 및 통화의 경우 어느 길이나 <u>60cm</u>를 초과할 수 없다.
㉢ 【×】 소형포장우편물의 서적·달력·다이어리의 우편물은 <u>1m</u>까지 허용한다.

03 ① 【×】

> **[봉함하지 않고 발송해도 되는 우편물]**
> • 통상우편물의 경우 봉투에 넣어 봉함하여 발송하는 것이 원칙이며, 봉함이 적절하지 않을 때에는 완전히 포장하여 발송할 수 있다.
> • 예외적으로 우정사업본부장이 발행하는 우편엽서와 사제엽서 제조요건에 적합하게 제조한 사제엽서 그리고 모사전송(팩스)우편, 전자우편물은 특성상 봉함하지 않고 발송할 수 있다.
> • 정기발송계약우편물은 별도 고시의 발송요건에 따라 발송한다.

**정답**  01 ④  02 ①  03 ①

# 국내우편물의 부가서비스

## 특수취급 부가우편서비스

**01** 아래 내용은 선택적 우편역무의 종류 중 어떤 것을 설명하고 있는가?

> 우편물의 접수에서부터 받는 사람에게 배달되기까지의 전 취급과정을 특정 접수번호로 기록하는 서비스 제도

① 계약등기우편제도
② 등기취급제도
③ 증명취급
④ 물품등기제도

**02** 등기취급제도에 관한 설명으로 **틀린** 것은?

① 우편물의 접수에서부터 받는 사람에게 배달되기까지의 전 취급과정을 특정 접수번호로 기록하는 서비스를 말한다.
② 등기취급이 된 우편물만이 손해배상의 대상이 될 수 있다.
③ 다른 여러 특수취급을 위해서는 기본적으로 등기취급이 되어야만 한다.
④ 법률에서 2kg 초과의 통상우편물과 20kg 초과의 소포우편물에 대한 등기취급을 보편적 우편역무로 정함으로써 국민의 권리를 보다 폭넓게 보장하게 되었다.

**03** 등기우편물의 부가취급에 대한 설명으로 옳은 것은? 21. 기출

① 특별송달우편물에 첨부된 우편송달통지서 용지의 무게는 우편물의 무게에 포함되지 않는다.
② 민원우편 발송 시 우정사업본부에서 발행한 취급용 봉투를 사용하지 않아도 된다.
③ 민원우편은 발송할 때의 취급요금(우편요금＋등기취급수수료＋부가취급수수료)과 회송할 때의 취급요금(50g 규격요금＋등기취급수수료＋익일특급수수료)을 합하여 미리 받는다.
④ 착불배달우편물이 반송된 경우, 발송인은 착불요금과 반송수수료를 납부해야 한다.

**04**  계약등기우편제도에 관한 설명으로 **틀린** 것은?

① 등기취급을 전제로 우체국장과 발송인이 별도의 계약을 체결하고 그 배달결과를 발송인에게 전자적 방법 등으로 통지하는 제도를 말한다.

② 계약등기우편제도는 일반형과 맞춤형이 있다.

③ 취급대상으로서의 요금기준으로는 일반형은 통상우편 기본요금의 10배 미만, 맞춤형은 통상우편 기본요금의 10배 이상이다.

④ 취급대상으로서의 물량기준으로는 맞춤형은 동일발송인이 1회 500통이고 월 10,000통 이상이다.

---

**정답 및 해설**

**01** ② 【○】 제시된 설명은 등기취급제도에 대한 설명이다.

**02** ④ 【×】 법률에서 2kg 이하의 통상우편물과 20kg 이하의 소포우편물에 대한 등기취급을 보편적 우편역무로 정함으로써 국민의 권리를 보다 폭넓게 보장하게 되었다.

**03** ③ 【○】

오답체크

① 【×】 특별송달우편물에 첨부된 우편송달통지서 용지의 무게는 우편물의 무게에 합산한다.

② 【×】 민원우편 발송 시 우정사업본부에서 발행한 민원우편 취급용 봉투(발송용 · 회송용)를 사용한다.

④ 【×】 착불배달우편물이 반송된 경우, 발송인에게 우편요금 및 반송수수료를 징수한다. 다만, 맞춤형 계약등기의 경우에는 반송수수료 없이 우편요금(표준요금＋무게구간별 요금)만 징수한다.

**04** ④ 【×】 계약등기우편제도에서 취급대상으로서의 물량기준으로는 일반형은 동일발송인이 1회 500통이고 월 10,000통 이상이며, 맞춤형은 1회 및 월 발송물량 제한이 없다.

**[계약등기우편제도의 종별구분 및 취급대상]**

| 구 분 | 취급대상(요금기준) | 취급대상(물량기준) | 요금체계 |
|---|---|---|---|
| 일반 | 통상우편 기본요금(5g 초과 25g까지)의 10배 미만 | 동일발송인이 1회 500통 이상이고 월 10,000통 이상 | 중량요금 |
| 맞춤형 | 통상우편 기본요금(5g 초과 25g까지) | 1회 및 월 발송물량 제한 없음 | 표준요금 |

---

**정답**   01 ②   02 ④   03 ③   04 ④

**05** 계약등기우편제도에 대한 설명으로 옳지 <u>않은</u> 것은?

① 계약등기우편제도의 경우는 등기취급을 전제로 우체국장과 발송인이 별도의 계약을 체결한다.
② 계약등기우편물은 우체국과 발송인과의 사전계약에 따라 정한 환부취급수수료를 징수한다.
③ 맞춤형과는 달리 일반형은 물량기준으로 1회 및 월 발송 물량의 제한이 없다.
④ 맞춤형의 취급대상은 통상우편 기본요금(5g ~ 25g에 해당하는 300원)의 10배 이상이다.

**06** 계약등기우편물의 부가취급서비스에 대한 설명이다. 수수료로 옳은 것은? <sup>21. 기출</sup>

> 등기취급을 전제로 우체국과 발송인이 별도의 계약에 따라 수취인을 직접 만나서 우편물을 배달
> 하면서 서명이나 도장을 받는 등 응답이 필요한 사항을 받아 발송인이나 발송인이 지정하는 자
> 에게 회신하는 부가취급제도

① 500원                          ② 1,000원
③ 1,500원                         ④ 2,000원

**07** 국내 계약등기우편물의 부가취급 서비스에 대한 설명으로 옳지 <u>않은</u> 것은? <sup>23. 기출</sup>

① 우편주소 정보제공은 수취인의 동의를 받아 발송인에게 바뀐 우편주소 정보를 제공하는 서
   비스로 부가취급수수료는 1,000원이다.
② 착불배달 맞춤형 계약등기우편물이 반송되는 경우, 착불요금을 제외한 우편요금(등기취급
   수수료 포함)과 반송수수료를 징수한다.
③ 회신우편의 취급대상은 발송인이 사전에 배달과 회신에 대한 사항을 계약관서와 협의하여
   정한 계약등기우편물로 부가취급수수료는 1,500원이다.
④ 반송수수료 사전납부 우편물 접수 시 우편요금 반송률(최초 1년은 등기우편물 반환율에
   0.5% 가산)을 적용한 반송수수료를 합산하여 납부한다.

**08** 아래 내용은 선택적 우편역무의 종류 중 어떤 것을 설명하고 있는가?

> 취급대상으로서의 물량기준으로는 일반형은 동일발송인이 1회 500통이고 월 10,000통 이상이며,
> 맞춤형은 1회 및 월 발송물량 제한이 없다.

① 물품등기제도                      ② 등기취급제도
③ 증명취급                          ④ 계약등기우편제도

**정답 및 해설**

**05** ③ 【×】 맞춤형이 물량기준으로 1회 및 월발송물량의 제한이 없다. 일반형의 경우는 동일발송인이 1회 500통 이상이고 월 10,000통 이상을 취급할 수 있다.

**오답체크**

① 【○】 일반등기우편제도의 경우 사용량이 많이 없으면서 불규칙적으로 이용하기에 사전에 계약이 필요하지 않지만, 계약등기우편제도의 경우는 규칙적으로 기본적인 월 사용량이 있으므로 사전에 계약이 필요하다.

② 【○】 등기우편물을 환부하는 경우에는 발송인으로부터 등기취급수수료에 해당하는 환부취급수수료를 징수한다. 다만, 배달증명우편물·특별송달우편물·민원우편물 및 회신우편물의 경우에는 그러하지 아니한다. 계약등기우편물은 우체국과 발송인과의 사전계약에 따라 정한 환부취급수수료를 징수한다.

④ 【○】 맞춤형의 취급대상은 통상우편 기본요금(5g ~ 25g에 해당하는 300원)의 10배 이상이다. 다만, 일반형은 취급대상은 통상우편 기본요금(5g ~ 25g에 해당하는 300원)의 10배 미만에 해당하는 금액이 기준이다.

**06** ③ 【○】 제시된 설명은 회신우편에 대한 내용이다. 회신우편 부가취급수수료는 1,500원이다.

**[부가취급수수료]**

| 부가취급서비스 | 수수료 | 비고 |
|---|---|---|
| 회신우편 | 1,500원 | 일반형 및 맞춤형 계약등기 |
| 본인지정배달 | 1,000원 | |
| 착불배달 | 500원 | |
| 우편주소 정보제공 | 1,000원 | |
| 반송수수료 사전납부 | 반송수수료 × 반송률 | 일반형 계약등기 |

**07** ② 【×】 '착불'로 접수한 소포와 계약등기 우편물이 반송된 경우에는 발송인으로부터 반송 취급수수료와 소포요금을 징수하여 즉시납부 처리하고 착불수수료를 징수하지 않는다. 다만, 맞춤형 계약등기는 우편요금만 징수한다.

**[계약등기 부가취급서비스의 종류]**
- 착불배달(요금수취인지불): 계약등기 우편물에 대하여 그 요금을 배달할 때 수취인에게서 받는 부가취급제도
- 회신우편: 등기취급을 전제로 우체국과 발송인과 별도의 계약에 따라 수취인을 직접 만나서 우편물을 배달하면서 서명이나 도장을 받는 등 응답이 필요한 하는 사항을 받거나 서류를 넘겨받아 발송인이나 발송인이 지정하는 자에게 회신하는 부가취급제도
- 본인지정배달: 우편물을 수취인 본인에게만 배달하여 주는 부가취급제도
- 우편주소 정보제공: 이사 등 거주지 이전으로 우편주소가 바뀐 경우 우편물을 바뀐 우편주소로 배달하고, 수취인의 동의를 받아 발송인에게 바뀐 우편주소정보를 제공하는 부가취급제도
- 반송수수료 사전납부: 발송인이 계약관서와의 계약에 따라 미리 우편물을 접수할 때 우편요금과 반송률을 적용한 반송수수료를 합산하여 사전 납부하는 부가취급제도
- 전자우편 연계: 우편물 제작과 관련하여 발송인이 요구하는 서비스를 집중국 내 전자우편 제작센터 등과 연계하여 우편물 제작편의를 제공하는 서비스

**08** ④ 【○】

**[계약등기우편제도의 종별구분 및 취급대상]**

| 구 분 | 취급대상(요금기준) | 취급대상(물량기준) | 요금체계 |
|---|---|---|---|
| 일반 | 통상우편 기본요금(5g 초과 25g까지)의 10배 미만 | 동일발송인이 1회 500통 이상이고 월 10,000통 이상 | 중량요금 |
| 맞춤형 | 통상우편 기본요금(5g 초과 25g까지) | 1회 및 월 발송물량 제한 없음 | 표준요금 |

**정답**   05 ③   06 ③   07 ②   08 ④

**09** 등기취급의 대상이 <u>아닌</u> 것은?

① 통화
② 등기소포가 아닌 대금교환우편물
③ 국내특급
④ 민원우편

**10** 선택등기서비스에 대한 설명으로 옳은 것은? 22. 기출

① 취급대상은 2kg(특급 취급 시 30kg) 이하 통상우편물이다.
② 전자우편, 익일특급, 계약등기, 발송 후 배달증명 부가취급이 가능하나, 우편함에 배달이 완료된 경우에는 발송 후 배달증명 청구를 할 수 없다.
③ 배달기한은 접수한 다음 날부터 4일 이내이다.
④ 손실 또는 망실일 때 최대 5만 원까지 손해배상을 제공하나, 배달이 완료된 후에 발생한 손실 또는 망실은 손해배상 대상에서 제외한다.

**11** 선납라벨서비스에 대한 설명으로 옳은 것을 모두 고른 것은? 22. 기출

> ㄱ. 사용권장기간 경과로 인쇄 상태가 불량하거나 라벨지 일부 훼손으로 사용이 어려운 경우 동일한 발행번호와 금액으로 재출력이 가능하다.
> ㄴ. 훼손 정도가 심각하여 판매정보의 식별이 불가능한 경우 동일한 발행번호와 금액으로 재출력이 가능하다.
> ㄷ. 우편물 접수 시 우편요금보다 라벨 금액이 많은 경우 잉여금액에 대해 환불이 가능하다.
> ㄹ. 구매 당일에 한해 판매우체국에서만 환불 처리가 가능하다.

① ㄱ, ㄴ
② ㄱ, ㄹ
③ ㄴ, ㄷ
④ ㄷ, ㄹ

**12** 특수취급 부가우편서비스로서의 보험취급에 해당하는 것은?

① 통화등기, 물품등기, 유가증권등기
② 내용증명, 배달증명
③ 국내특급, 토요일 택배서비스
④ 특별송달, 민원우편, 대금교환, 착불배달

**13** 아래 내용은 선택적 우편역무의 종류 중 어떤 것을 설명하고 있는가?

> 등기취급을 전제로 우체국창구 또는 정보통신망을 통하여 발송인이 수취인에게 어떤 내용의 문서를 언제 발송하였다는 사실을 우체국이 증명하는 특수취급 제도

① 통화등기
② 배달증명
③ 유가증권등기
④ 내용증명

---

**정답 및 해설**

**09** ② 【×】

> **[등기취급의 대상]**
> 통화, 귀중품, 유가증권 또는 주관적 가치가 있는 것으로 보험취급이 필요한 것, 각종 증명취급이 필요한 것, 대금교환우편물(등기소포만 가능), 국내특급, 특별송달, 민원우편 등

**10** ② 【○】

**오답체크**

① 【×】 취급대상은 6kg(특급 취급 시 30kg 가능) 이하 통상우편물이다.
③ 【×】 배달기한은 접수한 다음 날부터 3일 이내이다.
④ 【×】 손실 또는 망실일 때 최대 10만 원까지 손해배상을 제공하며, 배달완료(우편함 등) 후에 발생된 손실 또는 망실은 손해배상 대상에서 제외한다.

**11** ② 【○】 ㄱ, ㄹ
ㄴ. 【×】 훼손 정도가 심각하여 판매정보의 식별이 불가능한 경우에는 재출력(교환)이 불가하다.
ㄷ. 【×】 우편물 접수 시 우편요금보다 라벨 금액이 많은 경우 잉여금액에 대한 환불은 불가하다.

**12** ① 【○】 보험취급의 종류로는 통화등기, 물품등기, 유가증권 등이 있다.

**오답체크**

② 【×】 증명취급의 종류로는 내용증명, 배달증명이 있다.
③ 【×】 특급취급의 종류로는 국내특급, 토요일 택배 서비스가 있다.
④ 【×】 기타 특수취급의 종류로는 특별송달, 민원우편, 대금교환, 착불배달이 있다.

**13** ④ 【○】 제시된 설명은 증명취급 중 내용증명에 관한 내용이다. 배달증명과 혼돈하지 않도록 주의해야 한다.

**정답**   09 ②   10 ②   11 ②   12 ①   13 ④

**14** 내용증명에 대한 설명으로 옳지 <u>않은</u> 것은?

① 우편관서는 내용과 발송 사실만을 증명할 뿐이고 그 사실만으로 법적 효력이 발생하는 것은 아니다.

② 영문자는 보고서의 고유명사와 첨부물의 경우에만 사용할 수 있다.

③ 내용문서의 원본이나 등본에 문자·기호를 삽입하거나 정정·삭제한 경우 삽입, 정정, 삭제한 글자 수와 "삽입", "정정", "삭제" 글자를 난외의 여유 공간이나 끝부분 빈 곳에 쓰고 우편관서의 날짜인 도장을 찍어야 한다.

④ 발송인은 내용문서의 원본과 등본 2통을 제출하여야 한다.


**15** 내용증명 우편물에 대한 설명으로 옳은 것은? <sup>22. 기출</sup>

① 문서 이외의 물건도 그 자체 단독으로 내용증명의 대상이 될 수 있다.

② 내용문서의 크기가 A4 용지 규격보다 큰 것은 발송할 수 없다.

③ 다수인이 연명으로 발송하는 내용문서의 경우 다수 발송인 중 1인의 이름, 주소를 우편물의 봉투에 기록한다.

④ 발송인이 재증명을 청구한 경우 문서 1통마다 재증명 청구 당시 내용증명 취급수수료 전액을 징수한다.


**16** 내용증명에 대한 설명으로 옳은 것은? <sup>18. 기출 변형</sup>

① 내용문서의 원본과 등본은 양면으로 작성할 수 있다.

② 우체국에서 내용증명을 발송한 사실만으로 법적 효력이 발생한다.

③ 수취인에게 우편물을 배달하거나 교부한 경우, 그 사실을 배달우체국에서 증명하여 발송인에게 통지하는 제도이다.

④ 내용문을 정정한 경우 '정정' 글자를 여유 공간이나 끝부분 빈 곳에 쓰고, 발송인의 도장이나 지장을 찍어야 한다. 다만, 발송인이 외국인일 경우에 한하여 서명을 할 수 있다.


**17** 내용증명 우편물에 대한 설명으로 옳은 것은? <sup>24. 기출</sup>

① 내용문서의 원본과 관계없는 물건을 함께 봉입할 수 없다.

② 내용문서의 원본과 등본은 양면을 사용하여 작성할 수 없다.

③ 발송인은 반드시 내용문서 원본 1통과 등본 2통을 제출하여야 한다.

④ 내용문서가 2장 이상인 경우, 내용문서의 원본 및 등본의 글자를 훼손하지 않도록 발송인의 인장으로 간인한다.

**18** 다음 특수취급서비스 중 현금이 봉투에 들어갈 수 있는 서비스는?

① 민원우편  ② 특별송달
③ 대금교환  ④ 착불배달

---



**14** ③【×】내용문서의 원본이나 등본에 문자·기호를 삽입하거나 정정·삭제한 경우 삽입, 정정, 삭제한 글자 수와 "삽입", "정정", "삭제" 글자를 난외의 여유 공간이나 끝부분 빈 곳에 쓰고 발송인의 인장이나 지장을 찍어야 한다(우편법 시행규칙 제50조 제1항).

**15** ③【○】

오답체크

①【×】내용증명의 대상은 문서에 한정하며, 문서 이외의 물건(우표류, 유가증권, 사진, 설계도 등)은 그 자체 단독으로 내용증명의 취급대상이 될 수 없다.

②【×】내용문서의 크기가 A4 용지 규격보다 큰 것은 A4 용지의 크기로 접어서 총 매수를 계산하고, A4 용지보다 작은 것은 이를 A4 용지로 보아 매수를 계산한다.

④【×】발송인이 재증명을 청구한 경우 내용증명 취급수수료의 반액과 우편요금(규격 외 중량별 요금) 등이 1통마다 청구된다.

**16** ①【○】

오답체크

②【×】우편관서는 내용과 발송 사실만을 증명할 뿐, 그 사실만으로 법적 효력이 발생되는 것은 아니다.

③【×】배달증명제도는 수취인에게 우편물을 배달하거나 교부한 경우, 그 사실을 배달우체국에서 증명하여 발송인에게 통지하는 제도이다. 내용증명은 발송인이 수취인에게 어떤 내용의 문서를 언제 발송하였다는 사실을 우편관서가 공적으로 증명해주는 우편서비스이다.

④【×】내용문서의 원본 또는 등본의 문자나 기호를 정정·삽입 또는 삭제한 때에는 '정정'·'삽입' 또는 '삭제'의 문자 및 자수를 난외 또는 말미여백에 기재하고, 그곳에 발송인의 도장 또는 지장을 찍거나 서명을 해야 한다(「우편법 시행규칙」 제50조 제1항).

**17** ①【○】

오답체크

②【×】내용문서의 원본과 등본의 작성은 양면을 사용하여 작성할 수 있으며, 양면에 내용을 기록한 경우에는 2매로 계산한다.

③【×】내용증명의 발송인은 내용문서의 원본과 그 등본 2통을 제출하여야 한다. 단, 발송인에게 등본이 필요하지 않은 경우에는 등본 1통만 제출이 가능하며, 이 경우 우체국보관 등본 여백에 "발송인 등본 교부 않음"이라고 표시해야 한다.

④【×】내용문서의 원본이나 등본의 수량이 2장 이상일 때에는 내용문서의 원본 및 등본의 글자를 훼손하지 않도록 빈 여백에 우편날짜 도장으로 간인하거나, 천공기로 간인하여야 한다.

※ 발송인의 인장이나 지장으로 간인하지 않음에 주의해야 한다.

**18** ①【○】민원우편은 우편이나 온라인으로 민원서류를 신청하고 그에 따라 발급된 민원서류와 발급수수료 잔액 등을 우정사업본부장이 발행하는 민원우편봉투에 함께 넣어 송달하는 특수취급제도이다.

---

**정답**  14 ③  15 ③  16 ①  17 ①  18 ①

**19**  유가증권 등기우편물의 취급에 대한 설명으로 옳지 <u>않은</u> 것은? 24. 기출

① 취급한도액은 10원 이상 2천만 원 이하이다.

② 이미 사용된 유가증권류, 기프트카드 등의 보험취급을 원할 경우, 유가증권 등기우편물 접수가 가능하다.

③ 배달 시에는 수취인에게 겉봉을 열게 한 후 표기된 유가증권, 증서류명, 금액, 내용을 서로 비교하여 확인한다.

④ 관공서, 회사 등에 유가증권 등기우편물이 포함된 다량의 등기우편물 배달 시 상호 대조 및 확인 없이 일괄배달되지 않도록 유의한다.

**20**  보험취급에 관한 설명으로 **틀린** 것은?

① 우편으로 현금을 직접 수취인에게 배달하는 제도로서 취급 중에 망실된 경우에 통화등기 금액 전액을 변상하여 주는 보험등기이다.

② 통화등기의 취급대상은 국내통화에 한한다.

③ 통화등기의 취급의 한도액은 10만 원 이하로서 10원 미만의 단수는 붙일 수 없다.

④ 통화등기우편물은 보험등기 취급용 봉투를 이용·발송하여야 한다.

**21**  다음 중 보험취급에 대한 설명으로 바르지 <u>않은</u> 것은?

① 통화등기는 100만 원 이하의 국내통화에 한하여 이를 취급한다.

② 물품등기는 신고가액 300만 원 이하의 귀금속·귀중품·가전제품 등 사회통념상 용적에 비하여 가격이 높다고 발송인이 신고한 것으로서 그 취급에 특히 유의할 필요가 있는 물품에 대하여 이를 취급한다.

③ 유가증권등기는 액면 또는 권면가액이 2,000만 원 이하의 송금수표·자기앞수표 등의 유가증권에 한하여 취급한다.

④ 보험취급우편물은 그 봉투의 봉함부분이 표시된 곳에 봉함지를 붙이고 그 부분에 우정사업본부장의 도장을 찍어야 한다.

**22** 〈보기〉에서 보험취급우편물에 대한 설명으로 옳은 것을 모두 고른 것은? 23. 기출

> 보기
> ㄱ. 통화등기로 취급할 수 있는 대상은 강제 통용력이 있는 국내통화에 한정한다.
> ㄴ. 외화등기는 전국 우체국에서 익일특급 배달 불가능 지역을 제외하고 접수가 가능하다.
> ㄷ. 물품등기의 물품 가액은 발송인이 정하며, 취급 담당자는 가액 판단에 관여할 필요가 없다.
> ㄹ. 안심소포의 가액은 300만 원 이하의 물건에 한정하여 취급하며, 취급한도액을 초과하는 물품은 어떤 경우에도 취급할 수 없다.
> ㅁ. 사용된 유가증권류, 기프트카드 등에 대하여 보험취급을 원하는 경우, 유가증권등기로 취급할 수 없으나 물품등기로는 접수가 가능하다.

① ㄱ, ㄴ, ㄷ

② ㄴ, ㄹ, ㅁ

③ ㄱ, ㄷ, ㄹ

④ ㄱ, ㄷ, ㅁ

---

**정답 및 해설**

19 ② 【×】 사용된 유가증권류, 기프트카드 등에 대하여 보험취급을 원할 경우, 유가증권등기로 취급할 수 없으나 물품등기로는 접수가 가능하다.

20 ③ 【×】 통화등기의 취급대상은 국내통화에 한하며, 취급의 한도액은 100만 원 이하로서 10원 미만의 단수는 붙일 수 없다.

21 ④ 【×】 보험취급우편물은 봉함하고 그 봉투의 봉함부분이 표시된 곳에 봉함지를 붙인 후 그 봉함지 부분에 발송인의 도장 또는 지장을 찍거나 서명을 하여야 한다. 다만, 통화등기우편물의 봉함에 관하여는 우정사업본부장이 그 봉함방법을 따로 정할 수 있다(우편법 시행규칙 제31조의2 제1항).
> 오답체크
> ① 【○】 우편법 시행규칙 제29조 제4항
> ② 【○】 우편법 시행규칙 제30조 제1항
> ③ 【○】 우편법 시행규칙 제31조

22 ④ 【○】 ㄱ, ㄷ, ㅁ
ㄴ. 【×】 외화등기는 계약에 따라 지정된 우체국에서 접수 가능하고, 익일특급 배달 불가능한 지역을 제외한 전국 우체국에서 배달 가능하다.
ㄹ. 【×】 안심소포의 가액은 300만 원 이하의 물건에 한정하여 취급하며, 취급한도액을 초과하는 물품도 보험가액의 범위 내에서 보험혜택을 주는 것이지, 취급을 할 수 없는 것은 아니다.

**정답** 　19 ②　20 ③　21 ④　22 ④

**23** 통화등기의 취급한도액으로 옳은 것은?

① 150만 원 이하의 국내통화  ② 150만 원 이하의 국내·외 통화

③ 100만 원 이하의 국내통화  ④ 50만 원 이하의 국내·외 통화


**24** 국내우편의 특수취급제도에 대한 설명으로 옳은 것은? 14. 기출

① 내용증명의 내용문서는 한글이나 한자 사용을 원칙으로 하며 원본과 등본 모두 양면으로 작성할 수 있다.

② 물품등기 접수 시 물품가액은 접수 담당자가 정한다.

③ 특별송달이란 등기취급을 전제로 우편법이 정하는 방법에 따라 송달하는 우편물로서, 배달 결과를 발송인에게 통지하는 제도이다.

④ 통화등기란 국내·외 통화를 수취인에게 직접 배달하는 제도이다.


**25** 물품등기에 관한 설명으로 틀린 것은?

① 취급대상으로는 귀금속, 보석류, 기타 귀중품, 주관적 가치가 있다고 신고 되는 것이 있다.

② 취급가액은 10원 이상 300만 원 이하의 물건에 한해 취급할 수 있다.

③ 물품가액은 접수 담당자가 정한다.

④ 물품등기우편물은 보험등기 취급용 봉투를 이용·발송하여야 한다.


**26** 다음 중 유가증권등기에 관한 설명으로 틀린 것은? 08. 기출 변형

① 현금과 교환할 수 있는 우편환증서나 수표 따위의 유가증권을 보험등기봉투에 넣어 직접 수취인에게 송달하는 서비스이다.

② 취급도중 잃어버리거나 못쓰게 된 경우 접수 당시 시가로 금액을 배상하게 된다.

③ 취급조건은 액면 또는 권면가액이 2,000만 원 이하의 송금수표, 국고수표, 우편환 증서 등이다.

④ 유가증권등기는 보험취급의 일종이다.

**27** 보험취급에 대한 설명으로 <u>틀린</u> 것은?

① 통화를 우편물로 발송하고자 하는 자는 통화등기로 하여야 한다. 다만, 민원우편의 경우에는 그러하지 아니하다.

② 통화등기는 국내·국제 통화로써 신고가액 100만 원 이하의 경우에 한하여 취급하며, 10원 미만의 단수는 절사한다.

③ 물품등기의 신고가액은 발송인이 정하는 가격으로 한다.

④ 유가증권등기는 액면 또는 권면가액이 2천만 원 이하의 송금수표·국고수표·우편환증서·자기앞수표·상품권·선하증권·창고증권·화물상환증·주권 및 어음 등의 유가증권에 한하여 취급한다.

---

**정답 및 해설**

**23** ③ 【○】 100만 원 이하의 국내통화가 통화등기의 취급한도액이다.

**24** ① 【○】 내용증명은 수취인에게 어떤 내용의 문서를 언제 발송하였다는 사실을 우편관서가 공적으로 증명하는 공행정작용으로서 공증의 일종이다. 한글이나 한자를 사용하는 것을 원칙으로 하며, 발송인은 내용문서의 원본과 등본 2통을 제출하여야 한다. 또한 원본과 등본은 양면으로 작성할 수 있으며, 등본은 원본을 복사하여 작성한다.

오답체크

② 【×】 물품가액은 발송인이 정하며, 접수 담당자는 가액 판단에 관여할 필요가 없다.

③ 【×】 특별송달이란 등기취급을 전제로 민사소송법이 정하는 방법에 따라 송달하는 우편물로서, 그 배달결과(송달 사실)를 우편송달통지서를 통해 발송인에게 알려주는 서비스이다.

④ 【×】 통화등기란 국내통화를 수취인에게 직접 배달하는 제도이다.

**25** ③ 【×】 물품가액은 발송인이 정한다.

**26** ② 【×】 취급도중 잃어버리거나 못쓰게 된 경우 접수 당시 봉투 표면에 기재한 금액을 배상하게 된다.

**27** ② 【×】

우편법 시행규칙 제29조(통화등기) ① 통화를 우편물로 발송하고자 하는 자는 제25조 제1항 제2호 가목의 규정에 의한 통화등기로 하여야 한다. 다만, 제25조 제1항 제7호의 규정에 의한 민원우편의 경우에는 그러하지 아니하다.

② 통화를 제1항의 규정에 의하지 아니하고 발송한 때에는 이를 발송인에게 환부하여야 한다.

③ 제2항의 경우에 발송인의 주소 또는 성명이 명확하지 아니하거나 기타 사유로 인하여 우편물을 환부할 수 없는 때에는 해당통화등기수수료와 동액의 부가금을 합하여 우편물의 수취인으로부터 징수하고 이를 배달할 수 있다. 이 경우 우편물에 넣은 통화의 금액이 해당통화등기수수료와 그 부가금을 합한 금액에 미달하는 경우에는 그 통화의 금액만을 징수한다.

④ 통화등기는 100만 원 이하의 국내통화에 한하여 이를 취급한다.

---

**정답**　　23 ③　　24 ①　　25 ③　　26 ②　　27 ②

**28** **물품등기와 유가증권등기에 대한 설명이다. 옳지 <u>않은</u> 것은?**

① 물품등기의 취급대상은 귀금속, 보석류, 기타 귀중품, 주관적 가치가 있다고 신고 되는 것들
이다.

② 물품등기의 취급가액은 10원 이상 300만 원 이하의 물건에 한하여 취급할 수 있다.

③ 유가증권등기를 취급 중에 분실하거나 못쓰게 된 경우 접수 당시의 시가로 금액을 배상한다.

④ 유가증권등기는 액면 또는 권면가액의 2,000만 원 이하의 송금수표, 국고수표, 우편환증서
등을 취급할 수 있다.


**29** **다음 중 증명취급에 관한 설명으로 <u>틀린</u> 것은?**

① 증명취급에는 내용증명, 배달증명이 있다.

② 내용증명은 발송인이 수취인에게 문서내용과 발송시기, 즉 어떤 내용의 문서를 언제 발송하
였다는 사실을 우편관서가 공적으로 증명하는 제도이다.

③ 2인 이상의 수취인에게 발송하는 내용증명우편물로서 그 내용문서가 동일한 것은 이를 동문
내용증명으로 할 수 있다.

④ 배달증명은 수취인에게 우편물을 배달하거나 교부한 경우에 그 사실을 배달우체국에서 증
명해서 발송인에게 통지하는 서비스로서 배달증명은 발송할 때에 청구해야하며, 발송을 한
뒤에는 청구할 수 없다.


**30** **보험등기에 대한 설명이다. 옳지 <u>않은</u> 것은?**

① 보험등기 등 수취인이 직접 수령한 사실 확인이 필요한 우편물은 무인우편물보관함에 배달
할 수 없다.

② 보험등기봉투를 이용하여 우편환증서, 수표 등을 배달하는 특수취급제도이다.

③ 유가증권등기를 취급 중에 분실하거나 못쓰게 된 경우 접수 당시의 시가로 금액을 배상한다.

④ 유가증권등기는 액면 또는 권면가액의 2천만 원 이하의 송금수표, 국고수표, 우편환증서 등
을 취급할 수 있다.

**31** 다음 중 특수취급에 관한 설명으로 **틀린** 것은?

① 민원우편은 보험취급을 하지 않고 현금이 봉투에 들어갈 수 있는 유일한 서비스이며, 봉투에 넣게 되는 돈은 발급수수료 및 회송 시 민원발급 수수료 잔액으로서 송금액은 5,000원으로 제한된다.

② 대금교환우편물에 있어서 안심소포의 취급 대상 등 현금 취심이 필요한 물건은 대금교환 대상이 될 수 있다. 다만 견본이나 모형은 제한된다.

③ 휴일배달 소포는 전면 폐지되고 일요일 배달인 경우에만 서비스가 실시되고 있다.

④ 특별송달은 민사소송법이 정하는 방법에 따라 등기통상으로 송달하고 송달사실을 우편송달 통지서를 통해 발송인에게 알려주는 서비스이다.

**32** 다음 중 특급취급으로서의 국내특급에 관한 설명으로 옳지 **않은** 것은?

① 국내특급우편은 통상우편물에 한하여 익일특급으로 구분된다.

② 소포우편물은 등기취급하면 송달기준은 접수익일까지이다.

③ 익일오전특급의 송달기준은 접수익일 12:00까지이다.

④ 익일특급의 송달기준은 접수익일까지이다.

---

**정답 및 해설**

**28** ③ 【×】 유가증권등기를 취급도중 잃어버리거나 못쓰게 된 경우 접수 당시 봉투 표면에 기재한 금액을 배상하게 된다.

**29** ④ 【×】 배달증명은 수취인에게 우편물을 배달하거나 교부한 경우에 그 사실을 배달우체국에서 증명해서 발송인에게 통지하는 서비스로서 배달증명은 발송할 때는 물론 발송을 한 뒤에도 청구할 수 있다.

**30** ③ 【×】 손해배상액은 한도액 범위 내에서 실제 손해액을 배상하는 것이며, 보험취급(안심소포)시는 신고가액을 배상하는 것이다. 또한 유가증권등기를 취급도중 잃어버리거나 못쓰게 된 경우 접수 당시 봉투 표면에 기재한 금액을 배상하게 된다.

**31** ③ 【×】 휴일배달 소포는 일요일 배달제도는 전면 폐지되고 토요일 배달 서비스가 2015년 9월 12일부터 실시되고 있다.

**32** ③ 【×】 익일오전특급은 개정법에 따라 삭제되었다.

---

**정답**    28 ③    29 ④    30 ③    31 ③    32 ③

**33** 〈보기〉의 (    ) 안에 들어갈 말이 순서대로 바르게 나열된 것은?

> ┌ 보기 ┐
> 대금교환우편물의 교환은 도착한 다음 날부터 ( ㉠ ) 이내에 하여야 한다. 다만, 교통이 불편하여 수취인이 ( ㉡ ) 이내에 교부받을 수 없다고 인정하는 때에는 이를 ( ㉢ )의 범위 내에서 연장할 수 있다.

① 5일, 5일, 10일　　　　　　　　　② 5일, 10일, 15일
③ 10일, 15일, 20일　　　　　　　　④ 10일, 10일, 20일

**34** 〈보기〉에서 등기취급을 전제로 한 부가우편역무에 대한 설명으로 바르게 연결한 것은?

> ┌ 보기 ┐
> ㄱ. 등기취급을 전제로 우체국장과 발송인과의 별도의 계약에 따라 접수한 통상우편물을 배달하고 그 배달결과를 발송인에게 전자적 방법 등으로 통지하는 특수취급제도
> ㄴ. 등기취급을 전제로 보험등기봉투를 이용하여 수표·우편환증서 기타 유가증권을 배달하는 특수취급제도
> ㄷ. 물건을 배달하고 대금을 수취인으로부터 받아 발송인에게 송금하여 주는 서비스로 소포우편물에 한하여 취급한다.

| | ㄱ | ㄴ | ㄷ |
|---|---|---|---|
| ① | 유가증권등기 | 물품등기 | 대금교환 |
| ② | 대금교환 | 계약등기 | 유가증권등기 |
| ③ | 계약등기 | 유가증권등기 | 대금교환 |
| ④ | 대금교환 | 특별송달 | 국내특급우편 |

**35** 다음 중 국내특급에 관한 설명으로 옳지 <u>않은</u> 것은?

① 등기취급하는 우편물에 한해 취급된다.
② 통상우편물 및 소포우편물의 제한 중량은 20kg까지이다.
③ 익일특급의 접수는 전국 모든 우체국에서 가능하다.
④ 익일특급서비스의 대상우편물은 통상우편물만을 대상으로 한다.

**36** 현행 「우편법 시행령」에서 정한 기본통상우편요금에 대한 설명으로 옳은 것은? 19. 기출

① 중량 25g 이하인 규격 외 우편물의 일반우편요금
② 중량 3g 초과 25g 이하인 규격우편물의 일반우편요금
③ 중량 5g 초과 25g 이하인 규격우편물의 일반우편요금
④ 중량 25g 초과 50g 이하인 규격 외 우편물의 일반우편요금

**정답 및 해설**

**33** ④ 【○】

> **우편법 시행규칙 제33조(대금교환우편물의 보관교부)** ① 대금교환우편물은 배달우체국에 보관하고 도착통지서를 수취인에게 무료등기우편물로 발송하여 우체국 창구에서 대금과 교환으로 이를 교부한다.
> ② 제1항의 규정에 의한 교환은 도착한 다음 날부터 10일 이내에 하여야 한다. 다만, 교통이 불편하여 수취인이 10일 이내에 교부받을 수 없다고 인정하는 때에는 이를 20일의 범위 내에서 연장할 수 있다.
> ③ 잠종을 내용으로 하는 대금교환우편물의 교환기간은 제2항의 규정에 불구하고 3일이내로 한다.
> ④ 잠종을 내용으로 하는 대금교환우편물의 발송인은 그 표면의 보기 쉬운 곳에 붉은 글씨로 "잠종"의 표시를 하여야 한다.

**34** ③ 【○】 ㄱ. 계약등기 ㄴ. 유가증권등기 ㄷ. 대금교환에 대한 개념 정의이다.

**35** ② 【×】 통상 우편물의 제한 중량은 6kg까지이다. 다만, 특급취급 시 30kg까지이다.

**36** ③ 【○】 **우편법 시행령 제3조의2(기본통상우편요금)** 법 제2조 제3항에서 '대통령령으로 정하는 통상우편요금'이란 제12조에 따라 고시한 통상우편물요금 중 중량이 5g 초과 25g 이하인 규격우편물의 일반우편요금을 말한다.

**[통상우편물요금]**

| 구분 | 내용 | 중량 | 보통우편요금 |
|---|---|---|---|
| 통상<br>우편물 | 규격우편물 | 5g까지 | 400원 |
| | | 5g 초과 25g까지 | 430원 |
| | | 25g 초과 50g까지 | 450원 |
| | 규격외<br>우편물 | 50g까지 | 520원 |
| | | 50g 초과 1kg까지 | 50g까지 마다 120원 가산 |
| | | 1kg 초과 2kg까지 | 200g까지 마다 120원 가산 |
| | | 2kg 초과 6kg까지 | 1kg까지 마다 400원 가산 |

- 국내특급은 30kg까지 (6kg 초과 1kg까지 마다 400원 가산)
- 50g 까지 규격 외 엽서는 450원 (규격봉투 25g 초과 50g까지)

**정답** 33 ④ 34 ③ 35 ② 36 ③

**37** 국내 소포우편물의 송달 기준에 관한 설명으로 <u>틀린</u> 것은?

① 등기소포 · 우체국택배는 접수 다음 날(D+1일)까지(도서지역 등 특정지역 제외), 제주(D+2일)는 접수 다음 다음 날 배달한다.

② 보통소포는 등기 · 부가취급을 하지 않고 접수 다음 날부터 3일(D+3일) 이내 배달되며, 등기소포와 달리 기록취급이 되지 않지만 분실 시 손해배상이 가능하다.

③ 서비스 가능지역 및 접수시간을 우체국별로 정한 경우 해당사안에 관하여 당일배달을 희망하실 경우, 2,000원의 수수료를 추가로 지불하면 가능하다.

④ 2014년 3월 1일부터 제주행 항공기의 화물 적재 공간 부족으로 인하여 수도권에서 접수하는 제주행 소포우편물은 12시까지만 제주(익일배달)로 접수하고, 그 외 지역에서 접수하는 제주행 소포우편물은 제주(D+2일)를 이용해야 한다.

**38** 소포우편물의 감액에 대한 설명으로 옳은 것의 총 개수는? **21. 기출**

> ㄱ. 감액대상은 창구접수 소포우편물(일반소포 및 등기소포)과 방문접수 소포우편물이다.
> ㄴ. 우체국 창구접수의 경우, 인터넷우체국 사전접수를 통해 접수정보를 연계한 경우에만 감액대상이 된다.
> ㄷ. 요금후납의 방법으로 우체국 창구에 100개 접수한 경우, 5% 금액을 할인받을 수 있다.
> ㄹ. 방문접수의 경우, 최소 3개 이상 발송하여야 개당 500원 할인받을 수 있다.

① 1개        ② 2개
③ 3개        ④ 4개

**39** 우체국 창구접수 방법으로 통상우편서비스를 이용하려 한다. 다음 설명에 맞는 우편요금으로 <u>잘못</u> 정한 것은?

① 규격봉투를 사용하여 A4용지 3장(20g 정도) - 430원
② 사제봉투로서 규격외 우편물 A4용지 1장(5g 정도) - 520원
③ 스테이플러를 여러 번 찍은 규격봉투를 이용하여 서류(100g 정도) - 640원
④ 규격 외 엽서(50g 정도) - 390원

**40**  다음 중 국내특급 등에 대한 설명으로 틀린 것은?

① 익일특급은 전국을 취급지역으로 한다.

② 맞춤형 계약등기는 익일특급이 기본으로 전제된 서비스이며, 반송수수료는 면제된다.

③ 익일특급의 송달기준은 접수익일까지이다.

④ 「신문 등의 진흥에 관한 법률」 제9조에 따라 등록된 일간신문(주 5회 이상 발행되는 신문으로 한정한다)의 경우는 접수한 날의 다음 날까지 이를 송달할 수 있다. 다만, 관보의 경우는 접수한 날 다음 날의 3일까지에 해당한다.

---

**정답 및 해설**

37  ② 【×】 보통소포는 등기/부가취급을 하지 않고 접수 다음 날부터 3일(D+3일) 이내 배달되며, 등기소포와 달리 기록취급이 되지 않으므로 분실 시 손해배상이 안 된다.

38  ① 【○】 ㄴ
ㄱ. 【×】 감액대상은 창구접수 소포우편물(등기소포)과 방문접수 소포우편물(부가취급수수료 제외)이다.
ㄷ. 【×】 요금후납의 방법으로 우체국 창구에 100개 접수한 경우, 10% 금액을 할인받을 수 있다.
ㄹ. 【×】 방문접수의 경우, 최소물량 제한은 없고 접수정보 입력, 사전결제, 픽업장소 지정의 요건 충족 시 개당 500원 할인받을 수 있다.

39  ④ 【×】

| [통상우편물요금] | | | |
| --- | --- | --- | --- |
| 구분 | 내용 | 중량 | 보통우편요금 |
| 통상<br>우편물 | 규격우편물 | 5g까지 | 400원 |
| | | 5g 초과 25g까지 | 430원 |
| | | 25g 초과 50g까지 | 450원 |
| | 규격외<br>우편물 | 50g까지 | 520원 |
| | | 50g 초과 1kg까지 | 50g까지 마다 120원 가산 |
| | | 1kg 초과 2kg까지 | 200g까지 마다 120원 가산 |
| | | 2kg 초과 6kg까지 | 1kg까지 마다 400원 가산 |

• 국내특급은 30kg까지 (6kg 초과 1kg까지 마다 400원 가산)
• 50g 까지 규격 외 엽서는 450원 (규격봉투 25g 초과 50g까지)

40  ④ 【×】

**우편법 시행규칙 제14조(우편물송달기준 적용의 예외)** 「신문 등의 진흥에 관한 법률」 제9조에 따라 등록된 일간신문(주 5회 이상 발행되는 신문으로 한정한다) 및 관보를 제86조제1항에 따른 우편물정기발송계약에 따라 발송할 때에는 제12조제2항 전단에도 불구하고 접수한 날의 다음날까지 이를 송달할 수 있다.

---

**정답**  37 ②  38 ①  39 ④  40 ④

**41** 우정이는 우연히 지갑속에서 명절에 받아 둔 상품권 5만 원을 발견하였다. 그러나 마땅히 쓸 일이 없어 인터넷 거래를 통하여 상품권을 판매하여 우체국서비스를 이용하여 다음 날 도착하는 방법으로 보내려 한다. 다음 요금으로 알맞은 금액은?

① 3,530원  ② 3,030원
③ 2,030원  ④ 4,030원

**42** 국내특급우편에 대한 설명 중 <u>잘못된</u> 것은?

① 지정우체국별 접수마감시각 및 배달시간은 관할 지방우정청장이 정하여 고시한다.
② 익일특급은 금요일에 접수하면 토요일에 배달된다.
③ 통상우편물은 등기취급을 전제로 익일특급서비스를 이용할 수 있다.
④ 익일특급은 전국을 취급지역으로 하되, 접수한 다음 날까지 배달이 곤란한 지역에 대해서는 별도의 추가일수를 가산하여 고시한다.

**43** 다음 중 특수취급에 관한 설명으로 옳은 것은?

① 특별송달은 민사소송법이 정하는 방법에 따라 등기통상으로 송달하고 송달사실을 우편송달 통지서를 통해 발송인에게 알려주는 서비스이다.
② 민원우편은 우편이나 온라인으로 민원서류를 신청하고 실물을 등기통상으로 받는 제도이며, 익일오전특급에 의해 송달한다.
③ 대금교환우편물은 물건을 배달하고 대금을 수취인으로부터 받아 발송인에게 송금하여 주는 서비스로 통상우편물에 한하여 취급한다.
④ 착불배달은 우편물을 보낼 때 우편요금을 내지 않고 우편물을 받는 수취인이 납부하는 제도로써 소포우편물에는 부가할 수 있으나 계약등기우편물에는 부가할 수 없다.

**정답 및 해설**

**41** ④【○】일반 우편요금 430원 + 등기수수료 2,100원 + 유가증권등기 5만 원까지 1,000원 가산 + 익일 특급 500원 따라서 4,030원이 정답이다.

| [우편수수료(시행일 : 2025.6.1.)] | | | |
|---|---|---|---|
| 종 별 | 단 위 | 수수료액 | 비 고 |
| 등 기 | 1통 | 2,400원 | 우편요금에 가산 |
| 통화등기, 물품등기, 유가증권등기 | 5만 원까지 | 1,000원 | 1. 우편요금 및 등기수수료에 가산<br>2. 취급한도액<br>　－통화등기 : 10원 이상 100만 원 이하 현금<br>　－물품등기 : 10원 이상 300만 원 이하<br>　－유가증권등기 : 10원 이상 2,000만 원 이하 |
| | 5만 원 초과 매 5만 원까지 마다 | 500원 | |
| 선택등기 | 1통 | 2,400원 | 우편요금에 가산 |
| 내 용 증 명 | 등본 최초 1매 | 1,300원 | 1. 우편요금 및 등기수수료에 가산<br>2. 동문내용증명 : 내용문서 1통 초과마다 1,300원<br>3. 발송후 내용증명, 등본열람청구 : 내용증명수수료의 반액 |
| | 등본 1매 초과 마다 | 650원 | |
| 발송 시 배달증명 | 1통 | 1,600원 | 왕복우편요금 및 등기수수료에 가산 |
| 발송 후 배달증명 | 1통 | 1,600원 | 우편수령시는 우편요금 및 등기수수료에 가산 |
| 특 별 송 달 | 1통 | 2,000원 | 왕복우편요금 및 등기수수료에 가산 |
| 사설우체통의 수집 | 1일 수집연거리 100m까지 마다 | 5,000원 | 연 액 |
| 국내 특급 | 익일 특급 | 1통 | 1,000원 | 우편요금 및 등기수수료에 가산 |
| 등기우편물의 반환 | 1통 | 등기수수료 | |
| 민원우편(우편) | 1통 | 발송 시(우편요금＋등기수수료＋익일특급수수료)＋회송 시 (50g 규격우편요금＋등기수수료＋익일특급수수료) | |
| 요금수취인 부담 | | 당해 우편요금의 100분의 10에 해당하는 금액 | |
| 모사전송(FAX) 우편 | 최초 1매 | 500원 | 복사비(우체국 복사기 이용 시) 1매당 50원 |
| | 추가 1매마다 | 200원 | |

**42** ②【×】익일특급은 금요일에 접수하더라도 토요일이 배달대상에서 제외됨으로 익일 영업일에 배달된다.

**43** ①【○】특별송달은 민사소송법이 정하는 방법에 따라 등기통상으로 송달하고 송달사실을 우편송달통지서를 통해 발송인에게 알려주는 서비스이다.

**오답체크**

②【×】민원우편은 우편이나 온라인으로 민원서류를 신청하고 실물을 등기통상으로 받는 제도이며, 익일특급에 의해 송달한다.

③【×】대금교환우편물은 물건을 배달하고 대금을 수취인으로부터 받아 발송인에게 송금하여 주는 서비스로 소포우편물에 한하여 취급한다.

④【×】착불배달은 우편물을 보낼 때 우편요금을 내지 않고 우편물을 받는 수취인이 납부하는 제도로써 등기취급을 하는 소포우편물이나 계약등기우편물 등에 부가하여 서비스할 수 있다.

**정답**　　41 ④　　42 ②　　43 ①

**44** 민원우편 서비스에 대한 설명으로 옳지 <u>않은</u> 것은? 23. 기출

① 우정사업본부에서 발행한 민원우편 취급용 봉투(발송용, 회송용)를 사용하여야 한다.
② 회송용 민원우편물은 우체국 취급담당자가 인장 또는 자필서명하여 봉함하여야 한다.
③ 민원발급 수수료와 회송할 때의 민원발급 수수료 잔액을 현금으로 우편물에 봉입하여 발송할 수 있다.
④ 발송인은 민원우편 회송용 취급요금(50g규격요금＋등기취급수수료＋익일특급수수료)을 접수 시에 선납하여야 한다.

**45** 다음 중 특수취급에 관한 설명으로 틀린 것은?

① 민원우편은 현금이 봉투에 들어갈 수 있는 유일한 서비스이며, 봉투에 넣게 되는 돈은 발급 수수료 및 회송 시 민원발급 수수료 잔액으로서 송금액은 50,000원으로 제한된다.
② 대금교환우편물에 있어서 안심소포의 취급 대상 등 현금 취심이 필요한 물건은 대금교환 대상이 될 수 있다. 다만, 견본이나 모형은 제한된다.
③ 착불배달은 등기취급을 하는 소포우편물이나 계약등기우편물 등에 부가하여 서비스할 수 있다.
④ 특별송달이란 「민사소송법」 제187조가 정하는 방법에 따라 등기통상으로 송달하고 송달 사실을 우편송달통지서를 통해 발송인에게 알려주는 서비스이다.

**46** 준등기 우편물에 대한 설명으로 옳지 <u>않은</u> 것은? 24. 기출

① 대상은 200g 이하의 국내 통상우편물이며 배달기한은 접수한 다음 날부터 3일 이내이다.
② 반송 시 등기 우편물로 처리되어 반송 수수료는 등기통상우편요금이 적용된다.
③ 접수 시부터 수취함 투함까지 배달 결과에 대한 종적조회가 가능하다.
④ 배달완료된 후 발생한 손실분실에 대한 손해는 배상하지 않는다.

**47**  선택적 우편역무에 대한 설명이다. 옳지 <u>않은</u> 것은?

① 통화등기·물품등기·유가증권등기의 우편물(보험취급우편물)은 봉함하고 그 봉투의 봉함 부분이 표시된 곳(포장지를 사용하여 포장한 것은 그 포장지의 봉함부분을 말한다)에 봉함 지를 붙인 후 그 봉함지 부분에 발송인의 도장 또는 지장을 찍거나 서명을 하여야 한다. 다 만, 통화등기우편물의 봉함에 관하여는 우정사업본부장이 그 봉함방법을 따로 정할 수 있다.

② 내용증명우편물을 접수할 때에는 접수우체국에서 내용문서 원본과 등본을 대조하여 서로 부합함을 확인한 후 내용문서 원본과 등본의 각통에 발송연월일 및 그 우편물을 내용증명우 편물로 발송한다는 뜻과 우체국명을 기재하고 우편날짜도장을 찍는다.

③ 내용문서의 원본 또는 등본의 문자나 기호를 정정·삽입 또는 삭제한 때에는 "정정"·"삽 입" 또는 "삭제"의 문자 및 자수를 난외 또는 말미여백에 기재하고 그 곳에 우편날짜도장을 찍어야 한다.

④ 모사전송우편물을 우체국에서 발송하려는 자는 통신문 및 수취인 성명 등 모사전송에 필요 한 사항을 우체국에 제출하여야 한다.

---

**정답 및 해설**

**44** ② 【×】 회송용 민원우편물은 민원업무의 취급담당자(우체국 취급담당자가 아님)가 인장(지장) 또는 자필서명하여 봉함하여야 한다.

**45** ① 【×】 민원우편은 현금이 봉투에 들어갈 수 있는 유일한 서비스이며, 봉투에 넣게 되는 돈은 발급수수료 및 회송 시 민원발급 수수료 잔액으로서 송금액은 5,000원으로 제한된다.

**46** ② 【×】 일반 우편물로 처리(수수료 없음)

오답체크

① 【○】 대상 : 200g 이하의 국내 통상우편물
③ 【○】 접수 시부터 수취함 투함 등 배달완료 시까지 배달결과에 대한 종적조회가 가능(전송우편 포함)하다. 다만, 반송 시에는 결과 값이 반송우편물로만 조회가 되고, 발송인에게 도착되기까지의 종적정보는 제공되지 않는다.
④ 【○】 우체국 접수 시부터 배달국에서 배달증 생성 시까지만 최대 5만 원까지 손해배상을 제공하며, 배달완료 후에 발생된 손실·분실은 손해배상 제공대상에서 제외된다.

**47** ③ 【×】

> **우편법 시행규칙 제50조(문자의 정정 등)** 제1항 내용문서의 원본 또는 등본의 문자나 기호를 정정·삽입 또는 삭제한 때에는 "정정"·"삽입" 또는 "삭제"의 문자 및 자수를 난외 또는 말미여백에 기재하고 그 곳에 발송인 의 인장이나 지장을 찍어야 한다.

오답체크

① 【○】 우편법 시행규칙 제31조의2(보험우편물의 봉함 등) 제1항
② 【○】 우편법 시행규칙 제52조(내용문서의 증명) 제1항
④ 【○】 우편법 시행규칙 제69조(모사전송우편) 제1항

**정답**    44 ②    45 ①    46 ②    47 ③

**48** 등기취급을 전제로 한 선택적 우편역무에 대한 설명으로 바르게 연결한 것은? 08. 기출

> ㉠ 현금추심을 위탁받은 물건을 수취인에게 배달하고 그 대금을 수취인으로부터 받아 발송인에게 송금해 주는 특수취급제도
> ㉡ 민사소송법의 규정에 의한 방법으로 송달하는 우편물로서 배달우체국에서 배달결과를 발송인에게 통지하는 특수취급제도
> ㉢ 보험등기봉투를 이용하여 우편환증서, 수표 등을 배달하는 특수취급제도

| | ㉠ | ㉡ | ㉢ |
|---|---|---|---|
| ① | 물품등기 | 특사배달 | 통화등기 |
| ② | 대금교환 | 특사배달 | 유가증권등기 |
| ③ | 물품등기 | 특별송달 | 통화등기 |
| ④ | 대금교환 | 특별송달 | 유가증권등기 |

**49** 선택적 우편역무의 종류에 관한 설명으로 옳지 않은 것은? 10. 기출

① 국내특급우편은 전국 전 지역을 통상의 송달방법보다 빠르게 송달한다.
② 보험취급에는 통화등기, 물품등기, 유가증권등기가 있다.
③ 증명취급에는 내용증명, 배달증명, 접수시각증명이 있다.
④ 특별송달은 등기취급을 전제로 「민사소송법」 제176조(송달기관)의 규정에 의한 방법으로 송달하는 우편물을 말한다.

**50** 보편적 우편역무에 대한 설명으로 옳지 <u>않은</u> 것은?

① 보편적 우편역무의 대상으로는 2kg 이하의 통상우편물, 20kg 이하의 소포우편물, 그리고 이러한 기록취급 등 특수취급우편물 등이 있다.

② 과학기술정보통신부장관은 보편적 우편역무의 제공을 위하여 1근무일에 1회 이상 우편물을 수집하고 배달하여야 한다. 다만, 지리, 교통, 사업 환경 등이 열악하여 부득이한 경우에는 이를 조정할 수 있다.

③ 수집하거나 우체국 창구에 접수한 우편물의 송달에 걸리는 기간은 수집이나 접수한 날의 다음 날부터 3일 이내로 한다.

④ 우편 이용과 관련된 용품의 제조 및 판매를 할 수 있다.

---

### 정답 및 해설

**48** ④ 【○】 제시된 설명은 ㉠ 대금교환, ㉡ 특별송달, ㉢ 유가증권등기에 관한 설명이다.

**49** 정답 없음. 출제당시는 1번 지문이 정답이었으나 현행 국내특급우편은 익일특급만 시행하고 있으므로 현재는 정답이 없다.

**50** ④ 【×】 우편 이용과 관련된 용품의 제조 및 판매는 선택적 우편역무에 해당한다(우편법 제15조 제2항 제6호).

> **우편법 제15조(선택적 우편역무의 제공)** ① 과학기술정보통신부장관은 고객의 필요에 따라 제14조에 따른 보편적 우편역무 외의 우편역무(이하 "선택적 우편역무"라 한다)를 제공할 수 있다.
> ② 제1항에 따른 선택적 우편역무의 대상은 다음 각 호와 같다.
> 1. 2kg을 초과하는 통상우편물
> 2. 20kg을 초과하는 소포우편물
> 3. 제1호 또는 제2호의 우편물의 기록취급 등 특수취급우편물
> 4. 우편과 다른 기술 또는 역무가 결합된 역무
> 5. 우편시설, 우표, 우편엽서, 우편요금 표시 인영이 인쇄된 봉투 또는 우편차량장비 등을 이용하는 역무
> 6. 우편 이용과 관련된 용품의 제조 및 판매
> 7. 그 밖에 우편역무에 부가하거나 부수하여 제공하는 역무
> ③ 선택적 우편역무의 종류와 그 이용조건은 과학기술정보통신부령으로 정한다.

**정답** 48 ④ 49 정답 없음 50 ④

**51** 다음 중 보험취급업무가 <u>아닌</u> 것은?

① 통화등기  ② 증명취급

③ 물품등기  ④ 유가증권등기

**52** 특수취급제도로서 등기취급을 전제로 우편물을 수취인 본인에게만 배달하여 주는 제도는?

① 회신우편  ② 특별송달

③ 본인지정배달  ④ 민원우편

**53** 등기취급하는 우편물에 대한 설명으로 <u>틀린</u> 것은?

① 등기취급하는 우편물에는 발송인이 그 표면의 오른쪽 중간에 "등기"의 표시를 하여야 한다.

② 등기우편물을 접수한 때에는 발송인에게 접수번호를 기록한 특수우편물수령증을 교부하여야 한다.

③ 등기우편물 배달 시의 수령사실확인은 특수우편물 배달증에 수령인이 서명(전자서명을 포함한다) 또는 날인하는 것으로 한다.

④ 수령인이 본인이 아닌 경우에는 수령인의 성명 및 본인과의 관계를 기재하고 서명(전자서명을 포함한다) 또는 날인하게 하여야 한다.

**정답 및 해설**

**51** ② 【×】

오답체크

①③④ 【○】 통화등기, 물품등기, 유가증권등기는 보험취급업무의 종류이다(우편법 시행규칙 제25조 제1항 제2호).

> **우편법 시행규칙 제25조(선택적 우편역무의 종류 및 이용조건 등)** ① 법 제15조 제3항에 따른 선택적 우편역무의 종류는 다음 각 호와 같이 구분한다.
>
> 1. 등기취급 : 우편물의 취급과정을 기록에 의하여 명확히 하는 우편물의 특수취급제도
> 2. 보험취급
>    가. 통화등기 : 등기취급을 전제로 우정사업본부장이 발행하는 보험등기 취급용 봉투(이하 "보험등기봉투"라 한다)를 이용하여 현금을 배달하는 특수취급제도
>    나. 물품등기 : 등기취급을 전제로 보험등기봉투를 이용하여 귀금속ㆍ보석ㆍ옥석 기타 귀중품을 배달하는 특수취급제도. 이 경우 물품의 부피가 커서 보험등기봉투에 넣을 수 없는 때에는 다른 봉투를 사용하거나 포장하여 물품등기로 할 수 있다.
>    다. 유가증권등기 : 등기취급을 전제로 보험등기봉투를 이용하여 수표ㆍ우편환증서 기타 유가증권을 배달하는 특수취급제도
>    〈중략〉
> 20. 우편주소 정보제공 : 등기취급을 전제로 이사 등 거주지 이전으로 우편주소가 변경된 경우에 우편물을 변경된 우편주소로 배달하고 수취인의 동의를 받아 발송인에게 변경된 우편주소정보를 제공하는 특수취급제도
> ② 선택적 우편역무에 부가할 수 있는 우편역무의 종류는 별표 3과 같다. 〈개정 2011.12.2〉
> ③ 제2항에 따라 부가된 우편역무의 종류에 따라 다시 부가할 수 있는 우편역무의 종류는 별표 4와 같다.

**52** ③ 【○】 본인지정배달은 등기취급을 전제로 우편물을 수취인 본인에게만 배달하여 주는 특수취급제도이다(우편법 시행규칙 제25조 제1항 제19호).

**53** ① 【×】 등기취급하는 우편물에는 발송인이 그 표면의 왼쪽 중간에 "등기"의 표시를 하여야 한다.

> ✎ **우편법 시행규칙 제2관 등기취급**
>
> **제26조(등기취급)** 제25조 제1항 제1호의 등기취급(이하 "등기"라 한다)을 하는 우편물(이하 "등기우편물"이라 한다)에는 발송인이 그 표면의 왼쪽 중간에 "등기"의 표시를 하여야 한다.
> **제27조(등기우편물의 접수)** ① 삭제
> ② 등기우편물을 접수한 때에는 발송인에게 접수번호를 기록한 특수우편물수령증을 교부하여야 한다.
> **제28조(등기우편물 배달시의 수령사실확인등)** 영 제42조 제3항 본문에 따른 등기우편물 배달시의 수령사실확인은 특수우편물배달증에 수령인이 서명(전자서명을 포함한다) 또는 날인하는 것으로 한다. 다만, 수령인이 본인이 아닌 경우에는 수령인의 성명 및 본인과의 관계를 기재하고 서명(전자서명을 포함한다) 또는 날인하게 하여야 한다.

**정답**    **51** ②    **52** ③    **53** ①

**54** 보험취급에 대한 설명으로 **틀린** 것은?

① 통화를 우편물로 발송하고자 하는 자는 통화등기로 하여야 한다. 다만, 민원우편의 경우에는 그러하지 아니하다.

② 물품등기는 신고가액 300만 원 이하의 귀금속·귀중품·가전제품 등 사회통념상 용적에 비하여 가격이 높다고 발송인이 신고한 것으로서 그 취급에 특히 유의할 필요가 있는 물품에 대하여 이를 취급한다.

③ 물품등기의 신고가액은 우체국이 정하는 가격으로 한다.

④ 유가증권등기는 액면 또는 권면가액이 2,000만 원 이하의 송금수표·국고수표·우편환증서·자기앞수표·상품권·선하증권·창고증권·화물상환증·주권 및 어음 등의 유가증권에 한하여 취급한다.

**55** 대금교환우편물에 대한 설명으로 **틀린** 것은?

① 대금교환우편물의 취급금액은 100원 이상 100만 원 이하로 하되, 10원 미만의 단수를 붙일 수 없다.

② 대금교환우편물은 배달우체국에 보관하고 도착통지서를 수취인에게 무료등기우편물로 발송하여 우체국 창구에서 대금과 교환으로 이를 교부한다.

③ 대금의 교환은 도착한 다음 날부터 20일 이내에 하여야 한다. 다만, 교통이 불편하여 수취인이 10일 이내에 교부받을 수 없다고 인정하는 때에는 이를 30일의 범위 내에서 연장할 수 있다.

④ 대금교환우편물의 발송인 또는 수취인은 1회에 한하여 배달우체국에서 아직 도착통지서를 발송하지 아니한 우편물의 전송을 그 우체국에 청구할 수 있다.

**정답 및 해설**

**54** ③ 【×】 물품등기의 신고가액은 발송인이 정하는 가격으로 한다.

> ✎ **우편법 시행규칙 제3관 보험취급**
>
> **제29조(통화등기)** ① 통화를 우편물로 발송하고자 하는 자는 제25조 제1항제2호 가목의 규정에 의한 통화등기로 하여야 한다. 다만, 제25조 제1항제7호의 규정에 의한 민원우편의 경우에는 그러하지 아니하다.
> ② 통화를 제1항의 규정에 의하지 아니하고 발송한 때에는 이를 발송인에게 환부하여야 한다.
> ③ 제2항의 경우에 발송인의 주소 또는 성명이 명확하지 아니하거나 기타 사유로 인하여 우편물을 환부할 수 없는 때에는 해당통화등기수수료와 동액의 부가금을 합하여 우편물의 수취인으로부터 징수하고 이를 배달할 수 있다. 이 경우 우편물에 넣은 통화의 금액이 해당통화등기수수료와 그 부가금을 합한 금액에 미달하는 경우에는 그 통화의 금액만을 징수한다.
> ④ 통화등기는 100만원 이하의 국내통화에 한하여 이를 취급한다.
> **제30조(물품등기)** ① 제25조 제1항제2호 나목의 물품등기는 신고가액 300만원 이하의 귀금속·귀중품·가전제품 등 사회통념상 용적에 비하여 가격이 높다고 발송인이 신고한 것으로서 그 취급에 특히 유의할 필요가 있는 물품에 대하여 이를 취급한다.
> ② 제1항의 규정에 의한 신고가액은 발송인이 정하는 가격으로 한다.
> **제31조(유가증권등기)** 제25조 제1항제2호 다목의 유가증권등기는 액면 또는 권면가액이 2,000만원 이하의 송금수표·국고수표·우편환증서·자기앞수표·상품권·선하증권·창고증권·화물상환증·주권 및 어음 등의 유가증권에 한하여 취급한다.
> **제31조의2(보험취급우편물의 봉함등)** ① 제29조 내지 제31조의 규정에 의한 우편물(이하 "보험취급우편물"이라 한다)은 이를 봉함하고 그 봉투의 봉함부분이 표시된 곳(포장지를 사용하여 포장한 것은 그 포장지의 봉함부분을 말한다)에 봉함지를 붙인 후 그 봉함지 부분에 발송인의 인장을 찍어야 한다. 다만, 통화등기우편물의 봉함에 관하여는 관할지방우정청장이 이 그 봉함방법을 따로 정할 수 있다. 〈개정 2001.4.20〉
> ② 보험취급우편물의 발송인은 보험등기봉투에 그 내용·품명 및 금액등을 명료하게 기재하여야 한다.
> ③ 제2항의 기재내용은 우편물의 내용과 일치되도록 하여야 한다.

**55** ③ 【×】 대금의 교환은 도착한 다음 날부터 10일 이내에 하여야 한다. 다만, 교통이 불편하여 수취인이 10일 이내에 교부받을 수 없다고 인정하는 때에는 이를 20일의 범위 내에서 연장할 수 있다(우편법 시행규칙 제33조 제2항).

> ✎ **우편법 시행규칙 제4관 대금교환**
>
> **제33조(대금교환우편물의 보관교부)** ① 대금교환우편물은 배달우체국에 보관하고 도착통지서를 수취인에게 무료등기우편물로 발송하여 우체국 창구에서 대금과 교환으로 이를 교부한다.
> ② 제1항의 규정에 의한 교환은 도착한 다음 날부터 10일 이내에 하여야 한다. 다만, 교통이 불편하여 수취인이 10일 이내에 교부받을 수 없다고 인정하는 때에는 이를 20일의 범위 내에서 연장할 수 있다.
> ③ 잠종을 내용으로 하는 대금교환우편물의 교환기간은 제2항의 규정에 불구하고 3일 이내로 한다.
> ④ 잠종을 내용으로 하는 대금교환우편물의 발송인은 그 표면의 보기 쉬운 곳에 붉은 글씨로 "잠종"의 표시를 하여야 한다.

**정답**  54 ③  55 ③

**56** 증명취급에 관한 설명으로 타당하지 <u>않은</u> 것은?

① 내용증명우편물은 한글 또는 한자로 자획을 명료하게 기재한 문서(첨부물을 포함한다)인 경우에 한하여 취급한다.

② 내용증명우편물을 접수한 후에도 발송인 및 수취인의 성명·주소의 변경, 내용문서원본 또는 등본의 문자나 기호의 정정 등을 청구할 수 있다.

③ 내용증명우편물을 발송하고자 하는 자는 내용문서 원본 및 그 등본 2통을 제출하여야 한다.

④ 다수인이 연명하여 동일인에게 내용증명우편물을 발송하는 때에는 연명자 중 1인의 성명·주소만을 우편물의 봉투에 기재하여야 한다.

**57** 국내특급우편에 대한 설명으로 타당하지 <u>않은</u> 것은?

① 국내특급우편물에는 발송인이 그 표면의 보기 쉬운 곳에 "국내특급"의 표시를 하여야 한다.

② 국내특급우편물의 이용자는 발송우체국장이 정하는 바에 의하여 우편자루를 사제하여 사용할 수 없다. 이 경우 우편자루의 무게는 우편물의 중량에 산입하지 않는다.

③ 도착된 특급우편물은 가장 빠른 배달편에 의하여 배달한다.

④ 국내특급우편물의 취급지역·취급우체국·취급시간 기타 필요한 사항은 관할체신청장이 정하여 고시한다.

**58** 특급취급에 관한 설명으로 옳은 것의 총 개수는? 21. 기출

> ㄱ. 당일특급우편물이 접수한 다음 날 18시에 배달되었을 경우, 국내특급수수료를 지연배달 배상금으로 지급한다.
> ㄴ. 국제특급(EMS)우편물은 당일특급에 준하여 배달처리한다.
> ㄷ. 익일특급 취급지역은 우정사업본부장이 고시한다.
> ㄹ. 당일특급우편물은 2회째부터 통상적인 배달의예에 따라 재배달한다.

① 1개            ② 2개

③ 3개            ④ 4개

**정답 및 해설**

56 ② 【×】 내용증명우편물을 접수한 후에는 발송인 및 수취인의 성명·주소의 변경, 내용문서원본 또는 등본의 문자나 기호의 정정 등을 청구할 수 없다(우편법 시행규칙 제50조 제3항).

> ✐ **우편법 시행규칙 제5관 증명취급**
>
> **제50조(문자의 정정 등)** ① 내용문서의 원본 또는 등본의 문자나 기호를 정정·삽입 또는 삭제한 때에는 "정정"·"삽입" 또는 "삭제"의 문자 및 자수를 난외 또는 말미여백에 기재하고 그 곳에 발송인의 인장이나 지장을 찍어야 한다.
> ② 제1항의 경우 정정 또는 삭제된 문자나 기호는 명료하게 판독할 수 있도록 남겨두어야 한다.
> ③ 내용증명우편물을 접수한 후에는 발송인 및 수취인의 성명·주소의 변경, 내용문서원본 또는 등본의 문자나 기호의 정정 등을 청구할 수 없다.

57 ② 【×】 우편법 시행규칙 제61조 제2항은 삭제되어 이에 따라 지문도 틀린 지문이 된다.

> ✐ **우편법 시행규칙 제6관 특급취급**
>
> **제61조(국내특급우편)** ① 제25조 제1항제5호에 따른 국내특급우편물에는 발송인이 그 표면의 보기 쉬운 곳에 "국내특급"의 표시를 하여야 한다.
> ② 국내특급우편물의 이용자는 발송우체국장이 정하는 바에 의하여 우편자루를 사제하여 사용할 수 있다. 이 경우 우편자루의 무게는 우편물의 중량에 산입한다. (삭제)
> ③ 국내특급우편물의 배달은 다음 각 호의 기준에 의한다.
> 1. 도착된 특급우편물은 가장 빠른 배달편에 의하여 배달한다.
> 2. 수취인의 부재 등의 사유로 1회에 배달하지 못한 특급우편물을 다시 배달하는 경우 2회째에는 제1호의 규정에 의한 배달의 예에 의하고, 3회째에는 통상적인 배달의 예에 의한다.
> 3. 수취인의 거주이전 등으로 배달하지 못한 특급우편물을 전송하거나, 성명·주소 등의 불명으로 환부하는 경우에는 전송 또는 환부하는 날의 다음 날까지 송달한다.
> ④ 삭제
> ⑤ 삭제
> ⑥ 국내특급우편물의 취급지역·취급우체국·취급시간 기타 필요한 사항은 관할지방우정청장이 정하여 고시한다.

58 ② 【○】 ㄱ, ㄴ
ㄷ. 【×】 익일특급 취급지역은 관할 지방우정청장이 고시한다[국내특급우편물의 취급지역·취급우체국·취급시간 그 밖에 필요한 사항은 관할 지방우정청장이 정하여 고시한다(우편법 시행규칙 제61조 제6항)].
ㄹ. 【×】 당일특급우편물(재배달할 우편물)은 2회째에는 가장 빠른 방법으로 배달하고 3회째부터 통상적인 배달의 예에 따라 재배달한다(단, 익일특급우편물은 제외).

**정답**　56 ②　57 ②　58 ②

**59** 특별송달에 대한 설명으로 타당하지 <u>않은</u> 것은?

① 다른 법령에 의하여 「민사소송법」이 정하는 방법으로 송달하여야 할 서류를 내용으로 하는 등기통상우편물은 특별송달로 할 수 있다.

② 특별송달우편물을 발송할 때에는 그 표면의 왼쪽 중간에 "특별송달"의 표시를 하고, 그 뒷면에 송달 상 필요한 사항을 기재한 우편송달통지서용지를 첨부하여야 한다.

③ 특별송달우편물의 수령을 거부하는 때에는 우편물에 기재된 주소지에 수취인이 사실상 거주하지 아니하는 경우에는 그 장소에 우편물을 두어 유치송달 할 수 없다.

④ 특별송달우편물을 배달한 때에는 배달우체국에서 당해 우편물에 첨부된 우편송달통지서에 송달에 관한 사실을 기재하여 발송인에게 통상우편으로 송부하여야 한다.

**60** 다음 중 민원우편에 대한 설명으로 <u>틀린</u> 것은?

① 민원우편물을 발송·회송 및 배달하는 경우에는 등기우편물로 취급하여야 한다.

② 민원우편에 의하여 민원서류를 발급받고자 하는 자는 민원서류의 발급에 필요한 서류와 발급수수료를 우정사업본부장이 발행하는 민원우편발송용 봉투에 함께 넣어 발송하여야 한다.

③ 민원서류를 발급한 기관은 발급된 민원서류와 민원인으로부터 우송되어 온 통화중에서 발급수수료를 뺀 잔액의 통화를 우정사업본부장이 발행하는 민원우편회송용 봉투에 함께 넣어 회송하여야 한다.

④ 통화를 발송하거나 회송하는 경우에는 그 민원우편의 발송용봉투 또는 회송용봉투의 해당란에 그 금액을 기재하여야 한다.

**61** 다음 중 우편 금제품이 <u>아닌</u> 것은?

① 복사품　　　　　　　　　　② 음란물

③ 폭발물　　　　　　　　　　④ 독극물

**59** ④ 【×】 특별송달우편물을 배달한 때에는 배달우체국에서 당해 우편물에 첨부된 우편송달통지서에 송달에 관한 사실을 기재하여 발송인에게 등기우편으로 송부하여야 한다. 다만, 발송인이 원하는 경우에는 정보통신망을 통한 전자적 방법으로 송부할 수 있다(우편법 시행규칙 제63조 제3항).

> ✎ **우편법 시행규칙 제7관 특별송달**
>
> **제63조(특별송달우편물의 배달)** ① 특별송달우편물을 배달하는 때에는 우편송달통지서의 해당란에 수령인의 서명(전자서명을 포함한다) 또는 날인을 받아야 한다.
> ② 특별송달우편물의 수령을 거부하는 때에는 다음 각 호의 1에 해당하는 경우를 제외하고는 그 장소에 우편물을 두어 유치송달 할 수 있다.
> 1. 수취인의 장기간 부재 등으로 대리수령인이 그 우편물을 수취인에게 전달할 수 없는 사유가 입증된 경우
> 2. 우편물에 기재된 주소지에 수취인이 사실상 거주하지 아니하는 경우
> ③ 특별송달우편물을 배달한 때에는 배달우체국에서 당해우편물에 첨부된 우편송달통지서에 송달에 관한 사실(제2항의 경우에는 유치송달의 사유 또는 제2항 각호의 사유를 포함한다)을 기재하여 발송인에게 등기우편으로 송부하여야 한다. 다만, 발송인이 원하는 경우에는 정보통신망을 통한 전자적 방법으로 송부할 수 있다.

**60** ① 【×】 민원우편물을 발송 · 회송 및 배달하는 경우에는 국내특급우편물로 취급하여야 한다.

> ✎ **우편법 시행규칙 제8관 민원우편**
>
> **제64조(민원우편물)** ① 제25조 제1항 제7호의 규정에 의한 민원우편에 의하여 민원서류를 발급받고자 하는 자는 민원서류의 발급에 필요한 서류와 발급수수료를 우정사업본부장이 발행하는 민원우편발송용 봉투에 함께 넣어 발송하여야 한다. 다만, 정보통신망을 통하여 민원서류를 발급받고자 하는 경우에는 우정사업본부장이 따로 정하는 방법에 의한다.
> ② 민원서류를 발급한 기관은 발급된 민원서류와 민원인으로부터 우송되어 온 통화중에서 발급수수료를 뺀 잔액의 통화를 우정사업본부장이 발행하는 민원우편회송용 봉투에 함께 넣어 회송하여야 한다.
> ③ 민원우편물을 발송 · 회송 및 배달하는 경우에는 국내특급우편물로 취급하여야 한다. 민원우편물을 수취인부재등의 사유로 배달하지 못하여 다시 배달하는 경우 및 배달하지 못한 민원우편물을 전송 또는 환부하는 경우에도 또한 같다.
> **제65조(민원우편물의 금액표기)** 제64조 제1항 및 제2항의 규정에 의하여 통화를 발송하거나 회송하는 경우에는 그 민원우편의 발송용봉투 또는 회송용봉투의 해당란에 그 금액을 기재하여야 한다.

**61** ① 【×】 과학기술정보통신부장관은 건전한 사회질서를 해치거나 우편물의 안전한 송달을 해치는 물건(음란물, 폭발물, 총기 · 도검, 마약류 및 독극물 등으로서 우편으로 취급하는 것이 부적절하다고 인정되는 물건을 말하며, 이하 "우편금지물품"이라 한다)을 정하여 고시하여야 한다(우편법 제17조 제1항).

오답체크
②③④ 【○】 음란물, 폭발물, 총기 · 도검, 마약류 및 독극물 등은 우편 금제품이다.

> **우편법 제17조(우편금지물품, 우편물의 용적 · 중량 및 포장 등)** ① 과학기술정보통신부장관은 건전한 사회질서를 해치거나 우편물의 안전한 송달을 해치는 물건(음란물, 폭발물, 총기 · 도검, 마약류 및 독극물 등으로서 우편으로 취급하는 것이 부적절하다고 인정되는 물건을 말하며, 이하 "우편금지물품"이라 한다)을 정하여 고시하여야 한다.
> ② 과학기술정보통신부장관은 우편물의 취급 용적 · 중량 및 포장에 관한 사항을 정하여 고시하여야 한다.
> ③ 과학기술정보통신부장관은 우편금지물품과 제2항에 따라 고시한 기준에 맞지 아니한 물건에 대하여는 우편역무의 제공을 거절하거나 제한할 수 있다.

**정답** 59 ④  60 ①  61 ①

**01** 〈보기〉에서 설명한 국내우편서비스의 종류를 바르게 연결한 것은? 10. 기출

> 보기
> ㄱ. 개인의 사진, 기업체 로고, 캐릭터, 광고물 등을 우표와 나란히 인쇄·제작하여 제공하는 서비스
> ㄴ. 고객이 전화 또는 인터넷을 통하여 서비스를 신청하면 고객의 주소지로 방문하여 접수하고 수취인에게 신속히 배달해 주는 서비스
> ㄷ. 전국 우체국을 통해 농·어촌 특산품 등을 저렴하게 구입할 수 있는 서비스

|  | ㄱ | ㄴ | ㄷ |
|---|---|---|---|
| ① | 나만의 우표 | 우체국 꽃배달 | 우체국쇼핑 |
| ② | 우체국경조카드 | 우체국 꽃배달 | 우체국택배 |
| ③ | 나만의 우표 | 우체국택배 | 우체국쇼핑 |
| ④ | 광고우편 | 우체국경조카드 | 우체국택배 |

**02** 우체국 꽃배달 서비스에 대한 설명으로 옳지 <u>않은</u> 것은? 24. 기출

① 배달 결과는 공급업체에서 직접 입력한다.
② 꽃송이의 부족으로 교환을 요구할 경우에는 상품 교환 조치를 한다.
③ 공급업체는 상품을 발송할 때 반드시 우체국 꽃배달 태그를 함께 보내야 한다.
④ 배달 중 공급업체의 잘못으로 상품에 결함이 생기면 접수우체국에서 모든 비용을 부담한다.

**03** 국내우편서비스에 대한 설명으로 옳은 것을 모두 고른 것은? 22. 기출

> ㄱ. 모사전송(팩스) 우편은 우편취급국을 포함한 모든 우체국에서 신청이 가능하다.
> ㄴ. 나만의 우표 홍보형 신청 시에는 기본 이미지 1종 외에 큰 이미지 1종을 무상으로 제공한다.
> ㄷ. 고객이 고객맞춤형 엽서를 교환 요청한 때에는 교환금액을 수납한 후 액면 금액에 해당하는 우표, 엽서, 항공서간으로 교환해 준다.
> ㄹ. 우체국 축하카드 발송 시 50만 원 한도 내에서 문화상품권을 함께 발송할 수 있다.

① ㄱ, ㄷ      ② ㄱ, ㄹ
③ ㄴ, ㄷ      ④ ㄴ, ㄹ

**04** 〈보기〉에서 설명한 국내우편서비스의 종류를 바르게 연결한 것은?

> 보기
> ㄱ. 기기를 이용해 서신, 서류 등의 통신문을 보내는 서비스를 말한다. 시내, 시외 모두 동일한 요금을 적용한다.
> ㄴ. 우편엽서에 이미지, 발송인과 수취인 주소·성명, 통신문 등을 인쇄하여 발송까지 대행해 주는 서비스이다.
> ㄷ. 내용문과 발송인, 수신인의 정보를 전산매체에 저장하여 제출하면 제작부터 배달까지의 전 과정을 우체국이 대신해 주는 서비스이다.

| | ㄱ | ㄴ | ㄷ |
|---|---|---|---|
| ① | 모사전송기기(팩스) | 우체국꽃배달 | 전자우편 |
| ② | 고객맞춤형 우편엽서 | 우체국꽃배달 | 모사전송기기(팩스) |
| ③ | 모사전송기기(팩스) | 고객맞춤형 우편엽서 | 전자우편 |
| ④ | 모사전송기기(팩스) | 전자우편 | 고객맞춤형 우편엽서 |

---

**정답 및 해설**

**01** ③【O】 ㄱ – 나만의 우표, ㄴ – 우체국택배, ㄷ – 우체국쇼핑

> **[우편서비스]**
> 1. 전자우편(전자우편) : 전자우편(전자우편)은 내용문과 발송인, 수신인의 정보를 전산매체에 저장하여 제출하면 제작부터 배달까지의 전 과정을 우체국이 대신해 주는 서비스이다.
> 2. 일간신문 배달 서비스 : 토요일자 발행 조간신문이나 금요일자 발행 석간신문을 배달하는 서비스이다. 토요일 배달과 월요일 배달로 나뉘며 고객이 선택할 수 있다.
> 3. 모사전송(팩스)우편 : 모사전송기기(팩스)를 이용해 서신, 서류 등의 통신문을 보내는 서비스를 말한다. 시내, 시외 모두 동일한 요금을 적용한다.
> 4. 광고우편엽서 : 우정사업본부가 발행하는 우편엽서에 광고를 실어 광고주가 원하는 지역에서 판매하는 제도이다.
> 5. 고객맞춤형 우편엽서 : 우편엽서에 이미지, 발송인과 수취인 주소·성명, 통신문 등을 인쇄하여 발송까지 대행해 주는 서비스이다.
> 6. 경조우편카드 : 직접 찾아뵐 수 없는 분에게 축하, 감사 및 애도의 뜻을 전하는 경조문안을 작성하여 우체국, 인터넷, 콜센터를 통해 접수하면 위탁 제작처나 배달우체국에서 제작하여 배달하는 서비스이다. 일반통상우편과 등기통상우편 모두 가능하며 배달증명, 상품권 동봉, 예약배달을 부가할 수 있다.
> 7. 인터넷우표 : 고객이 인터넷우체국을 통하여 우편물에 해당하는 요금을 지불하고 본인의 프린터에서 직접 우표를 출력하여 사용하는 서비스를 말한다. 위조, 변조 방지를 위하여 수취인 주소가 함께 적혀 있어야 한다.

**02** ④【×】 상품을 수취인에게 배달하는 중에 공급업체의 잘못으로 상품에 결함이 생기면 모든 비용은 공급업체에서 부담한다. 소비자가 교환이나 환불을 요구할 때에는 즉시 보상해야 한다.

**03** ③【O】 ㄴ, ㄷ
ㄱ.【×】 모사전송(팩스) 우편 서비스는 우정사업본부장이 지정 고시하는 우체국에서만 취급할 수 있으며, 우편취급국은 신청이 불가하다.
ㄹ.【×】 우체국 축하카드 발송 시 20만 원 한도 내에서 문화상품권을 함께 발송할 수 있다.

**04** ③【O】 ㄱ – 모사전송기기(팩스), ㄴ – 고객맞춤형 우편엽서, ㄷ – 전자우편(문제 1번 해설 참조.)

---

**정답**    01 ③   02 ④   03 ③   04 ③

**05** 인터넷 우표에 대한 설명으로 옳지 <u>않은</u> 것은? 24. 기출

① 국제우편물과 소포우편물은 이용대상이 아니다.

② 정가 판매한 인터넷 우표는 우표류 교환 대상에서 제외된다.

③ 고객의 편의를 위하여 수취인 주소 없이 단독으로 사용이 가능하다.

④ 구매 후 출력하지 않은 인터넷 우표에 한정하여 구매 취소가 가능하다.


**06** 우편서비스에 대한 설명으로 옳은 것을 〈보기〉에서 모두 고른 것은? 18. 기출 변형

> ┌ 보기 ┌
> ㄱ. 인터넷우표는 반드시 수취인 주소가 있어야 한다.
> ㄴ. 민원우편은 우정사업본부장이 정하여 고시하는민원서류에 한정하여 취급한다.
> ㄷ. 우체국축하카드는 배달증명, 내용증명, 상품권동봉서비스, 예약배달서비스의 취급이 가능하다.
> ㄹ. 모사전송(팩스)우편서비스의 이용수수료는 내용문 최초 1매 500원, 추가 1매당 200원이며,
>    복사비는 무료이다.

① ㄱ, ㄴ            ② ㄱ, ㄷ

③ ㄴ, ㄹ            ④ ㄷ, ㄹ


**07** 나만의 우표 서비스에 대한 설명으로 옳은 것은? 24. 기출

① 기본형은 고객 이미지 1종이 기본이며 홍보형 및 시트형은 기본 종수(1종) 외에 큰 이미지
  1종을 무상으로 제공한다.

② 전국의 우체국(별정우체국, 우편취급국 제외), 인터넷우체국, 우체국 모바일 앱에서 접수가
  가능하다.

③ 지적재산권자로부터 받은 사용허가서를 신청 고객으로부터 제출받아 2년 동안 보관한다.

④ 접수담당자는 신청서에 우편날짜도장으로 날인하여 원본은 우체국에 3년 동안 보관한다.

**08  부가우편서비스에 대한 설명으로 틀린 것은?**

① 우체국쇼핑이란 전국의 특산품과 중소기업 우수 제품 중에서 우편으로 취급이 될 수 있는 것을 직접 공급하여 주는 제도이다. 우체국 특산품과 우체국 꽃배달이 있다.

② 전자우편의 취급방법에는 봉함식, 접착식, 그림엽서 형식 등 다양한 형태의 제작방법이 있으며, 일반통상우편은 가능하나 등기통상우편은 가능하지 않다. 부가할 수 있는 서비스로는 내용증명, 계약등기, 한지(내지)가 있다.

③ 나만의 우표는 사진, 그래픽 이미지 등을 이용해 우표를 만드는 IT 기술을 활용한 신개념 서비스이다. 기념일 선물, 기업 홍보용으로 많이 이용되며 신청자에게 사진이나 이미지의 사용 권한이 있어야 한다.

④ 인터넷우표는 고객이 인터넷우체국을 통하여 우편물에 해당하는 요금을 지불하고 본인의 프린터에서 직접 우표를 출력하여 사용하는 서비스를 말한다. 위조, 변조 방지를 위하여 수취인 주소가 함께 적혀 있어야 한다.

---

**정답 및 해설**

**05** ③ 【×】 인터넷우표는 고객편의 제고와 위조, 변조를 방지하기 위하여 단독으로 사용할 수 없으며 수취인 주소가 함께 있어야 한다.

**06** ① 【○】 ㄱ, ㄴ
ㄷ. 【×】 우체국축하카드는 등기통상, 익일특급, 배달증명, 상품권 동봉서비스, 예약배달서비스의 취급이 가능하다.
ㄹ. 【×】 모사전송(팩스)우편서비스 이용수수료는 다음과 같다.
 • 최초 1매 500원, 추가 1매당 200원(복사비 1매당 50원)
 • 시내·시외 모두 동일한 요금을 적용한다.

**07** ① 【○】 기본형은 고객 이미지 1종이 기본이며, 홍보형 및 시트형은 기본 종수(1종) 외에 큰 이미지 1종을 무상으로 제공한다.
※ 기본이미지 외 이미지 추가 요청 시 1종 추가마다 600원씩 추가됨. 단, 신청량이 전지 기준 101장부터 추가 이미지(최대 20종) 무료 제공
오답체크
② 【×】 전국 우체국(별정우체국, 우편취급국 포함), 인터넷우체국, 모바일 앱, (재)한국우편사업진흥원 및 접수위탁기관에서 접수할 수 있다.
③ 【×】 접수할 때 신청 자료의 내용이 다른 사람의 초상권, 저작권 등을 침해한 것으로 확인된 경우에는 신청 고객이 해당 권리자에게서 받은 사용허가서나 그 밖의 사용 권한을 증명할 수 있는 서류를 제출하도록 안내한다.
※ 서류 보관기간 : 접수한 날부터 5년(이미지 : 3개월)
④ 【×】 접수자는 신청서에 우편날짜도장으로 날인하여 원본은 우체국에 1년 동안 보관하고, 신청자에게 사본 1부를 접수증으로 교부하며, 1부는 제작기관에 사진이나 데이터와 함께 송부한다.

**08** ② 【×】 전자우편의 취급방법에는 봉합식, 접착식, 그림엽서 형식 등 다양한 형태의 제작방법이 있으며, 일반통상우편과 등기통상우편 모두 가능하다. 부가할 수 있는 서비스로는 내용증명, 계약등기, 한지(내지)가 있다.

---

**정답**  05 ③  06 ①  07 ①  08 ②

**09** 다음 중 우체국 전자우편(전자우편)의 종류에 해당되지 <u>않는</u> 것은?

① 그림엽서 전자우편　　　　　② 접착식 전자우편
③ 등기식 전자우편　　　　　　④ 봉함식 전자우편


**10** 우체국 부가우편서비스에 해당하지 <u>않는</u> 것은?

① 인터넷복권　　　　　　　　② 나만의 우표
③ 일간신문 배달서비스　　　　④ 광고우편엽서


**11** 부가우편역무의 종류에 관한 설명으로 옳지 <u>않은</u> 것은?

① 국내특급우편은 전국 전 지역을 통상의 송달방법보다 빠르게 송달한다.
② 보험취급에는 통화등기, 물품등기, 유가증권등기가 있다.
③ 증명취급에는 내용증명, 배달증명이 있다.
④ 특별송달은 등기취급을 전제로 「민사소송법」 제176조의 규정에 의한 방법으로 송달하는 우편물을 말한다.


**12** 〈보기〉에서 등기취급을 전제로 한 부가우편역무에 대한 설명으로 바르게 연결한 것은?

┌ 보기 ┐
ㄱ. 현금추심을 위탁받은 물건을 수취인에게 배달하고 그 대금을 수취인으로부터 받아 발송인에게 송금해 주는 특수취급제도
ㄴ. 민사소송법의 규정에 의한 방법으로 송달하는 우편물로서 배달우체국에서 배달결과를 발송인에게 통지하는 특수취급제도
ㄷ. 보험등기봉투를 이용하여 우편환증서, 수표 등을 배달하는 특수취급제도

|   | ㄱ | ㄴ | ㄷ |
|---|------|--------|----------|
| ① | 물품등기 | 특사배달 | 통화등기 |
| ② | 대금교환 | 특사배달 | 유가증권등기 |
| ③ | 물품등기 | 특별송달 | 통화등기 |
| ④ | 대금교환 | 특별송달 | 유가증권등기 |

**13** 전자우편에 대한 설명으로 옳지 <u>않은</u> 것은?

① 전자우편은 필요정보를 전산매체에 저장하여 제출하면 제작까지의 과정을 우체국이 대신해 주는 서비스이다.

② 제작방법으로는 봉함식, 접착식, 그림엽서 형식 등이 있다.

③ 일반통상우편과 등기통상우편 모두 가능하다.

④ 부가할 수 있는 서비스로는 대금교환, 계약등기, 한지(내지)가 있다.

**14** 다음 〈보기〉에서 설명하고 있는 부가우편서비스는?

> 보기
>
> 고객이 우편물에 해당하는 요금을 인터넷 우체국에 지불하고 본인의 프린터에서 적절 우표를 출력하여 사용하는 서비스이다.

① 모사전송(팩스) 우편서비스　　　② 인터넷우표

③ 광고우편엽서　　　④ 나만의 우표

---

**정답 및 해설**

**09** ③ 【×】 우체국 전자우편에는 봉함식 전자우편(소형봉투, 대형봉투), 접착식 전자우편, 그림엽서 전자우편이 있다.

**10** ① 【×】

오답체크

②③④ 【○】 이외에도 우체국쇼핑, 전자우편(전자우편), 동봉서비스, 고객맞춤형 서비스, 모사전송(팩스)우편, 광고우편엽서, 나만의 우표, 고객맞춤형 우편엽서, 경조우편카드, 인터넷 우표가 있다.

**11** ① 【×】 국내특급우편이란 서울과 지방, 지방 주요 도시 등 취급지역 상호간에 긴급을 요하는 우편물로써 통상의 송달방법보다 빠르게 송달하기 위하여 접수된 우편물을 약속된 시간 내에 신속·정확·안전하게 배달해 주는 우편서비스를 말한다. 취급지역은 서울, 부산, 대구, 광주, 대전 등 주요도시이다.

**12** ④ 【○】

ㄱ. 대금교환우편물은 물건을 배달하고 대금을 수취인으로부터 받아 발송인에게 송금하여 주는 서비스로 소포우편물에 한하여 취급한다.

ㄴ. 특별송달이란 민사소송법이 정하는 방법에 따라 등기통상으로 송달하고 송달 사실을 우편송달통지서를 통해 발송인에게 알려주는 서비스이다.

ㄷ. 유가증권등기란 현금과 교환할 수 있는 우편환증서나 수표 따위의 유가증권을 보험등기봉투에 넣어 직접 수취인에게 송달하는 서비스이다.

**13** ④ 【×】 부가할 수 있는 서비스로는 내용증명, 계약등기, 한지(내지)가 있다.

**14** ② 【○】 〈보기〉는 인터넷 우표에 대한 설명이다.

---

**정답**　　09 ③　　10 ①　　11 ①　　12 ④　　13 ④　　14 ②

**15** 다음 중 모사전송우편에 대한 설명으로 바르지 <u>않은</u> 것은?

① 모사전송우편이란 우체국에서 서신·서류·도화 등의 통신문을 접수받아 수취인의 모사전 송기에 전송하는 제도를 말한다.
② 모사전송우편물을 우체국에서 발송하려는 자는 통신문 및 수취인 성명 등 모사전송에 필요한 사항을 우체국에 제출하여야 한다.
③ 우체국은 발송인으로부터 제출 받은 통신문을 전송한 후에는 발송인에게 돌려주어야 한다.
④ 모사전송우편의 취급지역·취급우체국, 기타 필요한 사항은 과학기술정보통신부장관이 정하여 고시한다.

**16** 다음 중 광고우편의 광고 중에서 광고우편으로 게재할 수 있는 것은?

① 특정단체의 학술적 목적을 위한 광고
② 국민의 건전한 소비생활을 저해하는 광고
③ 우편사업에 지장을 주는 광고
④ 공공의 질서와 선량한 풍속을 저해하는 광고

**17** 군사우편에 대한 설명으로 옳지 <u>않은</u> 것은?

① 과학기술정보통신부장관은 국방부장관의 요청에 따라 국군이 주둔하는 지역으로서 우체국의 기능이 미치지 아니하는 지역에 있는 부대와 그 부대에 속하는 군인·군무원에 대한 우편역무를 제공할 수 있다.
② 군사우편물의 요금은 일반우편요금의 3분의 1로 한다.
③ 국방부장관은 군사우편을 취급하는 우체국에 필요한 시설·장비를 제공하는 것 외에 용역의 일부를 지원할 수 있다. 부대의 이동에 따라 군사우체국을 이동하는 경우에도 또한 같다.
④ 국방부장관은 특별한 사유가 있는 경우 외에는 군사우체국 직원에게 영내 출입, 군 주둔지역의 통행, 그 밖의 업무 수행에 필요한 편의를 제공하여야 한다.

**정답 및 해설**

**15** ④ 【×】 모사전송우편의 취급지역·취급우체국 기타 필요한 사항은 우정사업본부장이 정하여 고시한다(우편법 시행규칙 제69조 제3항).

오답체크

① 【○】 우편법 시행규칙 제25조 제1항 제9호.

② 【○】 제25조 제1항 제9호에 따른 모사전송우편물을 우체국에서 발송하려는 자는 통신문 및 수취인 성명 등 모사전송에 필요한 사항을 우체국에 제출하여야 한다(우편법 시행규칙 제69조 제1항).

③ 【○】 우체국은 발송인으로부터 제출 받은 통신문을 전송한 후에는 발송인에게 돌려주어야 한다(우편법 시행규칙 제69조 제2항).

**16** ① 【○】 특정단체의 학술적 목적을 위한 광고는 광고우편의 광고금지의 대상이 아니다.

> ✎ **우편법 시행규칙 제12관 광고우편 〈신설 1997.12.31〉**
>
> **제70조의4(광고우편의 광고금지)** 다음 각호의 1에 해당하는 광고는 이를 광고우편으로 게재할 수 없다.
> 1. 공공의 질서와 선량한 풍속을 저해하는 광고
> 2. 국민의 건전한 소비생활을 저해하는 광고
> 3. 우편사업에 지장을 주는 광고
> 4. 특정단체의 정치적 목적을 위한 광고
> 5. 과대 또는 허위의 광고
>
> **제70조의5(광고우편의 이용조건)** 광고우편의 이용조건 등 역무제공에 관하여 필요한 사항은 우정사업본부장이 정한다.

오답체크

②③④ 【×】 광고우편의 광고금지의 대상은 ㉠ 공공의 질서와 선량한 풍속을 저해하는 광고, ㉡ 국민의 건전한 소비생활을 저해하는 광고, ㉢ 우편사업에 지장을 주는 광고, ㉣ 특정단체의 정치적 목적을 위한 광고, ㉤ 과대 또는 허위의 광고이다.

**17** ② 【×】 군사우편물의 요금은 일반우편요금의 2분의 1로 한다.

> **우편법 제16조(군사우편)** ① 과학기술정보통신부장관은 국방부장관의 요청에 따라 국군이 주둔하는 지역으로서 우체국의 기능이 미치지 아니하는 지역에 있는 부대(기관을 포함한다. 이하 같다)와 그 부대에 속하는 군인·군무원에 대한 우편역무(이하 "군사우편"이라 한다)를 제공할 수 있다.
> ② 군사우편물의 요금은 일반우편요금의 2분의 1로 한다.
> ③ 국방부장관은 군사우편을 취급하는 우체국(이하 "군사우체국"이라 한다)에 필요한 시설·장비를 제공하는 것 외에 용역의 일부를 지원할 수 있다. 부대의 이동에 따라 군사우체국을 이동하는 경우에도 또한 같다.
> ④ 국방부장관은 특별한 사유가 있는 경우 외에는 군사우체국 직원에게 영내(營內) 출입, 군(軍)주둔지역의 통행, 그 밖의 업무 수행에 필요한 편의를 제공하여야 한다.
> ⑤ 제2항부터 제4항까지에 규정된 것 외에 군사우편에 필요한 사항은 대통령령으로 정한다.

**정답**   **15** ④   **16** ①   **17** ②

# 06 우편에 관한 요금

**01** 우편의 요금별납에 대한 설명으로 틀린 것은?

① 요금별납은 동일인이 동시에 우편물의 종류, 중량, 우편요금 등이 동일한 우편물을 다량으로 발송할 경우에 개개의 우편물에 우표를 첨부하여 요금을 납부하는 대신 우편물 표면에 '요금별납'의 표시만을 하고 요금은 일괄하여 현금(신용카드결제 등 포함)으로 별도 납부하는 제도이다.

② 요금별납은 관할 지방우정청장이 지정하는 우체국(취급국 포함)에서만 취급이 가능하다.

③ 요금별납은 고객은 우표를 붙이는 수고를 줄일 수 있고, 우체국은 소인하는 절차를 생략할 수 있어 업무를 간소화해 주는 제도이다.

④ 요금별납은 통상우편물과 소포우편물 모두 접수할 수 있으며, 100통 이상이 되어야만 가능하다.

**02** 다음 〈보기〉에 해당하는 요금제도는?

> **보기**
> - 고객이 우표를 붙이는 수고를 줄이고 우체국 소인하는 절차를 생략할 수 있어 업무를 간소화한다.
> - 통상우편물과 소포우편물 모두 접수할 수 있다.
> - 관할 지방우정청장이 지정하는 우체국에서만 취급이 가능하다.

① 요금별납  
③ 요금수취인부담  
② 요금후납  
④ 우편요금 감액제도

**03** 〈보기〉에서 요금별납 우편물에 대한 설명으로 옳은 것을 모두 고른 것은? 24. 기출

> **보기**
> ㄱ. 취급할 수 있는 최저수량은 통상우편물과 소포우편물이 다르다.
> ㄴ. 창구업무 취급시간 내에 우편창구에서 접수하는 것이 원칙이다.
> ㄷ. 요금별납 고무인은 담당자가 수량을 정확히 파악해서 보관, 사용한다.
> ㄹ. 1개월간 발송 예정인 우편 요금액의 2배에 해당하는 금액을 담보금으로 제공받는다.
> ㅁ. 우편물의 종별, 중량, 우편요금 등이 같고 동일인이 동시에 발송하는 우편물이어야 한다.

① ㄱ, ㄹ  
③ ㄱ, ㄷ, ㅁ  
② ㄴ, ㅁ  
④ ㄴ, ㄷ, ㄹ

**04** 요금후납에 대한 설명으로 **틀린** 것은?

① 요금후납이란 우편물의 요금을 우편물을 발송할 때에 납부하지 않고 1개월 간 발송예정 우편물의 요금액의 2배에 해당하는 금액을 담보금으로 제공하고 1개월간의 요금을 다음 달 20일까지 납부하는 제도이다.

② 취급대상 우편물은 동일인이 매월 10통 이상 발송하는 통상 및 소포우편물 등이다.

③ 우편물을 발송할 우체국이나 배달할 우체국을 이용우체국으로 한다.

④ 국가나 지방자치단체에서 발송하는 우편물은 발송 우체국장이 정하는 조건에 적합해야 한다.

**05** 요금후납 우편물에 대한 설명으로 **옳지 않은** 것은?

① 1개월간 발송예정 우편물의 요금액의 2배에 해당하는 금액을 담보금으로 제공한다.

② 우편물을 발송하는 기관들의 회계처리에 번잡함을 줄이고 소인절차를 생략할 수 있는 간편한 제도이다.

③ 국가나 지방자치단체에서 발송하는 우편물은 관할 지방우정청장이 정하는 요건에 적합하여야 한다.

④ 동일인이 매월 100통 이상 발송하는 통상 및 소포우편물이 그 대상이다.

---

**정답 및 해설**

**01** ④ 【×】 요금별납은 통상우편물과 소포우편물 모두 접수할 수 있으며, 10통 이상이 되어야만 가능하다.

**02** ① 【○】 문제 1번 해설 참조

**03** ② 【○】 ㄴ, ㅁ
ㄱ.【×】 10통 이상의 통상우편물이나 소포우편물 발송 시 이용이 가능하다.
ㄴ.【○】 요금별납 우편물은 창구업무 시간 내에 접수하는 것이 원칙이다.
ㄷ.【×】 요금별납 고무인은 책임자(5급 이상 관서 : 과장, 6급 이하 관서 : 국장)가 수량을 정확히 파악해서 보관해야 하며, 담당자는 책임자에게 필요할 때마다 받아서 사용한다.
ㄹ.【×】 요금후납 우편물에 관한 설명이다.
ㅁ.【○】 우편물의 종별, 중량, 우편요금 등이 같고 동일인이 동시에 발송해야 한다.

**04** ② 【×】 취급대상 우편물은 동일인이 매월 100통 이상 발송하는 통상 및 소포우편물 등이다.

**05** ③ 【×】 지방우정청장이 아니라 발송 우체국장이 정하는 요건에 적합하여야 한다.

**정답**  01 ④  02 ①  03 ②  04 ②  05 ③

**06** 국내우편 요금별납 및 요금후납 우편물에 대한 설명으로 옳지 <u>않은</u> 것은? <sup>22. 기출</sup>

① 관할 지방우정청장이 요금별납 우편물을 접수할 수 있도록 정한 우체국이나 우편취급국에서 이용이 가능하다.

② 요금별납 우편물에는 원칙적으로 우편날짜도장을 찍지 않는다.

③ 최초 요금후납 계약일부터 체납하지 않고 4년간 성실히 납부한 사람은 담보금 50% 면제 대상이다.

④ 모든 요금후납 계약자는 요금후납 계약국 변경신청제도를 이용할 수 있다.

**07** 우편물의 수취인 부담에 관한 설명으로 옳지 <u>않은</u> 것은?

① 우편물을 다량으로 수취하는 자가 자기부담으로 수취하기 위하여 발송하는 통상우편물은 수취인 부담으로 발송할 수 있다.

② 우편요금 등을 수취인이 지불하는 것에 대하여 발송인이 수취인의 승낙을 얻은 등기우편물을 대상으로 하지만, 통상우편물의 경우는 우편관서의 장과 발송인 간에 별도의 계약을 체결한 경우로 한정한다.

③ 발송인이 수취인의 승낙을 얻은 등기우편물의 경우 우편물의 우편요금 등을 수취인이 납부하지 아니하는 때에는 발송인에게 그 우편물을 환부한다. 이 경우 발송인은 우편요금 등 및 환부취급 수수료를 납부하여야 한다.

④ 우편요금 등의 수취인 부담 우편물의 취급에 관하여 필요한 사항은 우정사업본부장이 정한다.

**08** 요금수취인부담에 대한 설명으로 옳지 <u>않은</u> 것은?

① 배달우체국장과의 계약을 통해 우편요금을 발송인에게 부담시키지 않고 수취인 자신이 부담하는 제도를 말한다.

② 계약자가 미리 '우편요금수취인부담'의 표시를 하여 나눠 준 엽서나 봉투를 사용하여 발송인은 요금을 내지 않고 보내는 형태이다.

③ 취급대상은 통상우편물, 등기소포우편물, 계약등기가 가능하며 부가 특수취급도 된다.

④ 발송유효기간은 1년 이내로 계약 시 정하게 된다. 다만, 국가기관, 지방자치단체, 공공기관은 유효기간을 제한하지 않을 수 있다.

**09** 배달우체국장은 요금수취인부담의 이용계약자가 다음 〈보기〉에 해당하는 경우 그 이용계약을 해지할 수 있는 것으로 바르게 짝지은 것은?

┌ 보기 ┐
ㄱ. 우편요금 등의 납부를 최근 1년간 2회 이상 태만히 하여 요금후납 이용계약을 해지한 때
ㄴ. 정당한 사유없이 요금수취인부담우편물의 수취를 거부한 때
ㄷ. 수취인의 부재 기타 사유로 수취장소에 1월 이상 배달할 수 없을 때
ㄹ. 1월 이상 요금수취인부담우편물을 이용하지 아니한 때

① ㄱ, ㄷ
② ㄱ, ㄹ
③ ㄴ, ㄷ
④ ㄴ, ㄹ

---

**정답 및 해설**

**06** ③ 【×】 최초 후납계약일부터 체납하지 않고 4년간 성실히 납부한 사람은 전액면제대상이다. 따라서 최초 요금후납 계약일부터 체납하지 않고 2년간 성실히 납부한 사람은 담보금 50% 면제 대상이다.

**07** ④ 【×】

> **우편법 시행령 제29조(우편요금등의 수취인 부담)** ① 다음 각 호의 어느 하나에 해당하는 우편물은 우편요금등을 수취인의 부담으로 발송할 수 있다.
> 1. 우편물을 다량으로 수취하는 자가 자기부담으로 수취하기 위하여 발송하는 통상우편물
> 2. 우편요금등을 수취인이 지불하는 것에 대하여 발송인이 수취인의 승낙을 얻은 등기우편물. 다만, 통상우편물은 우편관서의 장과 발송인 간에 별도의 계약을 체결한 경우로 한정한다.
> ② 제1항의 규정에 의한 우편요금등은 수취인이 우편물을 받을 때에 납부한다. 다만, 제30조의 규정에 의하여 우편요금등을 후납하는 때에는 그러하지 아니하다.
> ③ 제1항제2호 본문에 따른 우편물의 우편요금등을 수취인이 납부하지 아니하는 때에는 발송인에게 그 우편물을 환부한다. 이 경우 발송인은 우편요금등 및 환부취급 수수료를 납부하여야 한다.
> ④ 제1항의 규정에 의한 우편요금등의 수취인 부담 우편물의 취급에 관하여 필요한 사항은 과학기술정보통신부령으로 정한다.

**08** ④ 【×】 발송유효기간은 2년 이내로 계약 시 정하게 된다. 다만, 국가기관, 지방자치단체, 공공기관은 유효기간을 제한하지 않을 수 있다.

**09** ③ 【○】

> **우편법 시행규칙 제97조(요금수취인부담 이용계약의 해지)** ① 배달우체국장은 요금수취인부담의 이용계약자가 다음 각호의 1에 해당하는 때에는 그 이용계약을 해지할 수 있다.
> 1. 이용신청 기재사항 변경에 대한 통보를 게을리 한 때
> 2. 정당한 사유없이 요금수취인부담우편물의 수취를 거부한 때
> 3. 수취인의 부재 기타 사유로 수취장소에 1월이상 배달할 수 없을 때
> 4. 2월 이상 요금수취인부담우편물을 이용하지 아니한 때
> 5. 우편요금 등의 납부를 최근 1년간 3회 이상 태만히 하여 요금후납 이용계약을 해지한 때

**정답** 06 ③ 07 ④ 08 ④ 09 ③

**10** 다음 중 우편요금에 대한 설명으로 **틀린** 것은?

① 동일인이 동시에 우편물의 종류와 우편요금 등이 동일한 우편물을 다량으로 발송할 때에는
그 우편요금 등을 따로 납부할 수 있다.

② 우편물을 다량으로 수취하는 자가 자기부담으로 수취하기 위하여 발송하는 통상우편물은
우편요금 등을 수취인의 부담으로 발송할 수 있다.

③ 수취인부담의 우편물의 우편요금 등을 수취인이 납부하지 아니하는 때에는 발송인에게 그
우편물을 환부한다. 이 경우 발송인은 우편요금 등 및 환부취급 수수료를 납부하여야 한다.

④ 체납 요금 등과 연체료는 조세를 포함한 다른 채권에 우선한다.

**11** 우편요금의 감액대상에 대한 설명으로 **틀린** 것은?

① 월 1회 이상 정기적으로 발송하는 것으로서 중량과 규격이 같은 요금별납 또는 요금후납
일반우편물

② 우편물의 종류와 중량 및 규격이 같은 우편물로서 감액기준수량 이상 발송하는 요금별납
일반우편물

③ 국회의원이 의정활동을 당해 지역구 주민에게 알리기 위하여 연간 5회의 범위에서 감액기준
수량 이상 발송하는 요금별납 또는 요금후납 일반우편물

④ 발송인이 방문하여 접수하는 우편물로서 감액기준수량 이상 발송하는 등기우편물

**12** 다음 중 우편요금 등을 감액할 수 있는 우편물이 **아닌** 것은?

① 우편물의 종류와 중량 및 규격이 같은 통상우편물로서 감액기준수량 이상 발송하는 요금별
납 또는 요금후납 일반우편물

② 우체국 창구에서 접수하는 소포우편물로서 감액기준수량 이상 발송하는 일반 또는 등기우
편물

③ 발송인을 방문하여 접수하는 소포우편물로서 감액기준수량 이상 발송하는 등기우편물

④ 상품안내서로서 중량과 규격이 같고, 감액기준수량 이상 발송하는 요금별납 일반우편물

**13** 다음 설명 중 서적우편물로 요금감액을 받을 수 <u>없는</u> 것의 총 개수는? 22. 기출

ㄱ. 표지를 제외한 쪽수가 40쪽이며 책자 형태로 인쇄된 것
ㄴ. 우편엽서, 지로용지가 각각 1장씩 동봉된 것
ㄷ. 본지, 부록을 포함한 우편물 1통의 무게가 1kg인 것
ㄹ. 상품의 선전 및 광고가 전 지면의 20%인 것

① 1개  ② 2개
③ 3개  ④ 4개

---

### 정답 및 해설

10 ④【×】체납 요금 등과 연체료는 조세를 제외한 다른 채권에 우선한다(우편법 제24조 제3항).

11 ③【×】

#### ✎ 우편요금 등의 감액 대상 우편물(우편법 시행규칙 제85조)

1. 통상우편물
   ㉠ 신문(그와 관련된 호외·부록 또는 증간을 포함한다)과 정기간행물(그와 관련된 호외·부록 또는 증간을 포함한다) 중 발행주기를 일간·주간 또는 월간으로 하여 월 1회 이상 정기적으로 발송하는 것으로서 중량과 규격이 같은 요금별납 또는 요금후납 일반우편물. 다만, 우정사업본부장이 공공성·최소발송부수 및 광고게재한도 등을 고려하여 고시하는 기준에 미달하는 것은 제외한다.
   ㉡ 표지를 제외한 쪽수가 48쪽 이상인 책자의 형태로 인쇄·제본되어 발행인·출판사 또는 인쇄소의 명칭 중 어느 하나와 쪽수가 각각 표시되어 발행된 서적으로서 요금별납 또는 요금후납 일반우편물(상품의 선전 및 그에 관한 광고가 전지면의 10분의 1을 초과하는 것을 제외한다)
   ㉢ 우편물의 종류와 중량 및 규격이 같은 우편물로서 감액기준수량 이상 발송하는 요금별납 또는 요금후납 일반우편물
   ㉣ 비영리민간단체가 공익활동을 위하여 발송하는 요금별납 또는 요금후납 우편물
   ㉤ 국회의원이 의정활동을 당해지역구 주민에게 알리기 위하여 연간 3회의 범위에서 감액기준수량 이상 발송하는 요금별납 또는 요금후납 일반우편물
   ㉥ 감액기준수량 이상 발송하는 요금별납 또는 요금후납 등기우편물
   ㉦ 상품의 광고에 관한 우편물로서 종류와 규격이 같고 감액기준수량 이상 발송하는 요금별납 또는 요금후납 일반우편물
   ㉧ 상품안내서로서 중량과 규격이 같고, 감액기준수량 이상 발송하는 요금후납 일반우편물

12 ④【×】문제 11번 해설 참조.

13 ②【×】ㄱ, ㄹ
   ㄱ.【×】표지를 제외한 쪽수가 48쪽 이상인 책자 형태로 인쇄된 것일 경우 감액대상에 해당한다.
   ㄹ.【×】상품의 선전 및 광고가 전 지면의 10%를 초과하는 것은 감액대상에서 제외된다.

### 정답  10 ④  11 ③  12 ④  13 ②

**14** 국내우편요금제도에 대한 설명으로 옳은 것은? 18. 기출

① 요금별납은 우편요금이 같고 동일인이 한번에 발송하는 우편물로 최소 접수 통수에는 제한이 없다.
② 우편요금 체납금액은 「국세징수법」에 따른 체납처분의 예에 따라 징수하되, 연체료는 가산하지 않는다.
③ 요금수취인부담의 취급대상은 통상우편물, 등기소포우편물, 계약등기이며 각 우편물에 부가서비스를 취급할 수 있다.
④ 요금후납은 1개월간 발송예정 우편물의 요금에 해당하는 금액을 담보금으로 제공하고, 1개월간의 요금을 다음 달 20일까지 납부하는 제도이다.

**15** 국내우편요금제도에 관한 설명으로 옳지 <u>않은</u> 것은? 16. 기출

① 요금수취인부담우편물의 취급대상은 통상우편물, 등기소포우편물, 계약등기이다.
② 한 사람이 매월 100통 이상 보내는 통상·소포우편물은 우편요금 후납 우편물의 취급대상이다.
③ 우편요금 별납우편물은 관할 지방우정청장이 지정하는 우체국(우편취급국 포함)에서만 취급이 가능하다.
④ 요금수취인부담우편물의 발송유효기간은 3년 이내로 제한하며 배달 우체국장과 이용자와의 계약으로 정한다.

**16** 우편요금 감액제도에 대한 설명으로 옳은 것은? 24. 기출

① 대리점, 영업사원, 보급대행인, 개인 등이 발송하는 정기간행물은 감액대상이다.
② 종류와 규격이 같은 서적 우편물은 상품의 선전 및 광고가 전 지면의 10%를 초과하는 경우, 감액대상에서 제외된다.
③ 20kg을 초과한 소포 1개를 2개로 분할(1개의 무게는 10kg을 초과 할 것)하여 접수한 등기소포 우편물은 1,000원이 감액된다.
④ 1회에 10통 이상 발송하는 요금별납 또는 요금후납 일반등기 통상우편물은 접수방법 감액과 접수물량 감액을 동시에 적용받는다.

**정답 및 해설**

**14** ③ 【○】

오답체크

① 【×】 요금별납 취급조건은 다음과 같다.
• 우편물의 종류, 무게, 우편요금 등이 같고 동일인이 한번에 발송하는 우편물
• 취급기준 통수 : 통상우편물 10통 이상, 소포우편물 10통 이상

② 【×】 체납요금 등에 대하여는 대통령령으로 정하는 바에 따라 연체료를 가산하여 징수한다(우편법 제24조 제2항).

④ 【×】 요금후납의 담보금은 1월분 우편요금 등의 예상금액의 2배이다(우편법 시행규칙 제98조의2 제1항).

**15** ④ 【×】

| | |
|---|---|
| 의 의 | ① 우편물을 다량으로 수취하는 자가 자기부담으로 수취하기 위하여 발송하는 통상우편물 다만, 통상우편물은 **배달우체국장**(계약등기와 등기소포는 **접수우체국장**)과 발송인 간에 계약을 통해 수취인이 우편요금을 부담하는 제도. <br> ② 통상우편물은 주로 "**우편요금수취인부담**"의 표시를 한 사제엽서 또는 봉투 등을 조제하여 이를 배부하고 배부를 받은 자는 우표를 붙이지 않고 그대로 발송하여 그 요금은 우편물을 배달할 때에 또는 우체국의 창구에서 교부받을 때는 수취인이 취급수수료와 함께 지불하거나 요금 후납계약을 체결하여 일괄 납부하는 형태. <br> ③ 일반통상우편물은 통신판매 등을 하는 상품제조회사가 주문을 받기위한 경우 또는 자기회사의 판매제품에 관한 소비자의 의견을 알아보기 위한 경우 등에 많이 이용. <br> ④ 우편요금등을 수취인이 지불하는 것에 대하여 발송인이 수취인의 승낙을 얻은 등기우편물 |
| 발송 유효기간 | 발송유효기간은 **2년 이내** 배달우체국장과 이용자와의 계약으로 정함. 다만, **국가기관, 지방자치단체 또는 공공기관**에 있어서는 **발송유효기간을 제한하지 아니할 수 있음.** |
| 대 상 | **통상우편물, 등기(소포)우편물, 계약등기.** 각 우편물에 **부가서비스도 취급**할 수 있음. |

**16** ② 【○】 표지를 제외한 쪽수가 48쪽 이상인 책자의 형태로 인쇄 · 제본되어 발행인 · 출판사 또는 인쇄소의 명칭 중 어느 하나와 쪽수가 각각 표시되어 발행된 종류와 규격이 같은 서적으로서 '(2)우편요금 감액요건'을 갖춰 접수하는 요금별납 또는 요금후납 일반 우편물. 다만, 상품의 선전 및 광고가 전 지면의 10%를 초과하는 것은 감액대상에서 제외한다.

오답체크

① 【×】 계약당사자가 아닌 대리점, 영업사원, 개인 등이 발송하는 정기간행물은 감액대상에서 제외

③ 【×】 중량 20kg 초과 소포 1개를 2개로 분할하여 접수할 경우 2,000원 감액

※동일 시간대, 동일 발송인, 동일 수취인이고, 분할한 소포 1개의 무게는 10kg을 초과할 것

④ 【×】 선택등기 : 요금별납 또는 요금후납이고, 1회에 10통 이상 발송하는 등기우편물로 하되, 1회 100통 이상인 경우 접수물량 감액 적용

**정답**    14 ③    15 ④    16 ②

**17**  국내우편요금에 대한 설명으로 옳은 것은? 14. 기출

① 우편요금을 별납할 수 있는 우편물은 10통 이상의 통상우편물에 한한다.
② 요금수취인부담우편물의 발송 유효기간은 이용일로부터 1년을 초과할 수 없다.
③ 국가 또는 지방자치단체에서 발송하는 우편물은 발송우체국장이 후납조건을 따로 정할 수 있다.
④ 우편관서의 과실로 인하여 과다 징수한 우편요금의 반환 청구기간은 우편요금을 납부한 날로부터 30일이다.

**18**  국내우편요금 감액제도 중 환부불필요 감액을 받기 위한 1회 발송 최소 우편물 수량으로 옳지 않은 것은? 23. 기출

① 요금별납 서적우편물 2천통
② 요금후납 다량우편물 1천통
③ 요금별납 상품광고우편물 2천통
④ 요금후납 상품광고우편물 1천통

**19**  우편에 관한 법률에 대한 설명이다. 다음 〈보기〉의 (    )안에 들어갈 기간으로 맞는 것은?

> 보기
>
> 제23조(요금등의 제척기간) 요금등의 납부의무는 요금등을 내야 하는 날부터 (        ) 내에 납부의 고지를 받지 아니한 경우에는 소멸한다. 다만, 불법으로 면탈한 요금에 대하여는 그러하지 아니하다.

① 1년
② 6개월
③ 3개월
④ 1개월

**20** 국내우편물 체납 요금 등의 징수방법에 관한 설명으로서 옳지 <u>않은</u> 것은?

① 체납 요금 등에 대하여는 대통령령으로 정하는 바에 따라 연체료를 가산하여 징수한다.

② 체납 요금 등과 연체료는 조세를 제외한 다른 채권에 우선한다.

③ 우편에 관하여 이미 냈거나 초과하여 낸 요금은 대통령령으로 정하는 경우 외에는 되돌려 주어야 한다.

④ 재해복구를 위하여 설치된 구호기관이 이재민의 구호를 위하여 발송하는 것은 우편요금을 무료로 할 수 있다.

---

### 정답 및 해설

**17** ③【○】 우편물의 요금을 발송할 때에 납부하지 않고 1개월간 발송예정 우편물의 요금액의 2배에 해당하는 금액을 담보금으로 제공하고 1개월간의 요금을 다음 달 20일까지 납부하는 요금후납은 국가나 지방자치단체에서 발송하는 우편물은 발송 우체국장이 정하는 조건에 적합하여야 한다. 따라서 이러한 경우 후납조건은 발송우체국장이 따로 정할 수 있다.

오답체크

①【×】 우편요금을 요금별납표시만하고 일괄하여 별도로 납부할 수 있는 제도로서 요금별납은 통상우편물과 소포우편물 모두 접수할 수 있다. 다만, 10통 이상이 되어야만 한다.

②【×】 요금수취인부담우편물의 발송 유효기간은 이용일로부터 2년 이내로 계약 시에 정하게 된다. 다만, 국가기관, 지방자치단체, 공공기관은 유효기간을 제한하지 않을 수 있다.

④【×】 우편관서의 과실로 인하여 과다 징수한 우편요금의 반환 청구기간은 우편요금을 납부한 날로부터 60일이다. 다만 사설우체통의 사용을 폐지하거나 사용을 폐지시킨 경우의 폐지한 다음 날부터의 납부수수료 잔액의 청구기간은 폐지 또는 취소한 날부터 30일이다.

**18** ①【×】 서적우편물은 환부(반환)불필요 감액의 대상이 아니다.

오답체크

②【○】 요금후납 다량우편물 환부불필요 감액 기준은 1천통 이상이다.

③【○】 요금별납 상품광고우편물 환부불필요 감액 기준은 2천통 이상이다.

④【○】 요금후납 상품광고우편물 환부불필요 감액 기준은 1천통 이상이다.

**19** ②【○】

> **우편법 제23조(요금등의 제척기간)** 요금등의 납부의무는 요금등을 내야 하는 날부터 6개월 내에 납부의 고지를 받지 아니한 경우에는 소멸한다. 다만, 불법으로 면탈한 요금에 대하여는 그러하지 아니하다.

**20** ③【×】

> **우편법 제24조(체납 요금등의 징수방법)** ① 요금등의 체납 금액은 「국세징수법」에 따른 체납처분의 예에 따라 징수한다.
> ② 제1항의 경우 체납 요금등에 대하여는 대통령령으로 정하는 바에 따라 연체료를 가산하여 징수한다.
> ③ 제1항과 제2항의 체납 요금등과 연체료는 조세를 제외한 다른 채권에 우선한다.
>
> **제25조(기납·과납 요금의 반환 등)** 우편에 관하여 이미 냈거나 초과하여 낸 요금은 대통령령으로 정하는 경우 외에는 되돌려 주지 아니한다.

---

**정답**    17 ③    18 ①    19 ②    20 ③

**21** 우편요금 등의 반환청구에 대한 설명으로 **틀린** 것은?

① 우편법은 대통령령으로 정한 것에 한하여만 반환하도록 하고 있다.

② 우편관서의 과실로 인하여 과다 징수한 우편요금 등은 당해 우편요금 등을 납부한 우체국에 대하여 우편요금을 납부한 날부터 60일 이내에 청구해야 한다. 또한 특수취급수수료를 받은 후 우편관서의 과실로 인하여 특수취급을 하지 아니한 경우의 그 특수취급수수료도 같다.

③ 사설우체통의 사용을 폐지하거나 사용을 폐지시킨 경우의 폐지한 다음 날부터의 납부수수료 잔액은 당해 우편요금을 납부한 우체국에 대하여 폐지 또는 취소한 날부터 30일 이내에 청구해야 한다.

④ 우편요금은 현금으로 반환해야 하며, 우표로 반환하는 것은 허용되지 않는다.


**22** 우편요금 등의 반환사유 및 반환범위 그리고 반환청구기간에 대한 설명으로 옳지 **않은** 것은?

① 반환청구우체국은 당해 우편요금 등을 납부한 우체국이다.

② 우편관서의 과실로 인하여 과다 징수한 우편요금의 경우 반환범위는 우편요금이다.

③ 특수취급수수료를 받은 후 우편관서의 과실로 특수취급을 하지 않은 경우에 반환범위는 특수취급수수료이다.

④ 우편관서가 과실로 인하여 과다 징수한 우편요금에 대한 청구기간은 우편요금을 납부한 날부터 30일 이내이다.


**23** 다음 중 우편요금 반환사유에 해당하지 **않는** 것은?

① 우편관서의 과실로 인하여 과다 징수한 우편요금 등

② 특수취급수수료를 받은 후 우편관서의 과실로 인하여 특수취급을 하지 아니한 경우의 그 특수취급수수료

③ 본인지정배달서비스 중 주소지가 사서함이며 직접 수령 또는 연락이 불가능한 경우

④ 사설우체통의 사용을 폐지하거나 사용을 폐지시킨 경우는 폐지한 다음 날부터의 납부수수료 잔액


**24** 다음 중 우표류의 정가판매 등에 대한 설명으로 알맞지 **않은** 것은?

① 우표류는 규정에 의한 할인판매의 경우 외에는 정가로 판매하여야 한다.

② 광고우편엽서는 정가와 함께 판매가를 표시하여 할인 판매할 수 있으며, 그 할인금액은 정가의 100분의 20의 범위 안에서 우정사업본부장이 미리 정하여 고시한다.

③ 우표류의 판매기관에서 판매한 우표류에 대하여는 환매 또는 교환의 청구를 할 수 없다.

④ 사용하지 아니한 우표류로서 더럽혀지거나 헐어 못쓰게 되지 아니한 경우에는 동일한 금액에 해당하는 우표류로 교환의 청구를 할 수 있다.

**25**  우편이용자가 수수료를 납부하는 경우가 <u>아닌</u> 것은?

① 선택적 우편역무의 이용

② 환부우편물중 등기우편물의 환부취급

③ 사설우체통의 설치·이용

④ 무료우편물의 취급

---

### 정답 및 해설

**21**  ④ 【×】 우편요금은 현금으로도 반환할 수 있지만 우표로도 가능하다.

**22**  ④ 【×】 사설우체통의 사용을 폐지하거나 사용을 폐지시킨 경우, 폐지한 다음 날부터의 납부수수료 잔액의 청구기간은 폐지 또는 취소한 날부터 30일이다. 우편관서가 과실로 인하여 과다 징수한 우표요금에 대한 청구기간은 우편요금을 납부한 날부터 60일 이내이다.

**23**  ③ 【×】 접수과정에서 발견되지 않은 사서함 우편물은 본인에게 연락하여 방문 수령토록 하거나 수령 가능한 주소지로 전송하되, 직접 수령 또는 연락이 불가능한 경우에는 반환불능 처리한다.

**24**  ② 【×】

> **우편법 시행규칙 제76조의2(우표류의 정가판매등)** ① 우표류는 제76조의3의 규정에 의한 할인판매의 경우 외에는 정가로 판매하여야 한다. 다만, 제25조 제11호의 규정에 의한 광고우편엽서는 정가와 함께 판매가를 표시하여 할인 판매할 수 있으며, 그 할인금액은 정가의 100분의 30의 범위안에서 우정사업본부장이 미리 정하여 고시한다.
>
> ② 우표류의 판매기관에서 판매한 우표류에 대하여는 환매 또는 교환의 청구를 할 수 없다. 다만, 다음 각호의 1에 해당하는 경우에는 동일한 금액에 해당하는 우표류로 교환의 청구를 할 수 있다.
>   1. 사용하지 아니한 우표류로서 더럽혀지거나 헐어 못쓰게 되지 아니한 경우
>   2. 우편요금이 표시된 인영외의 부분이 더럽혀지거나 헐어 못쓰게 되어 사용하지 아니한 우편엽서 및 항공서간으로서 우정사업본부장이 고시하는 교환금액을 납부한 경우. 이 경우 헐어 못쓰게 된 경우에는 그 남은 부분이 3분의 2이상이어야 한다.
>
> ③ 제2항 단서의 규정에 의하여 교환을 청구하고자 하는 자는 교환청구서에 교환하고자 하는 우표·우편엽서 또는 항공서간을 첨부하여 우체국에 제출하여야 한다.

**25**  ④ 【×】 무료우편물의 취급은 우편이용자가 수수료를 납부하는 경우가 아니다.

> **우편법 시행령 제11조(우편역무 등의 이용에 따른 수수료)** 우편이용자는 다음 각 호의 경우에는 수수료를 납부하여야 한다.
>   1. 법 제14조 제2항제3호에 따른 보편적 우편역무와 법 제15조 제2항에 따른 선택적 우편역무의 이용
>   2. 법 제32조 제1항의 규정에 의한 환부우편물중 등기우편물의 환부취급
>   3. 제29조 제1항의 규정에 의한 수취인 부담 우편물의 취급
>   4. 제36조의2의 규정에 의한 수취인과 수취인 주소변경 또는 우편물 환부의 청구
>   5. 제38조 제1항의 규정에 의한 사설우체통의 설치·이용
>   6. 삭제 〈2010.9.1〉

**오답체크**

①②③ 【○】 선택적 우편역무의 이용, 환부우편물중 등기우편물의 환부취급, 사설우체통의 설치·이용의 경우는 우편이용자가 수수료를 납부하는 경우이다(우편법 시행령 제11조).

---

**정답**    21 ④    22 ④    23 ③    24 ②    25 ④

**26** 등기우편물을 환부하는 경우에 발송인으로부터 환부취급수수료를 징수하는 경우는?

① 배달증명우편물　　　　　　　　② 특별송달우편물
③ 민원우편물　　　　　　　　　　④ 소포우편물 및 계약등기우편물


**27** 다음 중 우표류의 판매에 대한 설명으로 옳지 <u>않은</u> 것은?

① 광고우편엽서는 정가와 함께 판매가를 표시하여 할인판매 할 수 있으며, 그 할인금액은 정가의 100분의 30의 범위 안에서 우정사업본부장이 미리 정하여 고시한다.
② 사용하지 아니한 우표류로서 더럽혀지거나 헐어 못쓰게 되지 아니한 경우는 동일한 금액에 해당하는 우표류로 교환의 청구를 할 수 있다.
③ 별정우체국은 우편취급소 및 국내판매인에게 우표류를 할인하여 판매할 수 없다.
④ 우표류의 할인율은 우정사업본부장이 정하여 고시한다.


**28** 다음 〈보기〉는 우표류의 관리와 사용에 대한 설명이다. (　　　)에 들어갈 말로 알맞은 것으로 묶인 것은?

┌─ 보기 ┌
• 우표류는 우정사업본부장이 지정하는 (　　㉠　　)이 이를 관리한다.
• (　　㉠　　) 또는 물품운용관이 관리하는 우표류를 망실한 때에는 그 (　　㉡　　)에 해당하는 금액을, 더럽혀지거나 헐어 못쓰게 된 때에는 그 조제에 소요된 실비액을 변상하여야 한다.

　　　　　　　㉠　　　　　　　　　㉡
① 우체국장　　　　　　　손해액
② 물품출납공무원　　　　정가
③ 우편집배원　　　　　　판매가
④ 물품운용관　　　　　　할인가


**29** 다음 중 우편요금의 제척기간으로 타당한 것은?

① 요금 등을 내야 하는 날부터 6개월 내에 납부의 고지를 받지 아니한 경우
② 요금 등을 내야 하는 날부터 3개월 내에 납부의 고지를 받지 아니한 경우
③ 요금 등을 내야 하는 날부터 1개월 내에 납부의 고지를 받지 아니한 경우
④ 요금 등을 내야 하는 날부터 12개월 내에 납부의 고지를 받지 아니한 경우

**정답 및 해설**

26 ④【○】 우체국과 발송인과의 사전계약에 따라 발송하는 소포우편물 및 계약등기우편물을 환부하는 경우에는 그 계약에서 정한 환부취급수수료를 징수한다(우편법 시행규칙 제84조 제3항).

> **우편법 시행규칙 제84조(환부취급수수료)** ① 영 제11조 제2호에 따라 등기우편물을 환부하는 경우에는 발송인으로부터 등기취급수수료에 해당하는 환부취급수수료를 징수한다. 다만, 배달증명우편물·특별송달우편물·민원우편물 및 회신우편물의 경우에는 그러하지 아니하다.
> ② 등기우편물의 환부도중 등기취급수수료의 변동이 있는 경우의 환부취급수수료는 당해 등기우편물이 발송인의 주소지 배달우체국에 도착한 날을 기준으로 하여 이를 징수한다.
> ③ 제1항의 규정에 불구하고 우체국과 발송인과의 사전계약에 따라 발송하는 소포우편물 및 계약등기우편물을 환부하는 경우에는 그 계약에서 정한 환부취급수수료를 징수한다.

27 ③【×】 우체국은 별정우체국·우편취급소 및 판매인에게, 별정우체국은 우편취급소 및 국내 판매인에게 우표류를 할인하여 판매할 수 있다(우편법 시행규칙 제76조의3 제1항).

> **우편법 시행규칙 제76조의3(우표류의 할인판매등)** ① 우체국은 별정우체국·우편취급국 및 판매인에게, 별정우체국은 우편취급국 및 국내판매인에게 우표류를 할인하여 판매할 수 있다.
> ② 제1항에 따른 우표류의 할인율은 다음 각 호의 범위에서 우정사업본부장이 정하여 고시한다.
>    1. 별정우체국·우편취급소·국내판매인 및 국내보급인: 월간 매수액의 100분의 15이내
>    2. 국외보급인: 매수액의 100분의 50이내
> ③ 제1항에 따라 할인하여 판매한 우표류는 다음 각 호의 어느 하나에 해당하는 우표류에 한하여 환매 또는 교환할 수 있다.
>    1. 판매를 폐지한 우표류
>    2. 판매에 부적합한 우표류
>    3. 고의 또는 과실에 의하지 아니하고 더렵혀 못쓰게 된 우표류
> ④ 우정사업본부장은 제3항에도 불구하고 우표류의 원활한 보급을 위하여 특히 필요하다고 인정하는 경우에는 국내보급인 또는 국외보급인이 할인매수한 우표류를 교환할 수 있다.
> ⑤ 판매인이 계약을 해지하거나 사망한 때에는 본인 또는 상속인은 그 잔여 우표류에 대하여 매수당시의 실제매수가액으로 계약우체국(국내보급인 및 국외보급인의 경우에는 우표류를 매수한 우체국)에 그 환매를 청구할 수 있다.

28 ②【○】 ㉠에는 '물품출납공무원 또는 물품운용관', ㉡에는 '정가'가 들어간다(우편법 시행규칙 제82조).

> **우편법 시행규칙 제82조(우표류의 관리등)** ① 우표류는 우정사업본부장이 지정하는 물품출납공무원 또는 물품운용관이 이를 관리한다.
> ② 제1항의 규정에 의한 물품출납공무원 또는 물품운용관이 관리하는 우표류를 망실한 때에는 그 정가에 해당하는 금액을, 더렵혀지거나 헐어 못쓰게 된 때에는 그 조제에 소요된 실비액을 변상하여야 한다.
> ③ 우표류의 출납·보관 기타 처분등에 관하여 필요한 사항은 우정사업본부장이 정한다.

29 ①【○】 요금 등의 납부의무는 요금 등을 내야 하는 날부터 6개월 내에 납부의 고지를 받지 아니한 경우에는 소멸한다(우편법 제23조).

> **우편법 제23조(요금등의 제척기간)** 요금등의 납부의무는 요금등을 내야 하는 날부터 6개월 내에 납부의 고지를 받지 아니한 경우에는 소멸한다. 다만, 불법으로 면탈한 요금에 대하여는 그러하지 아니하다.

**정답**　　26 ④　　27 ③　　28 ②　　29 ①

**30** 다음 중 우편요금에 대한 설명으로 <u>틀린</u> 것은?

① 동일인이 동시에 우편물의 종류와 우편요금 등이 동일한 우편물을 다량으로 발송할 때에는 그 우편요금 등을 따로 납부할 수 있다.

② 우편물을 다량으로 수취하는 자가 자기부담으로 수취하기 위하여 발송하는 통상우편물은 우편요금 등을 수취인의 부담으로 발송할 수 있다.

③ 수취인부담의 우편물의 우편요금 등을 수취인이 납부하지 아니하는 때에는 발송인에게 그 우편물을 환부한다. 이 경우 발송인은 우편요금 등 및 환부취급 수수료를 납부하여야 한다.

④ 체납 요금 등과 연체료는 조세를 포함한 다른 채권에 우선한다.

**31** 다음 중 무료로 발송할 수 <u>없는</u> 우편물은?

① 과학기술정보통신부와 그 소속기관이 발송하는 것 중 우편업무와 관련된 것

② 재해복구를 위하여 설치된 구호기관이 이재민의 구호를 위하여 발송하는 것

③ 시각장애인용 점자 또는 시각장애인을 위한 법인·단체 또는 시설에서 시각장애인용 녹음물을 발송하는 것

④ 북한으로 발송하는 것

**32** 우편요금의 감액대상 우편물이 <u>아닌</u> 것은?

① 국회의원이 의정활동을 당해 지역구 주민에게 알리기 위하여 연간 3회의 범위 안에서 1회에 5천통 이상 발송하는 요금별납 또는 요금후납 일반우편물

② 1회에 10통 이상 발송하는 요금별납 또는 요금후납 등기우편물

③ 상품의 광고에 관한 우편물로서 종류와 규격이 같고 1회에 2,000통 이상 발송하는 요금별납 우편물 또는 1회에 1,000통 이상 발송하는 요금후납 우편물

④ 상품안내서로서 중량과 규격이 같고, 1회 10만통 이상 발송하는 요금후납 우편물

**30** ④ 【×】 체납 요금 등과 연체료는 조세를 제외한 다른 채권에 우선한다(우편법 제24조 제3항).

> **우편법 제24조(체납 요금 등의 징수방법)** ① 요금 등의 체납 금액은 「국세징수법」에 따른 체납처분의 예에 따라 징수한다.
> ② 제1항의 경우 체납 요금 등에 대하여는 대통령령으로 정하는 바에 따라 연체료를 가산하여 징수한다.
> ③ 제1항과 제2항의 체납 요금등과 연체료는 조세를 제외한 다른 채권에 우선한다.

**31** ④ 【×】 북한으로 발송하는 것은 무료로 발송할 수 없는 우편물이다.

오답체크

①②③ 【○】 우편법 제26조, 우편법 시행규칙 제36조 참조

> 🖉 **우편법령 관련조문**
> **우편법 제26조(무료 우편물)** 다음 각 호의 우편물은 우편요금을 무료로 할 수 있다.
> 1. 과학기술정보통신부와 그 소속 기관이 발송하는 우편물 중 우편업무와 관련된 것
> 2. 과학기술정보통신부와 그 소속 기관으로 발송하는 우편물 중 우편물에 관한 손해배상, 우편요금 등의 환부청구, 우편물에 관한 사고조회 및 과학기술정보통신부와 그 소속 기관의 우편업무상 의뢰에 의한 것
> 3. 재해복구를 위하여 설치된 구호기관이 이재민의 구호를 위하여 발송하는 것
> 4. 시각장애인용 점자 또는 시각장애인을 위한 법인·단체 또는 시설(법률에 따라 설치되거나 허가·등록·신고 등을 한 법인·단체 또는 시설만 해당한다)에서 시각장애인용 녹음물을 발송하는 것
> 5. 전쟁포로가 발송하는 것
>
> **우편법 시행규칙 제105조(무료우편물의 발송)** ① 법 제26조에 따른 무료우편물에는 발송인이 그 우편물 표면의 윗부분 오른쪽에 다음 각 호의 구분에 따라 표시하여야 한다. 〈개정 2014.12.4.〉
> 1. 법 제26조 제1호 및 제2호에 해당하는 우편물 : "우편사무"
> 2. 법 제26조 제3호에 해당하는 우편물 : "구호우편"
> 3. 법 제26조 제4호에 해당하는 우편물 : "시각장애인용우편"
> 4. 법 제26조 제5호에 해당하는 우편물 : "전쟁포로우편"
> ② 무료우편물의 발송인 또는 수취인이 국가·지방자치단체 또는 공무원인 경우에는 그 기관명 또는 직위 및 성명을, 개인, 기관 또는 단체인 경우에는 그 성명, 기관명 또는 단체명 및 주소를 우편물의 외부에 기재하여야 한다. 〈개정 2014.12.4.〉
> ③ 제1항 및 제2항을 위반한 우편물은 무료우편물로 취급하지 아니한다. 〈개정 2014.12.4.〉
> ④ 법 제26조 제3호 및 제5호에 따른 무료우편물에 대해서는 우정사업본부장이 정하는 바에 따라 해당 발송기관의 장이 인정하는 것만 해당한다. 〈신설 2014.12.4.〉
> ⑤ 제4항에 따른 무료우편물을 발송할 때에는 우편물의 종별 및 수량 등을 기재한 발송표를 발송우체국에 제출하여야 한다. 〈신설 2014.12.4.〉
> ⑥ 무료우편물은 우정사업본부장이 특별히 정하는 것을 제외하고는 특수취급을 하지 아니한다. 〈신설 2014.12.4.〉
> ⑦ 무료우편물의 발송에 관하여는 제89조 제3항 및 제4항을 준용한다. 이 경우 "요금별납우편물"을 "무료우편물"로 본다. 〈신설 2014.12.4.〉

**32** ④ 【×】 상품안내서로서 중량과 규격이 같고, 1회 5만통 이상 발송하는 요금후납 우편물(우편법 시행규칙 제85조 제1호 아목)

> 🖉 **우편법 시행규칙 제85조 제1호 아목**
> 아. 영 제3조 제4호에 해당하는 상품안내서로서 중량과 규격이 같고, 1회 5만통 이상 발송하는 요금후납 우편물

**정답**　　30 ④　31 ④　32 ④

**33** 다음 중 우편요금을 별납할 수 있는 우편물에 대한 설명으로 옳지 <u>않은</u> 것은?

① 우편요금 등을 따로 납부(이하 "요금별납")할 수 있는 우편물은 100통 이상의 통상우편물 또는 소포우편물로 한다.
② 요금별납우편물의 취급우체국은 관할지방우정청장이 정한다.
③ 요금별납우편물에는 그 발송인이 우편물 표면의 오른쪽 윗부분에 '통상우편물 및 등기취급이 아닌 소포우편물', '등기소포우편물' 표시를 하여야 한다.
④ 요금별납우편물에는 통신일부인을 찍지 아니한다. 다만, 발송인이 접수일자를 표시하여 발송하기를 원하는 경우에는 그러하지 아니하다.

**34** 요금수취인부담우편물에 대한 설명으로 <u>틀린</u> 것은?

① 요금수취인부담우편물은 발송 유효기간 내에 한하여 발송할 수 있다.
② 기간이 만료된 후 발송한 요금수취인부담우편물은 발송인에게 환부하여야 한다.
③ 요금수취인부담우편물에는 우편날짜도장을 찍지 아니한다.
④ 요금수취인부담을 이용하는 자가 요금수취인부담 이용계약을 해지하고자 할 때에는 해지하기 10일 전까지 배달우체국에 해지통보를 하여야 한다.

**35** 다음 〈보기〉 중에서 요금을 후납할 수 있는 경우를 모두 고른 것은?

> ┌ 보기 ┌
> ㉠ 동일인이 매월 100통 이상 발송하는 우편물
> ㉡ 환부우편물중 요금후납으로 발송한 등기우편물
> ㉢ 모사전송우편물
> ㉣ 전자우편물
> ㉤ 우편요금계기사용우편물
> ㉥ 우편요금수취인부담의 우편물

① ㉠, ㉡, ㉢, ㉣
② ㉠, ㉢, ㉣, ㉤
③ ㉡, ㉣, ㉤, ㉥
④ ㉠, ㉡, ㉢, ㉣, ㉤, ㉥

**정답 및 해설**

33 ① 【×】 우편요금 등을 따로 납부(이하 "요금별납")할 수 있는 우편물은 10통 이상의 통상우편물 또는 소포우편물로 한다(우편법 시행규칙 제88조 제1항).

> **우편법 시행규칙 제88조(우편요금등을 별납할 수 있는 우편물의 취급조건)** ① 영 제25조에 따라 우편요금등을 따로 납부(이하 "요금별납"이라 한다)할 수 있는 우편물은 10통 이상의 통상우편물 또는 소포우편물로 한다.

34 ④ 【×】 요금수취인부담을 이용하는 자가 요금수취인부담 이용계약을 해지하고자 할 때에는 해지하기 15일전까지 배달우체국에 해지통보를 하여야 한다(우편법 시행규칙 제97조 제2항).

> ✎ **우편법 시행규칙 제3관 우편요금 수취인 부담**
>
> **제97조(요금수취인부담 이용계약의 해지)** ① 배달우체국장은 요금수취인부담의 이용계약자가 다음 각 호의 1에 해당하는 때에는 그 이용계약을 해지할 수 있다.
>   1. 제94조 제2항의 규정에 의한 통보를 게을리 한 때
>   2. 정당한 사유 없이 요금수취인부담우편물의 수취를 거부한 때
>   3. 수취인의 부재 기타 사유로 수취장소에 1월 이상 배달할 수 없을 때
>   4. 2월이상 요금수취인부담우편물을 이용하지 아니한 때
>   5. 제102조 제1항 제2호의 규정에 해당되어 요금후납 이용계약을 해지한 때
> ② 요금수취인부담을 이용하는 자가 요금수취인부담 이용계약을 해지하고자 할 때에는 해지하기 15일전까지 배달우체국에 해지통보를 하여야 한다.
> ③ 제1항 또는 제2항의 규정에 의한 요금수취인부담 이용계약의 해지이후 발송유효기간내에 발송된 우편물은 수취인에게 배달하여야 한다. 이 경우 수취인은 우편물의 수취를 거부할 수 없다.
> ④ 제3항의 규정에 의하여 요금수취인부담의 이용계약이 해지된 우편물을 수취인에게 배달한 경우에는 제98조의2 제1항의 규정에 의한 보증금에서 당해우편물의 우편요금등을 뺀 금액을 당해우편물의 발송유효기간이 만료된 후 신청인에게 환급한다.

35 ④ 【○】 ㉠㉡㉢㉣㉤㉥은 모두 요금후납을 할 수 있는 사항이다(우편법 시행규칙 제98조 제1항).

> ✎ **우편법 시행규칙 제4관 우편요금 후납**
>
> **제98조(우편요금등의 후납)** ① 영 제30조의 규정에 의하여 우편요금등의 후납(이하 "요금후납"이라 한다)을 할 수 있는 우편물은 다음 각 호와 같다. 다만, 국가 또는 지방자치단체에서 발송하는 우편물은 발송우체국장이 그 후납조건을 따로 정할 수 있다.
>   1. 동일인이 매월 100통 이상 발송하는 우편물
>   2. 법 제32조의 규정에 의한 환부우편물중 요금후납으로 발송한 등기우편물
>   3. 삭제 〈2010.9.1〉
>   4. 제25조 제1항제9호의 규정에 의한 모사전송우편물
>   5. 제25조 제1항제12호의 규정에 의한 전자우편물
>   6. 제90조의 규정에 의한 우편요금계기사용우편물
>   7. 제94조의 규정에 의한 우편요금수취인부담의 우편물

**정답**    33 ①    34 ④    35 ④

# 07 손해배상 및 손실보상

**01** 국내우편물 손해배상에 관한 설명으로 옳은 것은? 08. 기출

① 손해배상금은 손해배상금결정서가 청구권자에게 도달한 때로부터 기산하여 3년간 청구하지 아니할 때는 소멸된다.

② 손해배상 청구는 당해 우편물을 접수한 관서 및 배달관서에서 발송인이 신청하는 경우에만 가능하다.

③ 손해배상액은 한도액 범위 내에서 실제 손해액을 배상하는 것이며, 보험취급(안심소포) 시는 신고가액을 배상하는 것이다.

④ 손해배상 청구기한은 그 우편물을 발송한 다음 날로부터 1년이다.

**02** 다음 중 국내우편물의 손해배상과 관련한 설명으로 옳지 <u>않은</u> 것은?

① 국내우편물의 손해배상청구는 당해 우편물을 접수한 관서 및 배달관서에서 청구한다.

② 손해배상금액과 지연배달의 기준은 과학기술정보통신부령으로 정한다.

③ 손해배상액은 대통령령으로 정하는 바에 따라 우편관서에서 즉시 지급할 수 있다.

④ 우편물의 발송인 또는 수취인은 우편물을 받은 후에도 이의를 제기할 수 있으므로 그 우편물에 대하여 우편관서에서 배상하여야 할 손해가 있다고 인정될 때에는 우편물을 받는 것을 거부할 수 없다.

**정답 및 해설**

**01** ③ 【○】

오답체크

① 【×】 손해배상에 관한 과학기술정보통신부장관의 결정에 불복하는 자는 그 통지를 받은 날부터 3개월 내에 소송을 제기할 수 있다(우편법 제44조). 이 기간은 불복제기간으로서 제척기간이다. 따라서 손해배상금은 청구권자가 손해배상금결정서를 통지 받은 날부터 3개월 이내에 청구해야 한다. 이 기간은 소멸시효기간이 아니라 제척기간이다.

② 【×】 손해배상을 청구할 수 있는 자는 그 우편물의 발송인이나 그 승인을 받은 수취인으로 한다(우편법 제42조).

④ 【×】 손해배상 청구기한은 우편물을 발송한 날부터 1년이다(우편법 제43조 제2호). 국가재정법상 공법상 금전채권은 다른 법률에 특별한 규정이 없는 한 원칙적으로 5년이다. 여기에서 다른 법률의 특별한 규정이란 5년보다 짧은 기간, 즉 단기 소멸시효를 규정한 개별법을 의미하므로 우편법도 여기에 해당하므로, 우편법상 손해배상의 청구기한은 발송한 날부터 1년의 소멸시효가 적용된다.

> ✏️ **국가재정법 및 우편법령 관련조문**
>
> **국가재정법 제96조(금전채권ㆍ채무의 소멸시효)** ① 금전의 급부를 목적으로 하는 국가의 권리로서 시효에 관하여 다른 법률에 규정이 없는 것은 5년 동안 행사하지 아니하면 시효로 인하여 소멸한다.
> ② 국가에 대한 권리로서 금전의 급부를 목적으로 하는 것도 또한 제1항과 같다.
> ③ 금전의 급부를 목적으로 하는 국가의 권리에 있어서는 소멸시효의 중단ㆍ정지 그 밖의 사항에 관하여 다른 법률의 규정이 없는 때에는 「민법」의 규정을 적용한다. 국가에 대한 권리로서 금전의 급부를 목적으로 하는 것도 또한 같다.
> ④ 법령의 규정에 따라 국가가 행하는 납입의 고지는 시효중단의 효력이 있다.
>
> **우편법 제42조(손해배상 청구권자)** 제38조에 따른 손해배상을 청구할 수 있는 자는 그 우편물의 발송인이나 그 승인을 받은 수취인으로 한다.
>
> **우편법 제43조(배상 및 보수 등의 단기소멸시효)** 이 법에 따른 보수 또는 손실보상, 손해배상의 청구권은 과학기술정보통신부장관이 지정한 우편관서에 대하여 다음 각 호의 구분에 따른 기간 내에 행사하지 아니하면 소멸시효가 완성된다. 〈개정 2013.3.23〉
> 1. 제4조 제1항 후단에 따른 보수와 제5조 제1항ㆍ제2항에 따른 보상은 그 사실이 있었던 날부터 1년
> 2. 제38조에 따른 배상은 우편물을 발송한 날부터 1년
>
> **우편법 제44조(보수 등의 결정에 대한 불복의 구제)** 제4조 제1항 후단에 따른 보수, 제5조 제1항ㆍ제2항에 따른 보상 및 제38조에 따른 손해배상에 관한 과학기술정보통신부장관의 결정에 불복하는 자는 그 통지를 받은 날부터 3개월 내에 소송을 제기할 수 있다. 〈개정 2013.3.23〉

**02** ④ 【×】

> **우편법 제38조(손해배상의 범위)** ① 과학기술정보통신부장관은 다음 각 호의 어느 하나에 해당하는 사유가 발생한 경우에는 그 손해를 배상하여야 한다.
> 1. 우편역무 중 취급과정을 기록취급하는 우편물을 잃어버리거나 못 쓰게 하거나 지연 배달한 경우
> 2. 우편역무 중 보험취급 우편물을 잃어버리거나 못 쓰게 하거나 지연 배달한 경우
> 3. 우편역무 중 현금추심 취급 우편물을 배달하면서 추심금액을 받지 아니하고 수취인에게 내준 경우
> 4. 제1호부터 제3호까지 외의 우편역무로서 대통령령으로 정하는 경우
> ② 제1항의 배상금액과 지연배달의 기준은 과학기술정보통신부령으로 정한다.
> ③ 국제우편물에 관한 손해배상액은 조약에서 정하는 손해배상액을 넘지 아니하는 범위에서 지식경제부장관이 정하여 고시한다.
> ④ 제2항과 제3항의 손해배상액은 대통령령으로 정하는 바에 따라 우편관서에서 즉시 지급할 수 있다.
>
> **우편법 제41조(우편물 수취거부권)** 우편물의 발송인 또는 수취인은 그 우편물에 대하여 우편관서에서 배상하여야 할 손해가 있다고 인정될 때에는 우편물을 받는 것을 거부할 수 있다. 다만, 우편물을 받은 후에는 이의를 제기할 수 없다.

**정답**　　01 ③　　02 ④

**03** 다음 중 손해배상에 대한 설명으로 **틀린** 것은?

① 우편물의 취급 중 우편관서의 고의 또는 과실로 인하여 이용자가 입은 재산적 손해를 보전하는 것을 말한다.
② 손해배상은 손실보상과는 달리 고의 · 과실을 요건으로 한다.
③ 손해배상의 청구권자는 당해 우편물의 발송인 또는 그 승인을 얻은 수취인이다.
④ 우편물을 교부할 때 외부에 파손의 흔적이 없고 또 중량에 차이가 없다하더라도 손해배상을 청구할 수 있다.


**04** 손해배상청구에 대한 설명으로 옳지 <u>않은</u> 것은?

① 수취인 또는 발송인이 집배원 또는 배달우체국에 손해배상의 사유를 신고하여야 한다.
② 해당 배달우체국이 손해가 있다고 판단되면 수취 거부했던 다음 날부터 15일 이내에 수취거부자에게 입회를 위한 출석을 통지하고 입회하에 검사한다.
③ 손해배상청구권은 우편물 발송한 날부터 1년이며 그 이후는 시효로 권리가 소멸한다.
④ 손해배상결정서를 받은 청구인은 통지서를 받은 날부터 3년 안에 소송을 제기할 수 있다.


**05** 손해배상청구권이 발생하지 않는 경우가 <u>아닌</u> 것은?

① 우편물의 손해가 발송인 또는 수취인의 과오로 인하여 발생한 때
② 당해 우편물의 성질, 결함 또는 불가항력으로 인하여 발생한 때
③ 우편물을 교부할 때 외부에 파손의 흔적이 있고 또 중량에 차이가 있을 때
④ 수취인이 우편물을 정당 수취하였을 때


**06** 우편물 손해에 대한 설명으로 옳지 <u>않은</u> 것은?

① 우편역무 중 그 취급과정을 기록하는 우편물을 잃어버리거나 못 쓰게 하거나 지연배달 한 경우에 그 손해를 배상하여야 하는 것으로 우편물을 잘못 배달한 경우는 이에 해당하지 않는다.
② 우편물의 손해가 발송인 또는 수취인의 과오로 인한 것이거나 당해 우편물의 성질, 결함 또는 불가항력으로 인하여 발생한 것일 때에는 정부는 그 손해를 배상하지 아니한다.
③ 우편물을 교부할 때에 외부에 파손의 흔적이 없고 중량에 차이가 없을 때에는 손해가 없는 것으로 본다.
④ 손해배상을 청구할 수 있는 자는 그 우편물의 발송인에 한하여 청구가 가능 하다.

**07**  다음 중 손해배상에 관한 설명으로 옳은 것은?

① 손실액이 손해배상금액보다 적을 때에는 손해배상금액으로 한다.

② 통상우편물은 손·망실시의 손해배상의 범위는 일반은 배상이 없지만 등기, 익일특급의 경우는 최고 50만 원이다.

③ 소포우편물은 손·망실시의 손해배상의 범위는 보통은 없지만, 등기의 경우는 최고 10만 원이다.

④ 손해가 있다고 판단되면 수취 거부했던 다음 날부터 15일 이내에 수취거부자에게 입회를 위한 출석을 통지하고 입회하에 검사한다.

**08** 다음 중 국내우편물 손해배상의 대상이 되는 직접적인 사실에 해당하지 <u>않는</u> 것은?

① 등기 취급 및 보험 취급 우편물의 망실, 훼손
② 교환금 추심금의 미수
③ 송달 시간을 정하여 접수한 우편물의 지연 배달
④ 풍수해로 인한 우편물의 파손

**09** 국내우편물의 지연배달에 따른 손해배상 범위 및 금액으로 옳은 것은? 23. 기출

① 준등기 : D+3일 배달분부터 우편요금
② 등기통상 : D+5일 배달분부터 우편요금과 등기취급수수료
③ 등기소포 : D+3일 배달분부터 우편요금
④ 익일특급 : D+1일 배달분부터 우편요금과 국내특급수수료

**10** 다음 중 손실보상에 관한 설명으로 틀린 것은?

① 우편 수행 중에 우편운송원, 우편집배원 등이 담장 또는 울타리 없는 택지를 통행한 경우 이로 인하여 손실을 입은 피해자는 보상을 청구할 수 있다.
② 손실보상은 그 사실이 있은 날로부터 1년 이내에 청구하여야 한다.
③ 손실보상을 청구하는 사람은 관계 우체국장에게 청구서를 제출한다.
④ 결정 사항을 받아들일 수 없는 경우에 청구인은 3개월 이내에 민사소송을 제기할 수 있다.

**11** 우편물의 손실보상에 대한 설명 중 옳지 <u>않은</u> 것은?

① 우편물의 손실보상은 고의나 과실을 요건으로 한다.
② 우편업무 수행 중에 울타리 없는 택지를 통행하여 피해자가 손실을 입은 경우는 보상을 해야 한다.
③ 운송원의 조력을 받았을 경우는 조력자에 대한 보상을 해야 한다.
④ 손실보상은 그 사실이 있는 날로부터 1년 이내에 청구하여야 한다.

**12** 손실보상의 절차로 옳지 <u>않은</u> 것은?

① 손실보상을 청구할 때에는 청구서를 운송원 등이 소속한 우체국장에게 최종적으로 제출하여야 한다.

② 소속 우체국장은 손실보상의 청구내용에 대한 의견서를 첨부하여야 한다.

③ 체신청장은 내용을 심사하여 청구내용이 정당하지 아니하다고 인정하는 경우에는 사유서를 청구인에게 송부하고, 청구내용이 정당하다고 인정하는 경우에는 청구한 보수나 손실보상금을 청구인에게 지급하여야 한다.

④ 결정사항을 받아들일 수 없는 경우에는 청구인은 3개월 이내에 민사소송을 제기할 수 있다.

---

**정답 및 해설**

**08** ④【×】 우편물의 손해가 발송인 또는 수취인의 과오로 인한 것이거나 당해 우편물의 성질, 결함 또는 불가항력으로 인하여 발생한 경우는 손해배상의 대상이 아니다.

**09** ②【○】 등기통상우편물은 D+3일이 배달기간에 해당하므로 지연에 대한 손해배상은 D+5일 배달분부터 우편요금과 등기취급수수료를 배상한다.

**오답체크**

①【×】 준등기는 지연배상 대상에 해당하지 않는다.

③【×】 등기소포의 지연에 대한 손해배상은 D+3 배달분부터 우편요금과 등기취급수수료를 배상한다.

④【×】 익일특급의 지연에 대한 손해배상은 D+3 배달분부터 우편요금과 국내특급수수료를 배상한다.

**10** ③【×】 손실보상을 청구하는 사람은 관계 우체국장을 거쳐서 지방우정청장에게 청구서를 제출한다. 이때 우체국장은 의견서를 첨부하여야 한다.

**11** ①【×】 우편물의 손실보상은 우편관서의 적법한 행위에 의해 손실이 발생한 경우 그 손실을 보상하는 것을 말하며 고의, 과실을 요건으로 하지 않는 점에서 손해배상과 차이가 있다.

**12** ①【×】 손실보상을 청구할 때에는 청구인의 주소, 성명, 청구사유 및 청구금액을 기재한 청구서를 운송원 등이 소속한 우체국장을 거쳐 지방우정청장에게 제출하여야 하며, 소속 우체국장은 손실보상의 청구내용에 대한 의견서를 첨부하여야 한다.

**정답** 08 ④  09 ②  10 ③  11 ①  12 ①

**13** 국내우편물의 손해배상이나 손실보상에 대한 설명으로 맞는 것은?

① 우편물 손해에 대한 배상의 청구 기한은 우편물을 발송한 날로부터 1년이다.

② 우편물의 취급 중 우편관서의 고의 또는 과실로 이용자가 입은 재산적 손해를 전보해 주는 것을 손실보상이라 한다.

③ 손실보상 또는 보수의 결정에 불복이 있는 자는 그 통보를 받은 날로부터 1년 이내에 민사소송을 제기할 수 있다.

④ 손실보상의 청구는 운송원이 소속한 우체국장을 거쳐 우정사업본부장에게 제출해야 한다.

**14** 우편법상 국내우편물의 손해배상 발생사유에 해당하지 <u>않은</u> 것은?

① 우편역무 중 취급과정을 기록취급하는 우편물을 잃어버리거나 못 쓰게 하거나 지연 배달한 경우

② 우편역무 중 현금추심 취급 우편물을 배달하면서 추심금액을 받지 아니하고 수취인에게 내준 경우

③ 우편역무 중 보험취급 우편물을 잃어버리거나 못 쓰게 하거나 지연 배달한 경우

④ ①부터 ③까지 외의 우편역무로서 대통령령으로 정하지 아니한 경우

**15** 〈보기〉는 이용자 실비지급제도에 관한 설명이다. (    )안에 들어갈 내용으로 옳은 것은?

12. 기출

> ┌ 보기 ┐
> 우편역무의 제공과 관련하여 (        )이 공표하는 기준을 충족하지 못하는 경우에 예산의 범위 안에서 해당 이용자에게 교통비 등 실비의 전부 또는 일부를 지급하는 제도로, 부가취급여부·재산적 손해 유무를 요건으로 하지 않고 실비를 보전하는 점에서 손해배상과 성질상 차이가 있다.

① 우체국장          ② 지방우정청장

③ 우정사업본부장      ④ 과학기술정보통신부장관

**16** 다음 중 이용자실비지급제도에 대한 설명으로 옳지 <u>않은</u> 것은?

① 재산적인 손실 이외에도 고객 만족과 권익 보호 차원에서 이용자 실비지급제도를 시행하고 있다.

② 서비스제공 시 우정사업본부장이 공표하는 기준에 맞지 않는 경우 교통비 등 실비의 전부 또는 일부를 지급한다.

③ 이용자는 10일 이내에 해당 사유를 우체국에 신고하면 된다.

④ 문서, 구두, 전화, e-mail 등 어느 것으로도 신고할 수 있으나 그 사유가 우편서비스와 관계 없는 경우에는 보상을 받을 수 없다.

**17** 모든 우편에 대하여 우체국직원의 잘못이나 불친절한 응대 등으로 2회 이상 우체국을 방문하였음을 신고 시 실비지급액은?

① 1만 원 상당의 문화상품권 등 지급
② 2만 원 상당의 문화상품권 등 지급
③ 무료발송권 1회 3만 원권 지급
④ 무료발송권 1회 10kg까지 지급

---

**정답 및 해설**

**13** ① 【○】

오답체크

② 【×】 우편관서의 고의 또는 과실에 의한 재산적 손해에 대한 전보는 손해배상이며, 적법한 행위에 의한 손실은 손실보상이라 한다.
③ 【×】 1년 이내가 아니고 3개월 이내에 민사소송을 제기할 수 있다.
④ 【×】 손실보상의 청구는 운송원이 소속한 우체국장을 거쳐 지방우정청장에게 제출하여야 한다.

**14** ④ 【×】

> **우편법 제38조 (손해배상의 범위)** ① 과학기술정보통신부장관은 다음 각 호의 어느 하나에 해당하는 사유가 발생한 경우에는 그 손해를 배상하여야 한다. [개정 2013.3.23 제11690호(정부조직법)]
> 1. 우편역무 중 취급과정을 기록취급하는 우편물을 잃어버리거나 못 쓰게 하거나 지연 배달한 경우
> 2. 우편역무 중 보험취급 우편물을 잃어버리거나 못 쓰게 하거나 지연 배달한 경우
> 3. 우편역무 중 현금추심 취급 우편물을 배달하면서 추심금액을 받지 아니하고 수취인에게 내준 경우
> 4. 제1호부터 제3호까지 외의 우편역무로서 대통령령으로 정하는 경우
>
> **우편법 제42조(손해배상 청구권자)** 제38조에 따른 손해배상을 청구할 수 있는 자는 그 우편물의 발송인이나 그 승인을 받은 수취인으로 한다.

**15** ③ 【○】 우정사업본부장이다.

> **우편법 시행규칙 제15조의2(이용자에 대한 실비의 지급)** ① 우편관서의 장은 보편적 우편역무 및 선택적 우편역무의 제공과 관련하여 우정사업본부장이 공표하는 기준을 충족하지 못한 경우에는 예산의 범위 안에서 해당 이용자에게 교통비 등 실비의 전부 또는 일부를 지급할 수 있다.
> ② 제1항의 규정에 의한 실비 지급의 절차는 우정사업본부장이 정하여 고시한다.

**16** ③ 【×】 이용자는 15일 이내에 해당 사유를 우체국에 신고하면 된다.

**17** ① 【○】 모든 우편에 대하여 우체국직원의 잘못이나 불친절한 응대 등으로 2회 이상 우체국을 방문하였음을 신고 시 실비지급액은 1만 원 상당의 문화상품권 등 지급이다.

**정답** 13 ①  14 ④  15 ③  16 ③  17 ①

**18**  이용자 실비지급제도에 대한 설명으로 옳지 <u>않은</u> 것은?

① 특급배달 우편이용자에게 예산 외에 교통비의 일부를 지급하는 제도이다.

② 부가취급여부, 재산적 손해유무를 요건으로 하지 않고 실비를 보전하는 점에서 손해배상과 차이가 있다.

③ 사유가 발생한 날로부터 15일 이내에 당해 우체국에 신고하여야 한다.

④ 우편서비스 제공과 관계없이 스스로 우체국을 방문할 때는 지급하지 아니한다.


**19**  이용자 실비지급제도의 신고기한은 사유가 발생한 날로부터 며칠 이내인가?

① 7일  
② 10일  
③ 15일  
④ 30일


**20**  손해배상 및 이용자 실비지급에 대한 설명으로 옳은 것은? 22. 기출

① 설·추석 등 특수한 기간에 우편물이 대량으로 늘어나 늦게 배달되는 경우에도 지연배달로 인한 손해배상 대상이 된다.

② D(우편물 접수일)+1일 20시 이후 배달된 당일특급 우편물은 국내특급수수료만 손해배상 한다.

③ EMS 우편물의 종·추적조사나 손해배상을 청구한 때, 3일 이상 지연 응대한 경우에는 무료 발송권(1회 3만 원권)을 이용자 실비로 지급한다.

④ 이용자 실비를 지급받기 위해서는 사유가 발생한 다음 날부터 15일 이내에 해당 우체국에 신고해야 한다.


**21**  우편물의 손해배상에 대한 설명으로 <u>틀린</u> 것은?

① 잃어버리거나 못쓰게 된 우편물의 손해배상금액으로서 통상우편물은 10만 원, 소포우편물 은 50만 원, 민원우편물은 표기금액, 보험취급우편물은 신고가액이다.

② 등기우편물의 배달(환부를 포함)에 있어서 수취인 또는 발송인이 그 우편물에 손해가 있음 을 주장하여 수취를 거부하고자 할 때에는 집배원 또는 배달우체국에 그 사유를 통보하여야 한다.

③ 수취를 거부한 자 또는 손해배상청구권자가 지정기일에 출석하지 아니한 때에는 당해인에 게 그 우편물을 배달하여야 한다.

④ 배달우체국장은 우편물이 외부에 파손의 흔적이 없고 중량에 차이가 없어 손해가 없는 것으 로 인정하는 때에는 그 사유를 기재한 조서와 함께 수취를 거부한 자에게 우편물을 교부하 여야 하며, 그러하지 아니하다고 인정하는 때에는 수취를 거부한 다음 날부터 10일 이내에 기일을 정하여 수취를 거부한 자 또는 손해배상 청구권자의 출석을 요구하고 그 출석하에 동 우편물을 개피하여 손해의 유무를 검사하여야 한다.

**정답 및 해설**

**18** ① 【×】 우편역무제공과 관련하여 우정사업본부장이 공표하는 기준을 충족하지 못하는 경우에 예산의 범위 안에서 해당 이용자에게 교통비 등 실비의 일부나 전부를 지급하는 제도이다.

**19** ③ 【○】 이용자 실비지급제도의 신고기한은 사유가 발생한 날로부터 15일 이내에 당해 우체국에 신고하여야 한다.

**20** ③ 【○】

오답체크

① 【×】 설·추석 등 특수한 기간에 우편물이 대량으로 늘어나 늦게 배달되는 경우 지연배달로 보지 않는다.

② 【×】 지금은 삭제된 내용이다. 다만 출제당시는 D+1일 20시 이후 배달된 당일특급 우편물은 우편요금과 국내특급수수료를 손해배상한다. D+1일 0시 ~ 20시까지 배달된 당일특급 우편물의 경우에 국내특급수수료만 손해배상한다.

④ 【×】 이용자 실비를 지급받기 위해서는 사유가 발생한 날부터 15일 이내에 해당 우체국에 신고해야 한다.

**21** ④ 【×】 배달우체국장은 우편물이 외부에 파손의 흔적이 없고 중량에 차이가 없어 손해가 없는 것으로 인정하는 때에는 그 사유를 기재한 조서와 함께 수취를 거부한 자에게 우편물을 교부하여야 하며, 그러하지 아니하다고 인정하는 때에는 수취를 거부한 다음 날부터 15일 이내에 기일을 정하여 수취를 거부한 자 또는 손해배상 청구권자의 출석을 요구하고 그 출석하에 동 우편물을 개피하여 손해의 유무를 검사하여야 한다.

> ✎ **우편법 시행규칙 제5장 손해배상등**
>
> **제135조의2(우편물의 손해배상금액 및 지연배달의 기준)** ① 법 제38조 제1항제1호 및 제2호의 규정에 의하여 잃어버리거나 못쓰게 된 우편물의 손해배상금액은 다음과 같다.
>
> 　1. 통상우편물 : 10만 원
>
> 　2. 소포우편물 : 50만 원
>
> 　3. 민원우편물 : 표기금액
>
> 　4. 보험취급우편물 : 신고가액
>
> ② 법 제38조 제1항 제3호의 규정에 의한 현금추심취급 우편물의 손해배상금액은 그 추심금액으로 한다.
>
> ③ 제1항 및 제2항의 경우에 실제 손해액이 손해배상금액보다 적을 때는 그 실제 손해액을 배상한다.
>
> ④ 법 제38조 제1항 제1호 및 제2호의 규정에 의하여 배상하는 지연배달의 기준 및 배상금액은 별표 5와 같다.
>
> **제136조(손해의 신고등)** ① 등기우편물의 배달(환부를 포함한다. 이하 같다)에 있어서 수취인 또는 발송인이 그 우편물에 손해가 있음을 주장하여 수취를 거부하고자 할 때에는 집배원 또는 배달우체국에 그 사유를 통보하여야 한다.
>
> ② 배달우체국장은 제1항의 규정에 의한 우편물이 외부에 파손의 흔적이 없고 중량에 차이가 없어 법 제40조의 규정에 해당한다고 인정하는 때에는 그 사유를 기재한 조서와 함께 수취를 거부한 자에게 우편물을 교부하여야 하며, 그러하지 아니하다고 인정하는 때에는 수취를 거부한 다음 날부터 15일 이내에 기일을 정하여 수취를 거부한 자 또는 손해배상 청구권자의 출석을 요구하고 그 출석 하에 동 우편물을 개피하여 손해의 유무를 검사하여야 한다.
>
> ③ 제2항의 규정에 의한 검사결과 우편물에 손해가 없다고 인정하는 때에는 그 사유를 기재한 조서와 함께 동 우편물을 교부하고, 손해가 있다고 인정하는 때에는 손해조서를 작성하여 제135조의2의 규정에 의한 손해배상금을 지급한다.
>
> **제137조(수취를 거부한 자가 출석하지 아니한 때의 처리)** 제136조 제2항의 경우에 수취를 거부한 자 또는 손해배상청구권자가 지정기일에 출석하지 아니한 때에는 당해인에게 그 우편물을 배달하여야 한다.
>
> **제138조(손해배상청구의 취소)** 우편물의 손해배상을 청구한 자가 그 청구를 취소한 때에는 우체국은 즉시 당해우편물을 청구인에게 교부하여야 한다.
>
> **제139조(손해배상금의 반환통지)** 손해를 배상한 우체국에서 법 제45조의 규정에 의한 통지를 하는 때에는 영 제53조의 규정에 의한 반환금액·반환방법 및 우편물의 청구방법을 명시하여야 한다.

**정답**　　18 ①　　19 ③　　20 ③　　21 ④

# 08 그 밖의 청구와 계약

**01 국내우편물의 처리에 대한 설명으로 틀린 것은?**

① 수취인의 주소·성명 변경 청구는 검은 선 두 줄로 삭제한 후 그 밑에 새로운 사항을 기재한다.

② 우편물 반환청구는 접수우체국의 발송준비 완료 전 또는 자국 배달 전인 경우에는 '○월 ○일 우체국 교부필'이라 쓰고 통신일부인을 찍어 접수우편물을 취소처리하고, 배달우체국의 우편물 배달 전 경우에는 반환사유를 기재하여 발송인에게 통지한다.

③ 내용증명 우편물의 반환청구는 원본과 등본 2부에 모두 반환청구 사유와 교부내역을 적고 우체국 보관용에 청구서 사본을 첨부해 둔다.

④ 이미 수취인에게 우편물을 배달하였거나 배달준비를 완료하여 우편물 반환이나 수취인의 주소·성명의 변경 청구에 응하지 못할 경우에는 청구인에게 통지한다.

**02 우편사서함 사용계약에 관한 설명으로 옳지 않은 것은?**

① 신청서 접수 시 인감은 서명으로 대신할 수 있다.

② 국가기관 및 지방자치단체, 일일 배달 예정물량이 100통 이상인 다량이용자 순으로 우선 계약을 할 수 있다.

③ 사서함을 2인 이상이 공동으로 사용할 수 있다.

④ 사서함 관리에 꼭 필요할 경우 신청인과 사서함을 사용 중인 사람의 주소, 사무소를 확인할 수 있다.

**03 우편사서함 사용계약에 관한 설명으로 옳은 것은?** 16. 기출

① 우편사서함은 2인 이상이 공동으로 사용할 수 있고, 법인, 공공기관 등 단체의 우편물 수령인은 10명까지 등록할 수 있다.

② 우편물을 다량으로 받는 고객은 우편물을 정해진 날짜에 찾아 갈 수 있으며, 수취인 주거지나 주소변경이 있을 경우에는 이용할 수 없다.

③ 우편사서함의 사용계약을 하려는 사람은 계약신청서와 등기우편물 수령을 위하여 본인의 서명표를 우체국(우편취급국 포함)에 제출하면 된다.

④ 국가기관, 지방자치단체, 일일배달 예정 물량이 100통 이상인 다량이용자, 우편물배달 주소지가 사서함 설치 우체국의 관할구역인 신청자 순으로 우선 계약을 할 수 있다.

**04** 우편사서함 사용계약에 대한 설명으로 (   )에 들어갈 말로 옳게 짝지어진 것은? 22. 기출

> • 사서함 신청을 받은 우체국장은 국가기관, 지방자치단체, 일일 배달 예정물량이 ( ㉠ )통 이상인 다량이용자, 우편물배달 주소지가 사서함 설치우체국의 관할구역인 신청자 순서로 우선적으로 계약할 수 있다.
> • 최근 3개월간 계속하여 사서함에 배달된 우편물의 총 수량이 월 ( ㉡ )통에 미달한 경우, 사서함 사용계약을 해지할 수 있다.
> • 사서함을 운영하고 있는 관서의 우체국장은 연( ㉢ )회 이상 운영 실태를 점검하고 사용계약 해지 대상자 등을 정비하여야 한다.

|  | ㉠ | ㉡ | ㉢ |
|---|---|---|---|
| ① | 50 | 30 | 1 |
| ② | 100 | 50 | 1 |
| ③ | 50 | 50 | 2 |
| ④ | 100 | 30 | 2 |

---

### 정답 및 해설

**01** ② 【×】 우편물 반환청구는 접수우체국의 발송준비 완료 전 또는 자국 배달전인 경우에는 '○월 ○일 우체국 교부필'이라 쓰고 통신일부인을 찍어 접수우편물을 취소처리하고, 배달우체국의 우편물 배달 전 경우에는 반환사유를 기재하여 발송인에게 반송(통지×)한다.

**02** ③ 【×】 사서함을 2인 이상이 공동으로 사용할 수 없다(우편법시행규칙 제122의2 제1항).

**03** ④ 【○】

**오답체크**

① 【×】 사서함을 **2인 이상이 공동으로 사용할 수 없**다.

② 【×】 신청인이 우체국장과 계약을 하여 우체국에 설치된 우편함에서 우편물을 직접 찾아가는 서비스. 다량으로 받는 고객이 우편물을 수시로 찾아갈 수 있으며, 수취인 주거지나 주소변경 관계없이 이용 가능하다.

③ 【×】 우편사서함의 사용계약을 하려는 사람은 주소·성명 등을 기록한 계약신청서와 등기우편물 수령을 위하여 본인과 대리수령인의 서명표를 사서함 시설이 갖춰진 우체국에 제출하여야 한다.

**04** ④ 【○】

• 사서함 신청을 받은 우체국장은 국가기관, 지방자치단체, 일일 배달 예정물량이 ㉠ <u>100통</u> 이상인 다량이용자, 우편물배달 주소지가 사서함 설치우체국의 관할구역인 신청자 순서로 우선적으로 계약할 수 있다.

• 최근 3개월간 계속하여 사서함에 배달된 우편물의 총 수량이 월 ㉡ <u>30통</u>에 미달한 경우, 사서함 사용계약을 해지할 수 있다.

• 사서함을 운영하고 있는 관서의 우체국장은 연 ㉢ <u>2회</u> 이상 운영 실태를 점검하고 사용계약 해지 대상자 등을 정비하여야 한다.

**정답**  01 ②   02 ③   03 ④   04 ④

**05** 우편사서함 사용계약에 대한 설명으로 옳지 <u>않은</u> 것은? 24. 기출

① 계약 해지 시 열쇠는 반납할 필요가 없다.
② 법인, 공공기관 등 단체의 우편물 수령인은 5명까지 등록이 가능하다.
③ 배달된 우편물을 정당한 사유 없이 30일 이상 수령하지 않을 경우, 계약을 해지할 수 있다.
④ 우체국장은 연 1회 이상 운영 실태를 점검하고 사용계약 해지 대상자 등을 정비하여야 한다.

**06** 다음 중 사서함에 대한 설명으로 <u>틀린</u> 것은?

① 사서함은 2인 이상이 공동으로 사용할 수 있다.
② 사서함 사용자는 계약우체국장이 정하는 기간 내에 사서함의 자물쇠 및 열쇠의 제작실비에
해당하는 금액을 납부하여야 한다.
③ 계약우체국장은 사서함을 관리함에 있어서 필요하다고 인정할 때에는 사서함 사용자(사용
계약 신청 중에 있는 자를 포함)의 주소·사무소 또는 사업소의 소재지를 확인할 수 있다.
④ 사서함 사용자는 사서함의 열쇠를 망실한 경우에는 지체 없이 계약우체국장에게 통보하여
야 한다.

**07** 계약우체국장이 사서함 사용자와의 사서함 사용계약을 해지할 수 있는 경우가 <u>아닌</u> 것은?

① 우편관계법령의 규정에 위반한 때
② 사서함에 배달된 우편물을 정당한 사유 없이 30일 이상 수령하지 아니한 때
③ 공공의 질서 또는 선량한 풍속에 반하여 사서함을 이용한 때
④ 최근 3개월간 계속하여 사서함에 배달한 우편물의 통수가 월 50통에 미달한 때

**05** ④ 【×】 사서함을 운영하고 있는 관서의 우체국장은 연 2회 이상 운영 실태를 점검하고 사용계약 해지 대상자 등을 정비하여야 한다.

**06** ① 【×】 사서함은 2인 이상이 공동으로 사용할 수 없다(우편법 제122조2 제1항).

> **우편법 시행규칙 제122조의2(사서함의 사용)** ① 사서함은 2인 이상이 공동으로 사용할 수 없다.
> ② 사서함 사용자는 계약우체국장이 정하는 기간 내에 사서함의 자물쇠 및 열쇠의 제작실비에 해당하는 금액을 납부하여야 한다.
> ③ 계약우체국장은 사서함을 관리함에 있어서 필요하다고 인정할 때에는 사서함 사용자(사용계약 신청 중에 있는 자를 포함한다)의 주소·사무소 또는 사업소의 소재지를 확인할 수 있다.
>
> **제122조의3(사서함 사용자의 통보)** 사서함 사용자는 다음 각 호의 1의 경우에는 지체 없이 계약우체국장에게 통보하여야 한다.
> 1. 사서함이 훼손된 경우
> 2. 사서함의 열쇠를 망실한 경우
> 3. 사서함 사용자의 주소 또는 명의가 변경된 경우

**07** ④ 【×】 '최근 3개월간 계속하여 사서함에 배달한 우편물의 통수가 월 30통에 미달한 때'이다(우편법 시행규칙 제126조의2 제1항 제2호).

오답체크

①②③ 【○】 우편법 시행규칙 제126조의2 제1항 제3·1·4호

**정답**  05 ④  06 ①  07 ④

정인영 계리직 우편일반

**기출&예상문제집**

# 우편물류

# 발착 및 운송작업

**01** 〈보기〉는 우편물의 일반취급 처리과정이다. (     )에 들어갈 용어로 옳은 것은? 12. 기출

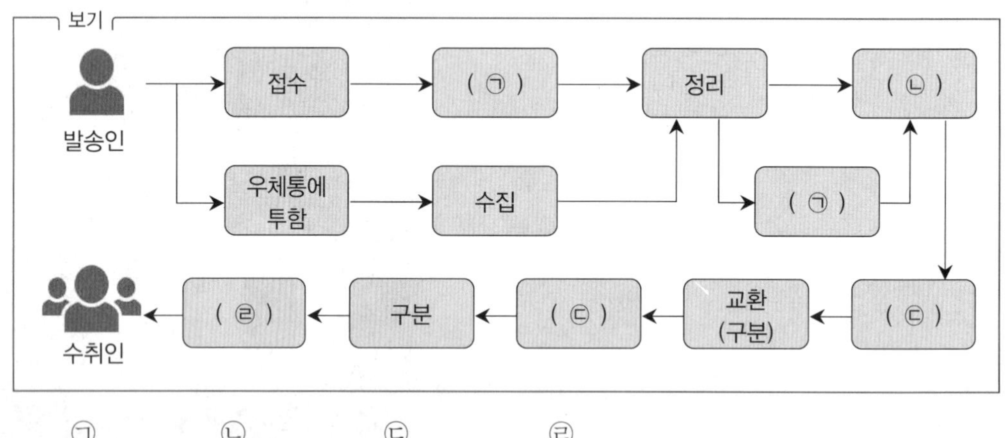


|  | ㉠ | ㉡ | ㉢ | ㉣ |
|---|---|---|---|---|
| ① | 소인 | 체결 | 운송 | 발송 |
| ② | 운송 | 수집 | 소인 | 발송 |
| ③ | 소인 | 체결 | 운송 | 배달 |
| ④ | 운송 | 수집 | 소인 | 배달 |

**02** 우편물 운송 용어에 대한 설명으로 옳은 것의 총 개수는? 22. 기출

> ㄱ. 감편: 우편물 감소로 운송편의 톤급을 하향 조정(예 4.5톤 → 2.5톤)
> ㄴ. 거리연장: 운송구간에 추가로 수수국을 연장하여 운행함
> ㄷ. 구간: 정해진 운송구간을 운송형태별(교환·수집·배집 등)로 운행함
> ㄹ. 배집: 우편집중국 등에서 배달할 우편물을 배달국으로 보내는 운송형태

① 1개      ② 2개
③ 3개      ④ 4개

**03** 우편물을 기계구분 우편물과 수구분 우편물로 분류할 경우, 기계구분할 수 없는 우편물은?

23. 기출

① 우편번호 앞쪽에 '(우)'라고 표시한 경우
② 주소와 우편번호를 적정한 위치에 선명하게 인쇄한 경우
③ 봉함된 상태이고 내용물의 글씨가 봉투에 비치지 않는 경우
④ 봉투 색상이 흰색이고 표면이 울퉁불퉁하지 않고 균일한 경우

---

### 정답 및 해설

**01** ③【○】 ㉠ 소인 ㉡ 체결 ㉢ 운송 ㉣ 배달
**[우편물 처리과정 개괄]**

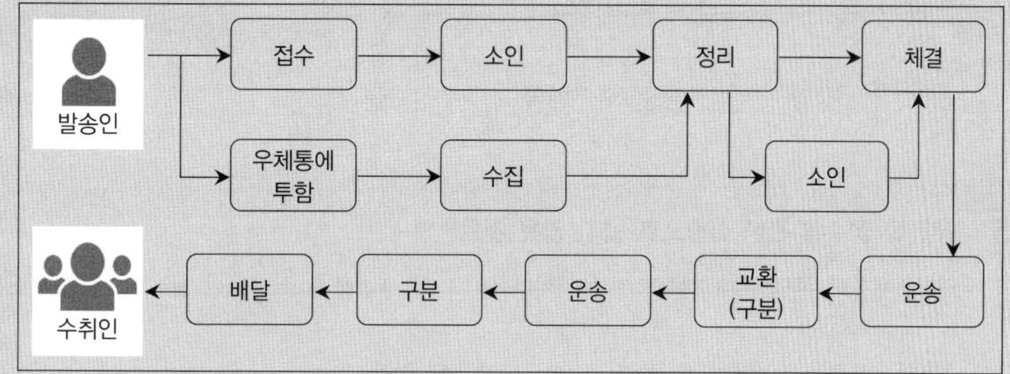


**02** ①【○】 ㄴ
ㄱ.【×】 감편은 우편물의 발송량이 적어 정기편을 운행하지 아니함을 의미한다. 우편물 감소로 운송편의 톤급을 하향 조정하는 것은 감차이다.
ㄷ.【×】 구간은 최초 발송국에서 최종 도착국까지의 운송경로이다. 정해진 운송구간을 운송형태별(교환·수집·배집 등)로 운행하는 것은 편이다.
ㄹ.【×】 배집은 배분과 수집이 통합된 운송형태이다. 우편집중국 등에서 배달할 우편물을 배달국으로 보내는 운송형태는 배분이다.

**03** ①【×】 우편번호 앞쪽에 '(우)'라고 표시한 경우는 주소와 우편번호 주위에 다른 문자가 표시된 우편물로 기계구분이 불가능한 우편물에 해당한다. 기계구분 불가능 우편물은 다음과 같다.
- 주소와 우편번호를 기재하지 않은 우편물
- 주소와 우편번호를 기록한 위치가 적정하지 않은 우편물
- 주소와 우편번호를 손 글씨로 흘려 쓴 우편물
- 주소와 우편번호 주위에 다른 문자가 표시된 우편물
- 주소와 우편번호 문자의 선명도가 낮은 우편물
- 표면이 고르지 아니한 우편물(도장, 동전, 병 덮개 등을 넣은 우편물)
- 봉투 색상이 짙은 우편물
- 봉투의 끝부분이 접혀있거나 봉함되지 아니한 우편물
- 스테이플러, 핀 등으로 봉투를 봉함한 우편물
- 내용물의 글씨가 봉투에 비치는 우편물
- 둥근 소포, 쌀자루, 취약소포 등

**정답**　　01 ③　　02 ①　　03 ①

**04** 우체통에서 수집한 우편물의 처리에 대한 내용으로 〈보기〉의 (    )에 들어갈 말을 바르게 짝 지은 것은? ²⁴· ᵏᵎ

┌─ 보기 ┌
(가) 수집해온 우편물을 소인 작업에 편리하도록 종류와 형태별로 분류한 후에 우표나 요금인 면을 바르게 간추려 (    )에 날짜도장을 찍는다.
(나) 국제우편물에는 국제날짜도장을 찍으며, 항공우편물은 (    )(으)로, 선편우편물은 부산국 제우체국으로 발송한다.
(다) 부가취급에 해당하는 우표를 붙인 우편물은 (    ) 표시 후 우편창구에서 접수 처리한다.

|  | (가) | (나) | (다) |
|---|---|---|---|
| ① | 우표 면 | 국제우편물류센터 | '취급 중 발견' |
| ② | 우표 면 | 인천해상교환우체국 | '취급 중 발견' |
| ③ | 수취인 성명 | 국제우편물류센터 | '우선취급' |
| ④ | 수취인 성명 | 인천해상교환우체국 | '우선취급' |

**05** 우편물 접수에 관한 설명으로 옳지 <u>않은</u> 것은? ⁰⁸· ᵏᵎ

① 우체통에 투입한 우편물의 접수시점은 집배원이 우편물을 수집하여 첨부된 우표에 소인하는 때이다.
② 통상우편물은 봉함하지 않고 발송하는 경우도 있다.
③ 발송인이 우편물 내용의 신고 또는 개봉(개피)을 거부할 때는 그 우편물을 접수하지 아니한다.
④ 우편물은 접수한 때부터 우편 이용 관계자가 발생하며, 우편관서와 발송인 사이에 우편물 송달계약이 이루어진다.

**06** 〈보기〉의 '우선취급' 표시 규격에서 옳은 것을 모두 고른 것은? ²⁴· ᵏᵎ

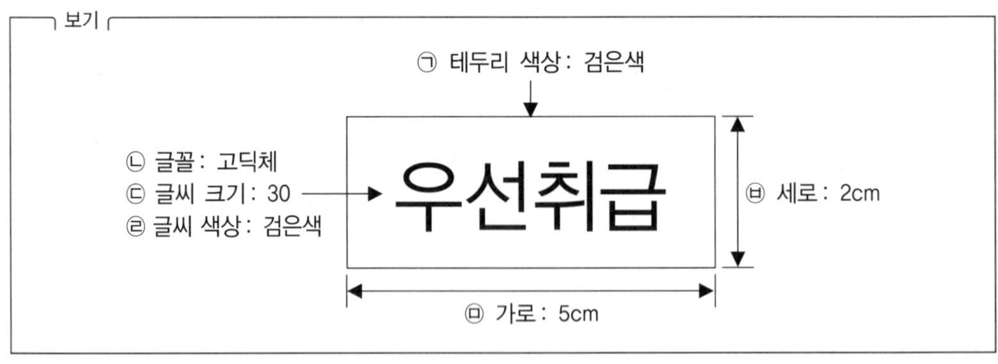


① ㉠, ㉡, ㉣          ② ㉠, ㉢, ㉣
③ ㉡, ㉺, ㉻          ④ ㉢, ㉺, ㉻

**07** 우편물 운송용기의 종류와 용도에 대한 설명으로 옳지 <u>않은</u> 것은? 22. 기출

① 우편운반대(평팔레트) : 소포 등 규격화된 우편물 담기와 운반

② 소형우편상자 : 소형통상우편물 담기

③ 대형우편상자 : 얇은 대형통상우편물 담기

④ 특수우편자루 : 부가취급우편물 담기

**08** 운송용기의 개봉작업에 대한 설명으로 옳지 <u>않은</u> 것은? 23. 기출

① 인계·인수가 끝난 우편물은 등기우편, 익일특급 순으로 개봉하여 처리해야 한다.

② 부가취급우편물을 담은 운송용기를 개봉할 때 책임자나 책임자가 지정하는 사람이 참관해야 한다.

③ 부가취급우편물을 담은 운송용기를 개봉할 때 담당자는 송달증의 기록명세와 우편물의 등기번호 및 통수에 이상이 없는지 확인해야 한다.

④ 개봉이 끝난 운송용기는 운송용기 관리지침에 따르고, 우편자루는 뒤집어서 남은 우편물이 없는지 확인해야 한다.

---

**정답 및 해설**

**04** ① 【○】 (가) 우표 면, (나) 국제우편물류센터, (다) '취급 중 발견'

**05** ① 【×】 우체통에 투입한 우편물의 접수시점은 ㉠ 우체국 창구에서 접수하는 것, ㉡ 우체통에 우편물을 투입하는 것, ㉢ 방문접수(집배원 접수도 포함)의 경우는 우편물수령증(혹은 기표지 영수증)을 교부한 때이다.

**06** ③ 【○】 ㉡, ㉣, ㉥

> **[표시방법]**
> 1. 우선취급의 사양
>   • 크기 : 가로 5cm, 세로 2cm(글씨 크기 : 고딕체 32)
>   • 글씨와 테두리 색상 : 붉은색

**07** ③ 【×】 대형우편상자는 두꺼운 대형통상우편물 담기에 활용된다. 얇은 대형통상우편물을 담는 용도로는 중형우편상자가 사용된다.

**08** ① 【×】 인계·인수가 끝난 우편물은 익일특급 등기우편물, 그 외 등기우편물 순으로 개봉하여 처리한다.

**오답체크**

②, ③ 【○】 부가취급우편물을 담은 운송용기를 개봉할 때는 책임자 또는 책임자가 지정하는 사람이 참관하고, 담당자는 부가취급우편물 송달증의 기록명세와 우편물의 등기번호·통수에 이상이 없는지 확인해야 한다.

④ 【○】 개봉이 끝난 운송용기는 운송용기 관리지침에 따라 처리하고, 우편자루는 완전히 뒤집어서 남은 우편물이 없는가를 확인해야 한다.

**정답** 04 ① 05 ① 06 ③ 07 ③ 08 ①

**09** 우편물의 제한 용적 및 중량에 관한 설명으로 **틀린** 것은?

① 통상우편물인 서신 등 의사전달물 및 통화의 최대용적은 가로·세로 및 두께를 합하여 90cm이다. 다만, 어느 길이나 최대 60cm이다.

② 통상우편물인 소형포장우편물의 최대용적은 가로·세로 및 두께를 합하여 35cm 미만이어야 하고, 서적·달력·다이어리 우편물은 1m까지 허용된다.

③ 통상우편물인 최소용적은 평면의 크기가 가로 14cm, 세로 9cm이다.

④ 통상우편물의 중량은 최소 2g ~ 최대 6,000g이다. 단, 우편자루배달우편물은 40kg가 최대 중량이다.

**10** 다음 중 소포우편물의 제한 용적 및 중량에 관한 설명으로 옳지 <u>않은</u> 것은?

① 소포우편물의 최대용적은 가로·세로·높이 세 변을 합하여 160cm이다. 다만, 어느 변이나 1m를 초과할 수 없다.

② 소포우편물의 최소용적은 가로·세로·높이 세 변을 합하여 35cm이다. 단, 가로는 17cm 이상, 세로는 12cm 이상이어야 한다.

③ 소포우편물의 중량은 3kg 이내이어야 한다.

④ 우편관서의 장과 발송인과의 사전계약에 따라 발송인을 방문하여 접수하는 경우에는 그 계약으로 달리 정할 수 있다.

**11** 우편물 발착업무에 대한 설명으로 옳지 <u>않은</u> 것은? 22. 기출

① 발착업무의 처리과정은 분류·정리, 구분, 발송, 도착작업으로 구성되어 있다.

② 분류·정리작업은 구분이 완료된 우편물을 보내기 위한 송달증 생성, 체결, 우편물 적재 등의 작업이다.

③ 주소와 우편번호 주위에 다른 문자가 표시된 우편물은 기계 구분이 불가능한 우편물이다.

④ 소포우편물을 우편운반차에 적재할 때는 수취인 주소가 기재된 앞면이 위쪽으로 향하도록 적재한다.

**12** 우편물의 발송에 대한 설명으로 옳지 <u>않은</u> 것은? 19. 기출

① 부가취급우편물을 운송용기에 담을 때에는 책임자나 책임자가 지정하는 사람이 참관한다.

② 행선지별로 구분한 우편물을 효율적으로 운송하기 위하여 운송거점에서 운송용기를 서로 교환한다.

③ 등기우편물을 발송할 때에는 우편물류시스템으로 등기우편물 배달증을 생성하고, 생성된 배달증과 현품 수량을 확인한 후 발송한다.

④ 일반우편물은 형태별로 분류하여 해당 우편상자에 담되, 우편물량이 적을 경우에는 형태별로 묶어 담고 운송용기 국명표는 혼재 표시된 것을 사용한다.

**13** 운송용기(운반차)에 적재할 우편물이 여러 종류일 경우, 순서에 맞게 나열한 것은? 23. 기출

① 일반소포 → 일반통상 → 등기소포 → 등기통상 → 중계우편물

② 일반소포 → 등기소포 → 일반통상 → 등기통상 → 중계우편물

③ 중계우편물 → 일반소포 → 일반통상 → 등기소포 → 등기통상

④ 중계우편물 → 일반소포 → 등기소포 → 일반통상 → 등기통상

**14** 우편물의 발송에 대한 설명으로 **틀린** 것은?

① 우편물의 발송순서는 특급우편물, 보통등기우편물, 일반우편물 순으로 발송한다.

② 일반우편물은 우편물 형태별로 분류하여 해당 우편상자에 담는다.

③ 특수취급우편물로서 국내특급우편물의 종류는 통상우편물의 경우에 익일특급이 있으며, 특급우편물은 통상우편물보다 우선 취급한다.

④ 운반차의 우편물 적재로서 여러 형태의 우편물을 함께 넣을 때에는 작업을 쉽게 하기 위하여 일반소포 → 일반통상 → 등기소포 → 중계우편물의 순으로 담는다.

---

**정답 및 해설**

**09** ④ 【×】 통상우편물의 중량은 최소 2g ~ 최대 6,000g이다. 단, 우편자루배달우편물은 30kg이 최대 중량이다.

**10** ③ 【×】 소포우편물의 중량은 30kg 이내이어야 한다.

**11** ② 【×】 분류·정리작업은 우편물을 우편물 종류별로 구분하고 우편물 구분작업을 쉽게 하기 위하여 기계구분우편물과 수구분우편물로 분류하여 구분기계에 인입이 가능하도록 정리하는 등의 작업이다. 구분이 완료된 우편물을 보내기 위한 송달증 생성, 체결, 우편물 적재 등의 작업은 발송작업이다.

**12** ③ 【×】 부가취급우편물을 운송용기에 담을 때에는 책임자나 책임자가 지정하는 사람이 참관하여 우편물류시스템으로 부가취급우편물 송달증(=도착국명, 발송국명, 수량 등의 정보)을 생성하고 송달증과 현품 수량을 대조 확인한 후 발송한다. 다만, 관리작업이 끝난 우편물을 발송할 때 부가취급우편물 송달증은 전산 송부(e-송달증시스템)한다. 즉, 배달증이 아닌 송달증이 옳은 내용이다.

**13** ② 【○】 일반소포 → 등기소포 → 일반통상 → 등기통상 → 중계우편물

**14** ④ 【×】 운반차의 우편물 적재순서로서 일반소포 → 등기소포 → 일반통상 → 중계우편물의 순으로 담는다.

**정답**　　09 ④　　10 ③　　11 ②　　12 ③　　13 ②　　14 ④

# 02 우편물 수집 및 배달

**01** 우편물 배달에 대한 설명으로 옳지 <u>않은</u> 것은? 14. 기출

① 우편물은 그 표면에 기재된 곳에 배달하고, 2인 이상을 수취인으로 하는 경우는 그 중 1인에게 배달한다.

② 등기우편물 배달 시의 수령사실 확인은 특수우편물 배달증에 수령인이 서명 또는 날인하는 것으로 한다.

③ 무인우편물보관함은 보관에 대한 증명 자료를 제공하기 때문에 보험등기우편물을 무인우편물보관함에 배달할 수 있다.

④ 우편사서함에 배달된 우편물을 정당한 사유 없이 30일 이상 수령하지 아니한 경우에는 사서함 사용계약을 해지할 수 있다.

**02** 집배코드에 대한 설명으로 옳지 <u>않은</u> 것은? 24. 기출

① 우편물의 구분·운송·배달에 필요한 구분정보를 가독성이 높은 단순 문자와 숫자로 표기한 것이다.

② 도착집중국 2자리, 배달국 3자리, 집배팀 2자리, 집배구 2자리로 이루어져 있다.

③ 도착집중국 약호의 첫 자리는 경인청 우편집중국의 경우 'B'로 시작한다.

④ 배달국 번호의 마지막 자리는 청번호를 의미한다.

**03** 우편물 배달의 원칙에 대한 설명으로 옳지 <u>않은</u> 것은?

① 우편물은 그 표면에 기재된 곳에 배달한다.

② 2인 이상을 수취인으로 하는 경우는 그 중 1인에게 배달한다.

③ 우편사서함번호를 기재한 우편물은 당해 사서함에 배달한다.

④ 취급과정을 기록하는 우편물은 정당 수령인으로부터 그 수령사실의 확인[서명(전자서명포함)]을 필요로 하지 않는다.

**04** 등기취급우편물 배달에 대한 설명으로 옳지 <u>않은</u> 것은? 21. 기출

① 같은 건축물 및 같은 구내의 관리사무소, 접수처, 관리인도 정당 수령인이 될 수 있다.

② 우편물 수취인의 진위를 주민등록증 등 필요한 증명으로 반드시 확인하고 배달하여야 한다.

③ 통화등기우편물은 수취인으로 하여금 집배원이 보는 앞에서 내용금액을 표기금액과 서로 비교 확인하게 한 후에 배달하여야 한다.

④ 물품등기우편물은 집배원이 우편물 내용을 확인하지 않고 수취인에게 봉투와 포장 상태의 이상 유무만 확인하게 한 후에 배달하여야 한다.

---

**정답 및 해설**

**01** ③【×】특별송달, 보험등기 등 수취인의 직접 수령한 사실 확인이 필요한 우편물은 무인우편물보관함에 배달할 수 없다.

> ✎ **과학기술정보통신부 고시 제2013-9호(무인우편물보관함에 배달할 수 없는 우편물)**
>
> 1. 보험취급우편물(우편법 시행규칙 제25조 제1항제2호에 의한 우편물)
> 2. 특별송달우편물(우편법 시행규칙 제25조 제1항제6호에 의한 우편물)
> 3. 착불배달우편물(우편법 시행규칙 제25조 제1항제16호에 의한 우편물)
>    단, 수취인으로부터 착불요금을 수납할 수 있는 경우에는 배달
> 4. 계약등기우편물(우편법 시행규칙 제25조 제1항 제17호에 의한 우편물)로서 회신우편(우편법 시행규칙 제25조 제1항 제18호에 의한 우편물) 및 본인지정배달(우편법 시행규칙 제25조 제1항 제19호에 의한 우편물)을 부가취급으로 지정한 우편물

**오답체크**

①【○】**우편법 시행령 42조(우편물의 배달)** 제1항 법 제31조에 의하여 우편물은 관할 배달우편관서에서 그 우편물의 표면에 기재된 곳에 배달한다. 이 경우 2인 이상을 수취인으로 정한 우편물은 그중 1인에게 배달한다.

②【○】**우편법 시행규칙 제63조(특별송달우편물의 배달)** 제1항 특별송달우편물을 배달하는 때에는 우편송달통지서의 해당란에 수령인의 서명(전자서명을 포함한다) 또는 날인을 받아야 한다.

④【○】**우편법 시행규칙 제126조의2(사서함 사용계약 해지 등)** 제1항 계약우체국장은 사서함사용자가 다음 각 호의 1에 해당하는 때에는 사서함의 사용계약을 해지할 수 있다.

1. 사서함에 배달된 우편물을 정당한 사유 없이 30일 이상 수령하지 아니한 때
2. 최근 3월간 계속하여 사서함에 배달한 우편물의 통수가 월 30통에 미달한 때
3. 우편관계법령의 규정에 위반한 때
4. 공공의 질서 또는 선량한 풍속에 반하여 사서함을 이용한 때

**02** ④【×】도착집중국 2자리와 배달국 3자리는 기본값으로 확정이 되어 있으나 집배팀 2자리와 집배구 2자리는 배달국에서 배달환경에 맞게 부여할 수 있게 되어 있으며 탄력적으로 운용이 가능하다.

※ 배달국 3자리는 배달 환경에 따라 통상과 소포로 분리사용 가능

**03** ④【×】취급과정을 기록하는 우편물은 정당 수령인으로부터 그 수령사실의 확인[서명(전자서명포함)]을 받고 배달하여야 한다.

**04** ②【×】등기우편물을 수취인 또는 그 동거인에게 배달(교부)한 때에는 「우편법 시행령」 제42조 제3항 및 「우편법 시행규칙」 제28조에 따라 수령인의 확인을 받아야 한다. 다만, 등기우편물을 무인우편물보관함 또는 전자 잠금장치가 설치된 우편수취함에 배달하는 경우에는 무인우편물보관함 또는 해당 우편수취함에서 제공하는 배달확인이 가능한 증명자료로 수령사실의 확인을 갈음할 수 있다('우편업무 규정' 제334조 제1항).

---

**정답**　　01 ③　　02 ④　　03 ④　　04 ②

**05** 〈보기〉에서 등기취급 우편물의 정당 수령인을 모두 고른 것은? <sup>23. 기출</sup>

> ┌ 보기 ┌
> ㄱ. 우편물 표면에 기재된 주소지에서 만난 동거인
> ㄴ. 대리수령인으로 지정되어 우편관서에 등록된 사람
> ㄷ. 우편물 표면에 기재된 주소지(회사)에서 만난 같은 직장 근무자
> ㄹ. 수취인과 같은 집배구에 있고 발송인의 배달동의를 받은 무인우편물 보관함

① ㄱ, ㄷ      ② ㄱ, ㄹ
③ ㄱ, ㄴ, ㄷ      ④ ㄴ, ㄷ, ㄹ

**06** 〈보기〉의 특별송달 우편물 배달 사례에 맞는 송달방법을 바르게 짝지은 것은? <sup>24. 기출</sup>

> ┌ 보기 ┌
> (가) 우편물 표면에 기록된 주소지에서 수취인 본인에게 송달하였다.
> (나) 수취인이 정당한 사유없이 수령을 거부하여 송달장소에 우편물을 두고 왔다.
> (다) 우편물에 표기된 주소지가 아닌 우체국 창구에서 수취인 본인에게 송달하였다.
> (라) 우편물에 표기된 주소지를 방문하였으나 수취인이 외출 중이라 그 동거인에게 송달하였다.

| | (가) | (나) | (다) | (라) |
|---|---|---|---|---|
| ① | 교부송달 | 유치송달 | 조우송달 | 보충송달 |
| ② | 교부송달 | 보충송달 | 유치송달 | 조우송달 |
| ③ | 보충송달 | 조우송달 | 교부송달 | 유치송달 |
| ④ | 보충송달 | 유치송달 | 교부송달 | 조우송달 |

**07**  우편물의 배달의 특례에 대한 설명으로 옳지 <u>않은</u> 것은?

① 등기취급우편물, 요금수취인부담 등 사서함에 투입할 수 없을 경우에는 배달증이나 표찰을 대신 투입한다.

② 선박이나 등대로 가는 우편물은 수취인의 청구에 의하여 창구에서 교부할 수 있다.

③ 수취인 신고에 의한 등기우편물의 대리수령인 배달에서 등기우편물은 1차로 대리수령인에게 배달한다.

④ 수취인 장기부재신고서에 돌아올 날짜를 15일 이후라고 신고한 경우 '수취인장기부재'라고 표시하여 반송한다.

**08**  다음은 운반차의 우편물 적재 순서이다. 순서대로 나열한 것은?

| | | |
|---|---|---|
| ㉠ 일반통상 | ㉡ 중계우편물 | ㉢ 등기소포 |
| ㉣ 일반소포 | ㉤ 등기통상 | |

① ㉠ → ㉤ → ㉣ → ㉢ → ㉡
② ㉢ → ㉣ → ㉡ → ㉤ → ㉠
③ ㉣ → ㉢ → ㉠ → ㉤ → ㉡
④ ㉡ → ㉤ → ㉠ → ㉢ → ㉣

---

**정답 및 해설**

**05** ③ 【O】 ㄱ, ㄴ, ㄷ
ㄱ, ㄷ. 【O】 우편물 표면에 기재된 주소지의 수취인이나 동거인(같은 직장 근무자 포함)
ㄴ. 【O】 대리수령인으로 지정되어 우편관서에 등록된 사람
**오답체크**
ㄹ. 【×】 수취인과 같은 집배구에 있고 수취인의 배달동의를 받은 무인우편물 보관함

**06** ① 【O】 (가) 교부송달, (나) 유치송달, (다) 조우송달, (라) 보충송달

**07** ③ 【×】 수취인 신고에 의한 등기우편물의 대리수령인 배달에서 일반우편물은 원래 주소지에 배달하고 등기우편물은 1차 배달이 안 되었을 경우에 대리수령인에게 배달한다.

**08** ③ 【O】

> **[운반차의 우편물 적재]**
> • 분류 및 구분한 우편물은 섞이지 않게 운송용기에 담아야 한다.
> • 여러 형태의 우편물을 함께 넣을 때에는 작업을 쉽게 하기 위하여 일반소포 → 등기소포 → 일반통상 → 등기통상 → 중계우편물의 순으로 담는다.
> • 소포우편물은 무거운 것을 아래쪽으로 가벼운 것이나 망가지기 쉬운 것을 위로 담아둔다.

**정답**    05 ③    06 ①    07 ③    08 ③

**09** **우편물 배달의 특례에 관한 설명으로 옳은 것은?** 08. 기출, 10. 유사 기출

① 동일 건물 내의 수취인에게 배달할 모든 우편물은 관리사무소가 없는 경우에 우편수취함에 배달한다.

② 우편사서함 번호를 기재하지 아니한 특급우편물이 우편사서함 사용자에게 가는 것이 확실할 경우 우편사서함에 투입한다.

③ 보관우편물의 보관기간은 우편물이 도착한 다음 날로부터 기산하여 10일로 한다. 다만, 특별한 사유가 있는 경우 30일의 범위 안에서 연장할 수 있다.

④ 수취인의 주소지와 다른 시(市)에 거주하는 자를 대리수령인으로 지정하여 우편관서에 신고하는 경우에는 그 대리수령인에게 등기우편물을 배달한다.


**10** **우편물 배달의 특례에 대한 설명으로 틀린 것은?**

① 동일 건축물 또는 동일 구내의 수취인에게 배달할 우편물은 그 건축물 또는 구내의 관리사무소, 접수처 또는 관리인에게 배달할 수 있다.

② 사서함은 2인 이상이 공동으로 사용할 수 있다.

③ 수취인 신고에 의한 등기우편물 대리수령인 배달의 경우 일반우편물은 원래 주소지에 배달하고 등기우편물은 1차 배달이 안 되었을 경우 대리수령인에게 배달한다.

④ 특별송달, 보험등기 등 수취인의 직접 수령한 사실 확인이 필요한 우편물은 무인우편물보관함에 배달할 수 없다.

**09** ④ 【○】 수취인이 동일 집배구(우편집배원이 우편물을 수집하고 배달하는 구역을 말한다. 이하 같다)에 거주하는 자를 대리수령인으로 지정하여 배달우편관서에 신고한 경우에는 그 대리수령인에게 등기우편물을 배달하는 경우(우편법 시행령 제43조 제5호).

오답체크

① 【×】 특수취급우편물 · 요금수취인부담우편물 또는 양이 많거나 부피가 커서 고층건물 우편수취함에 넣을 수 없는 우편물은 수취인에게 직접 배달하여야 한다(우편법 시행규칙 제134조).

② 【×】 사서함을 사용하고 있는 수취인에게 배달할 우편물로서 사서함 번호를 기재하지 아니한 것은 우편물을 당해 우편물의 표면에 기재된 곳 외에 그 사서함에 배달할 수 있다(우편법 시행령 제43조 제2호).

③ 【×】 영 제43조 제6호의 규정에 의한 우편물의 보관기간은 우편물이 도착한 다음 날부터 기산하여 10일로 한다. 다만, 교통이 불편하거나 기타의 사유로 인하여 수취인이 10일 이내에 우편물을 교부받을 수 없다고 인정될 때에는 30일의 범위 안에서 이를 연장할 수 있다(우편법 시행규칙 제121조의2).

---

✐ **우편법령 관련조문**

**우편법 시행령 제43조(우편물배달의 특례)** 법 제31조 단서의 규정에 의하여 우편물을 당해 우편물의 표면에 기재된 곳 외의 곳에 배달할 수 있는 경우는 다음 각호와 같다. 〈개정 1994.7.23, 1997.12.15, 2008.2.29, 2008.12.31, 2010.9.1, 2013.3.23〉

1. 동일건축물 또는 동일구내의 수취인에게 배달할 우편물로서 그 건축물 또는 구내의 관리사무소, 접수처 또는 관리인에게 배달하는 경우
2. 사서함을 사용하고 있는 수취인에게 배달할 우편물로서 사서함 번호를 기재하지 아니한 것을 그 사서함에 배달하는 경우
3. 우편물을 배달하지 아니하는 날에 수취인의 청구에 의하여 배달우편관서 창구에서 우편물을 교부하는 경우, 수취인의 일시부재 기타의 사유로 인하여 우편물을 배달하지 못한 경우에도 또한 같다.
4. 교통이 불편한 도서지역이나 농어촌지역 또는 과학기술정보통신부장관이 필요하다고 인정하는 지역으로 배달할 우편물을 과학기술정보통신부령이 정하는 바에 의하여 개별 또는 공동수취함을 설치하고 그 수취함에 배달하는 경우
5. 수취인이 동일 집배구(우편집배원이 우편물을 수집하고 배달하는 구역을 말한다. 이하 같다)에 거주하는 자를 대리수령인으로 지정하여 배달우편관서에 신고한 경우에는 그 대리수령인에게 등기우편물을 배달하는 경우
6. 우편물에 "우체국보관" 표시가 있는 것으로서 과학기술정보통신부령이 정하는 바에 의하여 당해 배달우편관서 창구에서 수취인에게 교부하는 경우
7. 교통이 불편하여 통상의 방법으로 우편물 배달이 어려운 지역에 배달할 우편물로서 과학기술정보통신부령이 정하는 바에 의하여 당해 배달우편관서 창구에서 수취인에게 교부하는 경우
8. 무인우편물보관함을 이용하는 수취인의 신청 또는 동의를 받아 그 수취인과 동일 집배구에 있는 무인우편물보관함에 등기우편물을 배달하는 경우

**우편법 시행규칙 제121조의2(우체국보관 우편물의 보관기간)** 영 제43조 제6호의 규정에 의한 우편물의 보관기간은 우편물이 도착한 다음 날부터 기산하여 10일로 한다. 다만, 교통이 불편하거나 기타의 사유로 인하여 수취인이 10일 이내에 우편물을 교부받을 수 없다고 인정될 때에는 30일의 범위 안에서 이를 연장할 수 있다.

**우편법 시행규칙 제134조(고층건물 우편수취함에 넣을 수 없는 우편물의 배달)** 특수취급우편물 · 요금수취인부담우편물 또는 양이 많거나 부피가 커서 고층건물 우편수취함에 넣을 수 없는 우편물은 수취인에게 직접 배달하여야 한다.

---

**10** ② 【×】 사서함은 2인 이상이 공동으로 사용할 수 없다(우편법 제122조의2 제1항).

정답　　09 ④　　10 ②

**11** **우편물 배달의 특례에 관한 설명으로 틀린 것은?**

① 동일 건물 내의 관리사무소, 접수처, 관리인 등이 없는 경우 일반우편물은 우편 수취함에 배달할 수 있다.

② 우편사서함에 교부하는 우편물은 운송편 또는 수집편이 도착할 때마다 구분하여 즉시 사서함에 투입한다.

③ 우편사서함번호와 주소가 함께 기재된 우편물은 주소지에 배달한다.

④ 우편물에 "우체국보관"의 표시가 있는 우편물은 배달 우체국 창구에서 수취인에게 우편물을 교부한다.

**12** **국내우편물 배달에 관한 설명으로 옳은 것은?** 16. 기출

① 보관우편물의 보관기간은 우편물이 도착한 다음 날부터 계산하여 15일이다.

② 수취인이 2명 이상인 경우에는 그 중 1인에게 배달하는 것이 우편물 배달의 일반원칙이다.

③ 우편사서함 번호화 주소가 함께 기재된 우편물 중 익일특급 우편물은 주소지에 배달하여야 한다.

④ 배달의 우선순위에서 일반통상우편물(국제선편통상우편물중 서장 및 엽서 포함)은 제1순위에 해당된다.

**13** **사서함 우편물 배달에 관한 설명으로 옳지 <u>않은</u> 것은?**

① 사서함 신청을 받은 우체국장은 국가기관, 지방자치단체, 일일배달 예정 물량이 100통 이상인 다량이용자, 우편물배달 주소지가 사서함 설치 우체국의 관할구역인 신청자 순서로 우선 계약을 할 수 있다.

② 계약우체국장은 사서함사용자가 우편관계법령의 규정에 위반한 때와 관계없이 사서함에 배달된 우편물을 정당한 사유 없이 30일 이상 수령하지 아니한 때, 최근 3월간 계속하여 사서함에 배달한 우편물의 통수가 월 30통에 미달한 때에는 사서함의 사용계약을 해지할 수 있다.

③ 사서함의 사용계약이 해지된 사서함에 배달된 우편물은 그 해지통지를 한 날부터 10일 이내에 사서함을 사용하였던 자의 교부신청이 없는 때에는 발송인에게 이를 환부하여야 한다.

④ 법인, 공공기관 등 단체의 우편물 수령인은 5명까지 등록 가능하며 신규 개설할 때나 대리수령인이 바뀐 때는, 미리 신고할 경우에만 가능하다.

## PART 02

**정답 및 해설**

**11** ③【×】우편사서함번호와 주소가 함께 기재된 우편물은 일반우편물은 사서함에 투함할 수 있으나 등기나 국내특급우편물은 주소지에 배달한다.

오답체크

①【○】동일 건물 내의 관리사무소, 접수처, 관리인 등이 없는 경우 일반우편물은 우편수취함에 배달하고, 우편수취함에 넣을 수 없는 우편물이나 특수취급우편물 등은 수취인에게 직접 전달한다.

**12** ②【○】

오답체크

①【×】보관우편물('우체국보관'의 표시가 있는 우편물)의 보관기간은 우편물이 도착한 **다음 날부터 계산하여 10일**로 한다. 다만, 교통이 불편하거나 그 밖의 사유로 수취인이 10일 이내에 우편물을 교부받을 수 없다고 인정될 때에는 **30일 이내로 교부기간을 연장**할 수 있다.

③【×】**국내특급**(익일특급 제외), **특별송달, 보험등기, 맞춤형 계약등기 우편물은 주소지에 배달한다. 따라서** 우편사서함 번호화 주소가 함께 기재된 우편물 중 익일특급 우편물은 사서함에 넣을 수 있다. **국내특급**(익일특급 제외), **특별송달, 보험등기, 맞춤형 계약등기 우편물은 주소지에 배달한다.**

④【×】배달의 우선순위에서 일반통상우편물 (국제선편통상우편물중 서장 및 엽서 포함)은 제2순위에 해당된다.

| 제1순위 | **기록취급우편물, 국제항공우편물** |
|---|---|
| 제2순위 | **일반통상우편물**(국제선편통상우편물 중 서장 및 엽서 포함) |
| 제3순위 | 제1순위, 제2순위 이외의 우편물 |
| 기 타 | 1 ~ 3순위 잔량이 있을 때에는 다음 편에 우선 배달. |

**13** ②【×】**우편법 시행규칙 제126조의2 제1항** 계약우체국장은 사서함사용자가 다음 각 호의 어느 하나에 해당하는 때에는 사서함의 사용계약을 해지할 수 있다.

1. 사서함에 배달된 우편물을 정당한 사유 없이 30일이상 수령하지 아니한 때
2. 최근 3월간 계속하여 사서함에 배달한 우편물의 통수가 월 30통에 미달한 때
3. 우편관계법령의 규정에 위반한 때
4. 공공의 질서 또는 선량한 풍속에 반하여 사서함을 이용한 때

오답체크

①【○】**우편법 시행규칙 제122조 제2항** 제1항의 신청을 받은 우체국장은 다음 각 호의 순위에 따라 우선적으로 사서함 사용계약을 할 수 있다.

1. 국가기관 및 지방자치단체
2. 일일배달 예정물량이 100통이상인 다량 이용자
3. 우편물배달 주소지가 사서함 설치 우체국의 관할구역인 경우

③【○】**우편법 시행규칙 제126조의2 제2항** 제1항에 따라 계약이 해지된 사서함에 배달된 우편물은 그 해지통지를 한 날부터 10일 이내에 사서함을 사용하였던 자의 교부신청이 없는 때에는 발송인에게 이를 환부하여야 한다.

④【○】**우편법 시행규칙 제125조 제1항** 사서함의 사용자가 공공기관·법인 기타 단체인 경우에 그 소속직원에게 배달할 우편물은 당해 사서함에 배부할 수 있다.

**정답**    11 ③    12 ②    13 ②

**14** 우편사서함에 대한 설명으로 옳지 <u>않은</u> 것을 모두 고른 것은? <sup>19. 기출 변형</sup>

> ㄱ. 사서함에 배달된 우편물을 정당한 사유 없이 30일 이상 수령하지 않을 때에는 사서함 사용
> 계약을 해지해야 한다.
> ㄴ. 사서함 번호와 주소가 함께 기록된 우편물은 우편물을 사서함에 넣을 수 있으며 특별송달,
> 보험취급, 맞춤형 계약등기, 등기소포 우편물은 주소지에 배달해야 한다.
> ㄷ. 사서함 신청을 받은 우체국장은 국가기관, 지방자치단체, 일일 배달 예정 물량이 100통 이상
> 인 다량 이용자, 우편물 배달 주소지가 사서함 설치 우체국의 관할 구역인 신청자 순서로
> 우선 계약해야 한다.

① ㄱ                                    ② ㄴ, ㄷ
③ ㄱ, ㄷ                               ④ ㄱ, ㄴ, ㄷ

**15** 우편물에 "우체국보관"의 표시가 있는 것은 그 우체국 창구에서 수취인에게 우편물을 교부한다. 이의 보관기간은 우편물이 도착한 다음 날로부터 며칠인가?

① 3일                                   ② 5일
③ 7일                                   ④ 10일

**16** 보관우편물의 교부에 대한 설명으로 옳지 <u>않은</u> 것은?

① 보관우편물이 도착하면 도착일부인을 찍고 따로 보관한다.
② 보관기간은 도착한 다음 날부터 10일로 한다.
③ 교통이 불편하거나 다른 이유로 10일 이내에 수령할 수 없는 경우에는 15일의 범위 안에서
기간을 연장할 수 있다.
④ 보관교부지에 사는 사람이 다른 곳에 배달하여 줄 것을 요청하는 경우 이에 따라 교부한다.

**17** 수취인 청구에 의한 우편물의 창구교부에 관한 설명 중 잘못된 것은?

① 집배원이 우편물 배달 전에 수취인이 우체국에 방문하여 본인에게 온 우편물을 교부 요청할 때는 지체 없이 교부한다.

② 선박이나 등대로 가는 우편물로서 당해 우편물을 수령할 자격이 있다고 인정되는 사람이 우체국에 나와 우편물의 교부요청을 할 때에는 신분증 등으로 그 정당 여부를 확인하고 교부한다.

③ 집배원이 우편물 배달을 위해 주소지를 1회 방문하여 수취인 부재 등으로 배달하지 못한 우편물은 수취인이 우체국을 방문하여 교부요청을 할 때에는 정당 수령인 여부를 확인하고 우편물을 교부한다.

④ 정당 수취인 여부는 신분증(주민등록증, 운전면허증, 학생증 등) 및 관련서류 등으로 확인한다.

---

**정답 및 해설**

**14** ④ 【×】 ㄱ, ㄴ, ㄷ

ㄱ. 【×】 사서함에 배달된 우편물을 정당한 사유 없이 30일 이상 수령하지 않을 때에는 사서함 사용 계약을 해지할 수 있다.

ㄴ. 【×】 사서함 번호와 주소가 함께 기록된 우편물은 우편물을 사서함에 넣을 수 있으며 특별송달, 보험취급, 맞춤형 계약등기우편물은 주소지에 배달한다. 등기소포는 해당하지 않는다.

ㄷ. 【×】 사서함 신청을 받은 우체국장은 국가기관, 지방자치단체, 일일 배달 예정 물량이 100통 이상인 다량 이용자, 우편물 배달 주소지가 사서함 설치 우체국의 관할 구역인 신청자 순서로 우선 계약을 할 수 있다.

**15** ④ 【○】 규정에 의한 보관기간은 우편물이 도착한 다음 날로부터 기산하여 10일로 한다. 다만, 교통이 불편하거나 기타의 사유로 인하여 수취인이 10일 이내에 우편물을 교부받을 수 없다고 인정될 때에는 30일의 범위 안에서 교부기간을 연장할 수 있다.

**16** ③ 【×】 30일의 범위 안에서 기간을 연장할 수 있다.

**17** ① 【×】 집배원이 우편물 배달 전에 수취인이 우체국에 방문하여 본인에게 온 우편물을 교부 요청할 때는 업무에 지장이 없을 때에 한하여 교부하며, 신분증(주민등록증, 운전면허증, 학생증 등) 이나 관련서류 등으로 정당 수취인이지 여부를 확인해야 한다.

**정답**  14 ④  15 ④  16 ③  17 ①

**18** 수취인의 주소·성명 변경청구 및 우편물의 반환청구 시 우편물의 처리에 대한 설명으로 옳지 <u>않은</u> 것은?

① 수취인의 주소·성명 변경청구는 검은 선 두 줄로 삭제 후 그 밑에 새로운 사항을 기재한다.

② 우편물의 반환청구 시 배달우체국의 우편물 배달 전인 경우에는 반환사유를 기재하고 발송인에게 통지한다.

③ 내용증명 우편물의 반환청구 시 원본과 등본 2부에 모두 반환청구 사유와 교부내역을 기재한다.

④ 수취인에게 배달준비를 완료하여 우편물 반환이나 수취인의 주소·성명의 변경 청구에 응하지 못할 경우에는 청구인에게 통지한다.

**19** 우편물의 운송에 대한 설명으로 옳은 것은? 19. 기출

① 우편물 운송의 우선순위는 1순위, 2순위, 3순위, 기타순위로 구분된다.

② 우편물이 일시적으로 폭주하는 경우, 항공기 등을 이용하여 운송하는 것을 특별운송이라고 한다.

③ 임시운송은 물량의 증감에 따라 특급우편물, 등기우편물, 일반우편물을 별도로 운송하는 것을 말한다.

④ 우편물의 안정적인 운송을 위하여 우정사업본부장은 운송구간, 수수국, 수수시각, 차량톤수 등을 우편물 운송방법 지정서에 지정한다.

**20** 우편물 배달에 대한 설명으로 옳지 <u>않은</u> 것은? 18. 기출

① 수취인이 2명 이상인 경우에는 그중 1인에게 배달한다.

② 동일한 건물 내에 다수의 수취인이 있을 경우에는 관리인에게 배달할 수 있다.

③ 특별송달, 보험통상은 수취인의 요청이 있을 경우에는 무인우편물보관함에 배달할 수 있다.

④ 등기우편물을 무인우편물보관함에 배달하는 경우에는 무인우편물보관함에서 제공하는 배달 확인이 가능한 증명자료로 수령사실 확인을 대신할 수 있다.

**21** 배달의 우선순위에 대한 설명으로 옳지 <u>않은</u> 것은?

① 제1순위 : 기록취급우편물
② 제2순위 : 국제항공우편물
③ 제3순위 : 1순위, 2순위 이외의 우편물
④ 제4순위 : 여유우편물

**22** 우편물의 발송에 대한 설명으로 옳지 <u>않은</u> 것은?

① 우편물의 발송순서는 특급우편물, 보통등기우편물, 일반우편물의 순으로 발송한다.
② 일반우편물을 체결한 운송용기는 운송 송달증을 등록한 뒤에 발송한다.
③ 특수취급우편물의 체결 관리 작업이 종료한 후 우편물을 발송할 때 특수우편 송달증을 전산으로 보낸다.
④ 무료우편물은 우정사업본부장이 특별히 정하는 것을 제외한 특수취급방법을 송달함이 원칙이다.

---

**정답 및 해설**

**18** ② 【×】 우편물의 반환청구 시 배달우체국의 우편물 배달 전인 경우에는 반환사유를 기재하고 발송인에게 반송한다.

**19** ② 【○】

**오답체크**

① 【×】 우편물 운송의 우선순위는 1순위, 2순위, 3순위로 구분된다.
③ 【×】 운송의 종류는 정기운송, 임시운송, 특별운송이 있고, 임시운송은 물량의 증감에 따라 정기운송편 이외 방법으로 운송하는 것을 말한다.
④ 【×】 우편물의 안정적인 운송을 위하여 '지방우정청장'은 운송구간, 수수국, 수수시각, 차량톤수 등을 우편물 운송방법 지정서에 지정하고 정기운송을 시행한다.

**20** ③ 【×】 특별송달, 보험등기 등 수취인의 직접 수령한 사실의 확인이 필요한 우편물은 무인우편물보관함에 배달할 수 없다(우편법 시행령 제43조).

**21** ② 【×】 제2순위는 보통통상우편물(국제선편 통상우편물 중 서장 및 엽서 포함)이다. 국제항공우편물은 제1순위이다.

**22** ④ 【×】 무료우편물은 우정사업본부장이 특별히 정하는 것을 제외하고는 특수취급하지 아니한다(우편법 시행규칙 제105조 제6항).

---

**정답**　　18 ②　　19 ②　　20 ③　　21 ②　　22 ④

**23** 수취인이 휴가철 등 장기부재 시 돌아올 날짜를 미리 고지한 경우, 며칠 이후에 반송이 가능한가?

① 7일
② 10일
③ 15일
④ 20일

**24** 무인우편물보관함에 대한 설명으로 옳지 <u>않은</u> 것은?

① 수취인 또는 수취인의 동의를 받은 자만이 수령할 수 있도록 기계적·전자적인 장치를 한 것에 한하여 배달한다.
② 우편물 보관에 대한 증명자료가 제공되는 것에 한한다.
③ 특별송달, 보험등기 등은 무인우편물보관함에 배달할 수 없다.
④ CCTV가 설치된 지역에 한한다.

**25** 등기우편물의 대리수령인 배달에서 등기우편물 대리수령인 신고서를 접수할 때 확인해야 하는 것이 <u>아닌</u> 것은?

① 주민등록증에 의한 신고인의 신분 등
② 대리수령인의 동의를 받았는지 여부
③ 수취인 주소지와 같은 집배구(인접 집배구 가능) 내에 거주하는지의 여부
④ 사리를 분별할 수 있는지 여부와 무능력자 유무 여부

**26** 보관교부지의 우편물배달에 대한 설명으로 바르지 <u>않은</u> 것은?

① 보관교부지란 교통이 불편하여 통상의 방법으로 배달하기 어려운 지역으로 우정사업본부장이 정하여 고시한다.
② 보관교부지에 배달할 우편물은 배달국에서 30일 동안 보관하고 정당 수취인이 우체국에 수령하러 왔을 때 이를 확인하고 교부한다.
③ 보관교부지에 가는 등기취급우편물에 대하여는 도착한 다음 날로부터 30일간 자국에 보관한다는 뜻을 발송인에게 통지한다.
④ 보관교부지에 거주하는 사람이 일정한 장소를 지정하고 본인에게 오는 우편물을 그 곳으로 배달할 것을 요청할 때에는 그 주소와 세대주명을 명시하여야 한다.

**27** 다음 중 우편물의 신고와 개봉에 대한 설명으로 **틀린** 것은?

① 우편물의 내용이 발송인의 신고와 달라서 규정을 위반한다고 인정되면 우편관서는 발송인에게 그 개봉을 요구할 수 있다.

② 발송인이 개봉을 거부하는 경우라 하더라도 우편물을 접수하지 아니할 수 없다.

③ 우편관서는 취급 중인 우편물의 내용이 규정을 위반한 혐의가 있으면 발송인이나 수취인에게 그 우편물의 개봉을 요구할 수 있다.

④ 발송인이나 수취인이 개봉을 거부하였을 때 또는 발송인이나 수취인에게 그 개봉을 요구할 수 없을 때에는 과학기술정보통신부장관이 지정하는 우편관서의 장이 그 우편물을 개봉할 수 있다.

---

### 정답 및 해설

**23** ③【○】 휴가철 등에 장기간 집을 비울 때 우편물 배달은 다음과 같다.
1. 수취인 주소지에 동거인이 있는 경우에는 그 동거인에게 배달할 수 있다.
2. 수취인이 이웃주민 등을 통하여 돌아올 날짜를 미리 고지한 경우
- 15일 이내 : 돌아올 날짜의 다음 날에 배달
- 15일 이후 : "수취인장기부재" 표시하여 반송

**24** ④【×】

> [무인우편물보관함의 형태·위치]
> - 무인우편물보관함은 수취인 또는 수취인의 동의를 받은 자만이 수령할 수 있도록 기계적·전자적으로 수령이 가능한 것에 한하여 배달
> - 무인우편물보관함은 영수증 또는 모니터 화면 등 우편물 보관에 대한 증명자료가 제공되는 것에 한함
> - 특별송달, 보험등기 등 수취인이 직접 수령한 사실 확인이 필요한 우편물은 무인우편물보관함에 배달할 수 없다.

**25** ④【×】 등기우편물 대리수령인 지정, 해지를 신고하는 사람이 '등기우편물 대리수령인신고서'를 작성하여 수취인 관할 우체국 또는 집배원에게 제출할 때 우체국 또는 집배원은 위 ①, ②, ③ 이외에 사리를 분별할 수 있는 사람인지를 확인해야 한다. 민법상 행위무능력자인지 여부를 꼭 확인할 필요는 없다.

**26** ①【×】 보관교부지란 교통이 불편하여 통상의 방법으로 배달하기 어려운 지역을 말하며, 관할지방우정청장이 정하여 고시한다.

**27** ②【×】 발송인이 신고나 개봉을 거부할 때에는 우편물을 접수하지 아니할 수 있다(우편법 제27조 제3항).

> **우편법 제27조(우편물 내용의 신고와 개봉 요구)** ① 우편관서는 우편물을 접수할 때에 우편물 내용물의 종류와 성질에 대하여 발송인에게 신고를 받을 수 있다.
> ② 제1항의 경우 우편물의 내용이 발송인의 신고와 달라서 이 법 또는 대통령령으로 정한 규정을 위반한다고 인정되면 우편관서는 발송인에게 그 개봉을 요구할 수 있다.
> ③ 발송인이 제1항의 신고나 제2항의 개봉을 거부할 때에는 우편물을 접수하지 아니할 수 있다.

**정답**　23 ③　24 ④　25 ④　26 ①　27 ②

**28** 다음 중 우편물의 처분에 대한 설명으로 타당하지 <u>않은</u> 것은?

① 발송인의 주소나 성명이 불분명하여 되돌려 보낼 수 없는 우편물은 그 주소·성명을 알기 위하여 필요한 경우에는 우편관서에서 이를 개봉할 수 있다.

② 개봉하여도 배달하거나 되돌려 보낼 수 없는 우편물과 제32조 제1항 단서에 따라 되돌려 보내지 아니하는 우편물은 해당 우편관서에서 보관한다. 이 경우 그 우편물이 유가물(有價物)이면 보관한 날부터 1개월간 해당 우편관서의 게시판 등에 그 사실을 게시하여야 한다.

③ 보관한 우편물로서 유가물이 아닌 경우에는 보관하기 시작한 날부터 1개월 내에 내줄 것을 청구하는 자가 없을 때에는 폐기한다.

④ 유가물과 매각대금은 그 우편물을 보관한 날부터 1년 내에 내줄 것을 청구하는 자가 없을 때에는 국고에 귀속한다.

**29** 다음 중 고층건물의 우편수취함 설치에 대한 설명으로 타당하지 <u>않은</u> 것은?

① 3층 이상의 고층건물로서 그 전부 또는 일부를 주택·사무소 또는 사업소로 사용하는 건축물에는 대통령령으로 정하는 바에 따라 임의적으로 우편수취함을 설치할 수 있다.

② 건축물의 소유자 또는 관리인은 당해 건축물의 출입구에서 가까운 내부의 보기 쉬운 곳에 그 건축물의 주거시설·사무소 또는 사업소별로 우편수취함을 설치하여야 한다.

③ 고층건물의 우편수취함은 건물구조상 한 곳에 그 전부를 설치하기가 곤란한 경우에는 3층 이하의 위치에 3개소 이내로 분리하여 설치할 수 있다.

④ 고층건물 우편수취함 설치대상 건축물로서 그 1층 출입구, 관리사무실 또는 수위실 등에 우편물 접수처가 있어 우편물을 배달할 수 있는 경우에는 고층건물 우편수취함을 설치하지 아니할 수 있다.

**28** ③ 【×】 보관한 우편물로서 유가물이 아닌 경우에는 보관하기 시작한 날부터 3개월 내에 내줄 것을 청구하는 자가 없을 때에는 폐기한다.

> **우편법 제35조(환부 불능 우편물의 개봉)** 발송인의 주소나 성명이 불분명하여 되돌려 보낼 수 없는 우편물은 그 주소·성명을 알기 위하여 필요한 경우에는 우편관서에서 이를 개봉할 수 있다.
>
> **제36조(우편물의 처분)** ① 제35조에 따라 개봉하여도 배달하거나 되돌려 보낼 수 없는 우편물과 제32조 제1항 단서에 따라 되돌려 보내지 아니하는 우편물은 해당 우편관서에서 보관한다. 이 경우 그 우편물이 유가물(有價物)이면 보관한 날부터 1개월간 해당 우편관서의 게시판 등에 그 사실을 게시하여야 한다.
> ② 제1항에 따라 보관한 우편물은 다음 각 호의 구분에 따라 처리하여야 한다.
> 　1. 유가물이 아닌 경우: 보관하기 시작한 날부터 3개월 내에 내줄 것을 청구하는 자가 없을 때에는 폐기
> 　2. 유가물로서 멸실 또는 훼손의 우려가 있는 것이나 보관비용이 지나치게 많이 드는 경우: 매각하여 그 대금을 보관하되 매각하는 데에 드는 비용은 매각한 대금으로 충당
> ③ 유가물과 매각대금은 그 우편물을 보관한 날부터 1년 내에 내줄 것을 청구하는 자가 없을 때에는 국고에 귀속한다.

**29** ① 【×】 3층 이상의 고층건물로서 그 전부 또는 일부를 주택·사무소 또는 사업소로 사용하는 건축물에는 대통령령으로 정하는 바에 따라 우편수취함을 설치하여야 한다. 이는 임의적 사항이 아니라 필요적 사항이다.

> 🖉 **우편법령 관련조문**
>
> **우편법 제37조의2(고층건물의 우편수취함 설치)** 3층 이상의 고층건물로서 그 전부 또는 일부를 주택·사무소 또는 사업소로 사용하는 건축물에는 대통령령으로 정하는 바에 따라 우편수취함을 설치하여야 한다.
>
> **우편법 시행령 제50조(고층건물의 우편수취함 설치)** ① 법 제37조의2의 규정에 의한 건축물의 소유자 또는 관리인은 당해 건축물의 출입구에서 가까운 내부의 보기 쉬운 곳에 그 건축물의 주거시설·사무소 또는 사업소별로 우편수취함을 설치하여야 한다.
> ② 제1항의 규정에 의한 우편수취함의 설치 및 관리 등에 관하여 필요한 사항은 과학기술정보통신부령으로 정한다.
>
> **제51조(고층건물내의 우편물의 배달)** ① 제50조 제1항의 규정에 의한 건축물에 배달되는 통상우편물은 당해 건축물에 설치된 우편수취함에 배달한다. 다만, 제43조 제1호의 규정에 의한 경우에는 그러하지 아니하다.
> ② 법 제37조의2의 규정에 의한 건축물에 우편수취함을 설치하지 아니한 경우에는 배달우편관서에서 우편물을 보관교부 할 수 있다.
> ③ 제2항의 규정에 의한 보관교부는 그 실시일전 5일까지 그 건축물의 관리인 및 입주자에게 우편수취함설치의 촉구, 우편물의 보관사유·장소, 우편물의 수취요령 등을 통지하여야 한다.
>
> **우편법 시행규칙 제131조(고층건물우편수취함의 설치)** 영 제50조 제1항의 규정에 의한 고층건물의 우편수취함(이하 "고층건물 우편수취함"이라 한다)은 건물구조상 한 곳에 그 전부를 설치하기가 곤란한 경우에는 3층 이하의 위치에 3개소이내로 분리하여 설치할 수 있다. 다만, 고층건물 우편수취함 설치대상 건축물로서 그 1층 출입구, 관리사무실 또는 수위실 등(출입구 근처에 있는 것에 한한다)에 우편물 접수처가 있어 우편물을 배달할 수 있는 경우에는 고층건물 우편수취함을 설치하지 아니할 수 있다.
>
> **제132조(고층건물우편수취함등의 규격·구조등)** 영 제50조 제2항의 규정에 의한 고층건물우편수취함의 표준규격·재료·구조 및 표시사항은 우정사업본부장이 정하여 고시한다.

**정답**　28 ③　29 ①

**30** 고층건물의 우편수취함의 관리 · 보수에 대한 설명으로 틀린 것은?

① 고층건물우편수취함이 훼손된 경우 훼손된 날부터 10일 이내에 이를 보수하지 아니한 때에는 이를 우편수취함으로 보지 아니한다.

② 특수취급우편물 · 요금수취인부담우편물 또는 양이 많거나 부피가 커서 고층건물 우편수취함에 넣을 수 없는 우편물은 수취인에게 직접 배달하여야 한다.

③ 배달우체국에서 보관 · 교부할 우편물은 그 우편물이 배달우체국에 도착한 다음 날부터 10일간 이를 보관한다.

④ 건축물에 우편수취함을 설치하지 아니한 경우에는 배달우편관서에서 우편물을 보관교부 할 수 있고, 보관교부는 그 실시일 전 5일까지 그 건축물의 관리인 및 입주자에게 우편수취함설치의 촉구, 우편물의 보관사유 · 장소, 우편물의 수취요령 등을 통지하여야 한다.

**정답 및 해설**

**30** ① 【×】 고층건물우편수취함이 훼손된 경우 훼손된 날부터 15일 이내에 이를 보수하지 아니한 때에는 이를 우편수취함으로 보지 아니한다(우편법 시행규칙 제133조 제2항).

> ✏ **우편법령 관련조문**
>
> **우편법 시행령 제51조(고층건물내의 우편물의 배달)** ① 제50조 제1항의 규정에 의한 건축물에 배달되는 통상우편물은 당해 건축물에 설치된 우편수취함에 배달한다. 다만, 제43조 제1호의 규정에 의한 경우에는 그러하지 아니하다.
> ② 법 제37조의2의 규정에 의한 건축물에 우편수취함을 설치하지 아니한 경우에는 배달우편관서에서 우편물을 보관교부 할 수 있다.
> ③ 제2항의 규정에 의한 보관교부는 그 실시일전 5일까지 그 건축물의 관리인 및 입주자에게 우편수취함설치의 촉구, 우편물의 보관사유 · 장소, 우편물의 수취요령 등을 통지하여야 한다.
>
> **우편법 시행규칙 제133조(고층건물우편수취함의 관리 · 보수)** ① 건축물의 관리책임자 또는 사용자는 설치된 고층건물우편수취함이 그 사용에 지장이 없도록 이를 관리하여야 한다.
> ② 고층건물우편수취함이 훼손된 경우 훼손된 날부터 15일 이내에 이를 보수하지 아니한 때에는 이를 우편수취함으로 보지 아니한다.
>
> **제134조(고층건물 우편수취함에 넣을 수 없는 우편물의 배달)** 특수취급우편물 · 요금수취인부담우편물 또는 양이 많거나 부피가 커서 고층건물우편수취함에 넣을 수 없는 우편물은 수취인에게 직접 배달하여야 한다.
>
> **제135조(고층건물앞 우편물의 보관 및 환부)** ① 영 제51조 제2항의 규정에 의하여 배달우체국에서 보관 · 교부할 우편물은 그 우편물이 배달우체국에 도착한 다음 날부터 10일간 이를 보관한다.
> ② 제1항의 규정에 의한 기간이 경과하여도 우편물의 수취청구가 없는 경우에는 발송인에게 이를 환부한다.

**정답** **30** ①

# 국제우편

# 국제우편의 총설

## 국제우편의 의의 및 국제기구

**01** 국제우편 기구 및 법규에 관한 설명으로 옳은 것은? 08. 기출

① 만국우편연합(UPU) 총회는 최고 의결기관으로 2년마다 개최되며 전 회원국의 전권대표로 구성된다.
② 만국우편연합(UPU)의 상설기관은 관리이사회, 우편운영이사회 및 집행이사회가 있다.
③ 만국우편연합(UPU)의 화폐단위는 SDR(Special Drawing Rights)이고 공식 언어는 영어이다.
④ 국제특급우편(EMS)의 교환은 우리나라와 해당 국가(들) 사이에 맺은 표준다자간협정 또는 양자협정에 의해 이루어진다.

**02** 아시아·태평양우편연합(APPU : Asian-Pacific Postal Union)에 관한 설명으로 옳지 **않은** 것은? 12. 기출

① 한국과 필리핀이 공동 제의하여 1961년 1월 23일에 마닐라에서 창설대회를 개최하였다.
② 상설기관으로 관리이사회, 우편운영이사회, 국제사무국이 있다.
③ 우편업무의 발전과 개선에 관한 연구를 목적으로 우정직원의 상호교환 또는 독자적 파견을 위한 협정을 체결할 수 있다.
④ 지역 내 회원국 간의 우편관계를 확장, 촉진 및 개선하고 우편업무분야에 있어서 국제협력을 증진하는 것을 목적으로 한다.

**03** UPU의 기준 화폐는?

① USD
② IMF
③ SDR
④ SDS

**04** APPU의 기관 중 사무국의 감독기관은?

① 총회
② 관리이사회
③ 집행이사회
④ 우편운영이사

---

**정답 및 해설**

**01** ④ 【O】

오답체크

① 【×】 만국우편연합(UPU) 총회는 최고 의결기관으로 4년마다 개최되며 전 회원국의 전권대표로 구성된다.
② 【×】 만국우편연합(UPU)의 상설기관은 관리이사회, 우편운영이사회 및 국제사무국이 있다. 집행이사회는 아시아·태평양우편연합(APPU)의 기관이다.
③ 【×】 만국우편연합(UPU)의 화폐단위는 SDR(Special Drawing Rights)이고 공식 언어는 불어이다. 국제사무국에서의 업무용 언어로 불어 및 영어를 사용한다.

**02** ② 【×】 아시아·태평양우편연합(APPU)의 상설기관으로 집행이사회, 아시아·태평양우정대학, 사무국이 있다. 관리이사회, 우편운영이사회, 국제사무국은 만국우편연합(UPU)의 상설기관이다.

**03** ③ 【O】

[UPU의 기준화폐]
• 화폐 단위는 국제통화기금(IMF)의 국제준비통화인 SDR(Special Drawing Rights, 특별인출권)이다.
• 국제우편에 관한 제 요금, 중계료, 운송료, 각종 할당요금 등은 SDR을 기초로 하여 자국의 통화에 대한 일정 비율로 환산한다.

**04** ③ 【O】 사무국(Bureau)은 집행이사회의 감독 하에 회원국을 위한 연락, 통보 및 문의에 대하여 중간 연락사무소로서의 역할을 담당하며 사무국장은 총회에서 선임하고 있다. 태국의 방콕에 소재하고 있다.

**정답**  01 ④  02 ②  03 ③  04 ③

**05**   다음 설명에 해당하는 국제우편 업무 관련 국제연합체는? 22. 기출

> • 2002년 아시아 · 태평양 연안 지역 6개 국가로 결성, 2021년 12월 현재 한국 포함 11개 국가로 구성
> • 공동으로 구축한 단일 네트워크 기반 및 'The Power to Deliver'이라는 슬로건 하에 활동

① Universal Postal Union　　　　　② Asian Pacific Postal Union
③ World Logistics Organization　　④ Kahala Posts Group

**06**   다음 중 국제우편에 대한 설명으로 타당하지 <u>않은</u> 것은?

① 국제우편요금 등은 협약에서 정한 범위 안에서 과학기술정보통신부장관이 정한다.
② 국제우편요금 등은 그 일부를 감액할 수 있다.
③ 발송우편물에 붙인 부표 및 서류의 중량은 그 우편물의 중량에 산입하지 아니한다.
④ 우리나라에서 판매한 국제반신우표권은 국내우체국에서 교환하지 아니한다.

---

**정답 및 해설**

**05** ④ 【○】 Kahala Posts Group(카할라 우정 연합)에 대한 내용이다.

**오답체크**

① 【×】 Universal Postal Union(UPU, 만국우편연합)은 1874년 독일, 미국, 러시아 등 22개국이 '1874 베른 조약'에 서명함으로써 창설된 일반우편연합이 1878년 제2차 파리총회에서 개칭한 조직이다.
② 【×】 Asian Pacific Postal Union(APPU, 아시아 · 태평양우편연합)는 한국과 필리핀이 공동 제의하여 1961년 마닐라에서 한국, 태국, 대만, 필리핀 4개국이 협약에 서명함으로써 창설된 기관이다.
③ 【×】 World Logistics Organization은 현존하는 국제연합체가 아니다.

**06** ③ 【×】 발송우편물에 붙인 부표 및 서류의 중량은 그 우편물의 중량에 산입한다(국제우편규정 제6조 본문).

> **국제우편규정 제5조(국제우편요금등)** ① 국제우편요금등은 협약에서 정한 범위안에서 과학기술정보통신부장관이 정한다.
> ② 제12조의 특수취급에 관한 국제우편요금등중 협약에서 정하지 아니한 국제우편요금등은 과학기술정보통신부장관이 정한다.
>
> **제5조의2(요금등의 감액)** ① 국제우편요금등은 그 일부를 감액할 수 있다.
> ② 제1항의 규정에 의하여 국제우편요금등을 감액할 수 있는 우편물의 종류 · 수량 · 취급요건 · 감액범위 등에 관한 사항은 협약에서 정한 범위 안에서 과학기술정보통신부장관이 이를 정한다.
>
> **제6조(첨부물의 중량)** 발송우편물에 붙인 부표 및 서류의 중량은 그 우편물의 중량에 산입한다. 그러나 우표(우편요금을 표시하는 증표를 포함한다) 및 통관검사용으로 붙인 서류의 중량은 이를 산입하지 아니한다.
>
> **제7조(국제반신우표권)** ① 만국우편연합 국제사무국에서 발행된 국제반신우표권은 외국으로 발송하는 항공보통서장의 최저요금에 해당하는 우표류와 교환한다.
> ② 우리나라에서 판매한 국제반신우표권은 국내우체국에서 교환하지 아니한다.

---

**정답**　05 ④　06 ③

## 국제우편물의 종류 및 취급우체국의 구분

**01**  국제우편물의 종류가 <u>아닌</u> 것은?

① 국제통상우편물  ② 국제소포우편물

③ 국제특급우편물  ④ 국제항공우편물



**02**  다음 중 우리나라가 시행하고 있지 <u>않는</u> 국제우편물 분류에 해당하는 것은?

① 우선취급(Priority)우편물  ② 항공서간(Aerogramme)

③ 우편자루배달인쇄물(M bag)  ④ 인쇄물(Printed papers)

**03**  우리나라에서 취급하는 국제소포우편물의 종류가 <u>아닌</u> 것은?

① 소형소포우편물  ② 보통소포우편물

③ 취급주의 소포우편물  ④ 규격 외 소포우편물

---

**정답 및 해설**

**01**  ④【×】 국제항공우편물은 국제우편물의 종류가 아니다. 국제항공우편물의 종류로는 국제통상우편물, 국제소포우편물, 국제특급우편물이다.

**02**  ①【×】 취급속도에 따른 구분으로서 우선취급(Priority)우편물과 비우선취급(Non-Priority)우편물로 나누는 것은 우리나라가 아닌 일부국가에서 시행하고 있다.

**03**  ①【×】

> • 우리나라에서 취급하는 소포우편물은 다음 3종으로 구분한다. 〈개정 2005.11.4〉
> 1. 규격외소포우편물 : 「만국우편연합 소포우편 규칙」에 규정된 일반적인 규격을 초과하거나, 모양 또는 구조로 인하여 별도 취급이 필요한 소포우편물
> 2. 취급주의소포우편물 : 취급중 파손의 우려가 커서 특별한 주의를 요하는 소포우편물
> 3. 보통소포우편물 : 규격외소포우편물 또는 취급주의소포우편물에 해당되지 아니하는 소포우편물

**정답**  01 ④  02 ①  03 ①

## 04 국제통상우편물에 관한 내용으로 옳지 <u>않은</u> 것은? 08. 기출

① 우편엽서(postcard)는 직사각형이어야 한다.
② 항공서간(aerogramme)은 등기로 발송할 수 있다.
③ 소설 또는 신문원고는 인쇄물(printed papers)로 취급할 수 있다.
④ 소형포장물(small packet)은 발송절차가 소포에 비해 복잡하다.

## 05 다음 중 국제우편의 항공서간에 대한 설명으로 <u>틀린</u> 것은?

① 항공서간은 정부가 발행하는 것과 정부이외의 자가 조제하는 것으로 구분하며, 정부가 발행하는 항공서간에는 우편요금을 표시하는 증표를 인쇄할 수 없다.
② 항공서간은 원형을 변경하여 사용할 수 없으며 등기로 발송할 수 있다.
③ 항공서간에는 우표이외의 물품을 붙이지 못하며 어떠한 것도 넣어서는 안 된다.
④ 사제항공서간을 조제하는 경우에는 발송인이 아닌 자의 광고를 게재하지 아니하여야 한다.

## 06 항공등기로 접수하는 국제통상우편물 중 항공부가요금만 징수하는 우편물은? 12. 기출

① 인쇄물
② 소형포장물
③ 우편자루배달인쇄물
④ 시각장애인용 점자우편물

## 07 국제통상우편물 중 서장(Letters)에 대한 설명으로 <u>틀린</u> 것은?

① 서장(Letters)이란 특정인에게 보내는 필서 및 타자한 통신문으로 봉함한 통상우편물이다.
② 법규를 위반한 엽서, 소포우편물, 항공서간 및 인쇄물과 멸실성 생물학적 물질 및 방사성 물질이 들어있는 우편물도 포함된다.
③ 수표, 증권, 은행권, 우표, 복권 및 귀금속이 들어있는 타종의 우편물(이 경우는 등기 또는 보험서장으로 접수)이다.
④ 중량제한은 2kg까지이다.

**08** 국제통상우편물 종별 세부내용에 대한 설명으로 옳은 것은? 21. 기출

① 인쇄물로 접수할 수 있는 것은 서적, 홍보용 팸플릿, 상업광고물, 도면, 포장박스 등이다.

② 그림엽서의 경우, 앞면 윗부분에 우편엽서를 뜻하는 단어를 영어나 프랑스어로 표시해야 한다.

③ 특정인에게 보내는 통신문을 기록한 우편물, 법규 위반 엽서, 법규 위반 항공서간은 서장으로 취급한다.

④ 소형포장물의 경우, 제조회사의 마크나 상표는 내부나 외부에 기록이 가능하나, 발송인과 수취인 사이에 교환되는 통신문에 관한 참고사항은 내부에만 기록할 수 있다.

---

**정답 및 해설**

**04** ④【×】소형포장물(small packet)은 발송절차가 소포에 비해 간단하다.

> **[소형포장물이 소포우편물보다 편리한 이유]**
> • 이용조건 등 각국의 공통점이 많아 편리하다.
> • 발송절차가 소포에 비해 간단하다.
> • 신속한 통관검사 과정을 거치기 때문에 송달이 소포에 비하여 신속하다.
> • 소포와 같이 무거운 우편물과 함께 우편자루에 넣지 않고 통상우편물과 같은 우편자루에 넣기 때문에 운송도 중 충격과 압박 등으로 손상될 우려가 적고 소포에 비해 포장도 비교적 간단히 할 수 있다.

**05** ①【×】항공서간은 정부가 발행하는 것과 정부이외의 자가 조제하는 것으로 구분하며, 정부가 발행하는 항공서간에는 우편요금을 표시하는 증표를 인쇄할 수 있다.

> **국제우편규정 제15조(항공서간)** ① 항공서간은 정부가 발행하는 것과 정부이외의 자가 조제하는 것(이하 "사제 항공서간"이라 한다)으로 구분하며, 정부가 발행하는 항공서간에는 우편요금을 표시하는 증표를 인쇄할 수 있다.
> ② 항공서간은 원형을 변경하여 사용할 수 없으며 등기로 발송할 수 있다.
> ③ 항공서간에는 우표이외의 물품을 붙이지 못하며 어떠한 것도 넣어서는 아니 된다.
> ④ 제1항의 규정에 의하여 사제항공서간을 조제하는 경우에는 다음 각 호의 기준에 적합하여야 한다.
>   1. 제3조 제9호의 규정에 의하여 과학기술정보통신부장관이 고시한 내용에 적합할 것
>   2. 발송인이 아닌 자의 광고를 게재하지 아니할 것
>   3. 우편요금을 표시하는 증표를 인쇄하지 아니할 것
> ⑤ 제1항 내지 제4항의 규정을 위반한 항공서간은 이를 항공서장우편물로 본다.

**06** ④【○】시각장애인용 점자우편물은 점자로 된 서장 및 점자기호를 가진 활자판을 그 내용으로 하는 우편물이다. 항공부가요금을 제외한 모든 요금이 면제된다.

**07** ②【×】법규를 위반한 엽서, 소형포장물(소포우편물 ×), 항공서간 및 인쇄물과 멸실성 생물학적 물질 및 방사성 물질이 들어있는 우편물도 포함된다.

**08** ③【○】

**오답체크**

①【×】인쇄물로 접수할 수 있는 것은 서적, 정기간행물, 홍보용 팸플릿, 잡지, 상업광고물, 달력, 사진, 명함, 도면 등이다. 반면, 인쇄물로 접수 불가능한 것은 CD, 비디오테이프, OCR, 포장박스, 봉인한 서류 등이다.

②【×】우편엽서의 경우, 앞면 윗부분에 우편엽서를 뜻하는 영어나 프랑스어로 표시(Postcard 또는 Carte Postale)해야 한다. 다만, 그림엽서의 경우에는 꼭 영어나 프랑스어로 표시해야 하는 것은 아니다.

④【×】소형포장물의 경우, 제조회사의 마크나 상표, 발송인과 수취인 사이에 교환되는 통신문에 관한 참고사항 등은 내부나 외부에 기록이 가능하다.

---

**정답**    04 ④    05 ①    06 ④    07 ②    08 ③

**09** 국제우편 소형포장물에 대한 설명으로 옳은 것은? 24. 기출

① 우편물에 굵은 글씨로 소형포장물을 나타내는 'Small parcel' 또는 'Petit paquet'를 표시한다.

② 우편물의 내부나 외부에 발송인과 수취인 사이에 교환되는 통신문에 관한 참고 사항을 기재할 수 있다.

③ 등기소형포장물의 경우, 고객이 편리하게 국제우편스마트접수를 이용할 수 있으나 이에 따른 요금할인은 없다.

④ 세관신고서는 내용품의 가격에 따라 300SDR을 기준으로 CN22 또는 CN23을 이용하며, 우정사업본부 고시에 의해 1SDR은 현재 1,450원이다.

**10** 국제 소형포장물(Small packet)의 내용품 가격이 450SDR인 경우, 해당 우편물에 첨부해야 하는 국제우편 서식으로 옳은 것은? 14. 기출

① CN01
② CN07
③ CN22
④ CN23

**11** 〈보기〉의 국제통상우편물 중 Postcard(우편엽서)로 취급할 수 있는 것을 모두 고른 것은?

10. 기출

> 보기
> ㉠ 사진, 접힌 종이 등이 붙어 있는 우편엽서
> ㉡ 우편요금을 표시하는 증표를 인쇄한 관제엽서
> ㉢ 'Postcard'임을 표시하지 않은 사제엽서
> ㉣ 'Postcard'임을 표시하지 않은 그림엽서

① ㉠, ㉡
② ㉠, ㉢
③ ㉡, ㉣
④ ㉢, ㉣

**12** 국제통상우편물 중 우편엽서(Postcard)에 관한 설명으로 **틀린** 것은?

① 관제엽서(정부발행)와 사제엽서(정부 이외의 자가 발행)로 구분한다.

② 사제엽서는 우편요금표시 증표 인쇄를 할 수 있다.

③ 앞면 위쪽에 'Postcard' 또는 'Carte postale' 표시가 있어야 한다.

④ 앞면의 우측 반은 통신문의 기재를 금지한다.

**정답 및 해설**

**09** ② 【○】

> [소형포장물의 첨부물 등 기타 사항]
> 1. 소형포장물의 내부나 외부에 상품송장(Invoice) 첨부 가능
> 2. 우편물의 내부나 외부에 다음 사항 기록 가능
>    1) 상거래용 지시 사항
>    2) 수취인과 발송인의 주소·성명
>    3) 제조회사의 마크나 상표
>    4) 발송인과 수취인 사이에 교환되는 통신문에 관한 참고 사항
>    5) 물품의 제조업자 또는 공급자에 관한 간단한 메모, 일련번호나 등기번호, 가격·무게·수량·규격에 관한 사항, 상품의 성질, 출처에 관한 사항

**오답체크**

① 【×】 주소기록이면 좌측 상단이나 발송인 주소·성명기록란 아래에 굵은 글씨로 소형포장물을 나타내는 'Small packet' 또는 'Petit paquet'를 표시한다.

③ 【×】 등기소형포장물의 경우, 고객이 편리하게 국제우편스마트접수를 이용할 수 있으며 이에 따른 요금할인이 있다.

④ 【×】 발송 절차가 소포에 비해 간단하다. 첨부해야 하는 세관신고서는 내용품의 가격에 따라 300SDR 이하인 경우는 기록 요령이 간단한 CN22를, 300SDR을 초과하는 경우는 CN23을 이용한다.

※ SDR(Special Drawing Right; 특별인출권)환율 : 1SDR＝1,749원(2020.09.01.우정사업본부 고시 제2020-45호)

**10** ④ 【○】 소형포장물(Small packet) 내용품이 450,000원(300SDR) 이하일 경우는 세관표지(CN22)를 붙이고, 450,000원이 초과될 경우는 세관신고서(CN23)를 첨부한다.

**11** ③ 【○】 국제통상우편물 중 Postcard(우편엽서)로 취급할 수 있는 것은 ⓛ 우편요금을 표시하는 증표를 인쇄한 관제엽서, ② 'Postcard'임을 표시하지 않은 그림엽서이다.

> [우편엽서(Postcard)의 요건]
> ① 우편엽서는 직사각형이어야 하고 우편물 취급에 어려움이 없도록 튼튼한 판지나 견고한 종이로 제조되어야 하며, 돌출 또는 불룩한 양각부분이 없어야 한다.
> ② 관제엽서는 우편요금을 표시하는 증표를 인쇄할 수 있으나 사제엽서는 그렇지 않다.
> ③ 그림엽서를 제외한 우편엽서는 앞면 윗부분에 우편엽서를 뜻하는 영어나 불어로 표시('Postcard' 또는 'Carte postale')되어야 한다. 그림엽서는 이를 표시하는 것이 의무사항은 아니다.
> ④ 최소한 앞면의 우측 반은 수취인의 주소와 성명·요금납부표시, 업무지시 또는 업무표지를 위하여 사용할 수 있도록 통신문의 기재를 금지한다.
> ⑤ 엽서에 관한 규정을 따르지 아니한 우편엽서는 서장으로 취급하되, 뒷면에 요금납부표시를 하는 경우에는 예외로 하고, 그러한 엽서는 미납으로 간주하여 처리한다.

**12** ② 【×】 사제엽서는 우편요금표시 증표 인쇄를 할 수 없다.

**정답**  **09** ②  **10** ④  **11** ③  **12** ②

**13** 국제통상우편물 중 항공서간(Aerogramme)에 대한 설명으로 <u>틀린</u> 것은?

> ㉠ 세계 모든 지역에서 공통된 단일요금이 적용된다.
>
> ㉡ 1매의 종이를 접어 편지지와 봉투를 겸한 직사각형의 봉함엽서 형태이다.
>
> ㉢ 외부에 'Aerogramme' 표시를 해야 한다.
>
> ㉣ 등기취급이 가능하지 않다.
>
> ㉤ 우표이외의 물품도 붙일 수 있으나, 어떠한 것도 넣을 수 없다.
>
> ㉥ 관제 및 사제항공서간으로 구분하며, 사제항공서간의 중량은 50g이다.

① ㉠, ㉡, ㉢　　　　　　　　　② ㉠, ㉢, ㉣
③ ㉠, ㉣, ㉤　　　　　　　　　④ ㉣, ㉤, ㉥

**14** 국제우편 소형포장물에 대한 설명으로 옳지 <u>않은</u> 것은? <sup>23. 기출</sup>

① 내용품 검사를 위해 쉽게 열어볼 수 있도록 봉하여야 한다.
② 우편물의 내부 또는 외부에 상품송장(Invoice)을 첨부할 수 있다.
③ 내용품 가격이 300SDR 이하인 경우 CN22, 300SDR을 초과할 경우에는 CN23을 첨부한다.
④ 국제통상우편물에 속하며, 과학기술정보통신부장관이 필요하다고 인정하여 고시하는 우편물이다.

**15** 국제통상우편물 중 인쇄물에 대한 설명으로 타당하지 <u>않은</u> 것은?

① 종이, 판지 및 기타 인쇄에 사용되는 재료에 2부 이상 동일사본으로 생산된 복사물이다.
② 시사적이고 개인적인 통신문 성질의 서류도 동봉이 허용된다.
③ 신속하고 간편하게 검사를 받을 수 있도록 포장되어야 한다.
④ 중량제한은 5kg까지이다.

**16** 국제우편에서 인쇄물의 요건을 갖추지 않았지만 인쇄물(Printed papers)로 취급하는 것이 <u>아닌</u> 것은?

① 학교에서 학생들에게 보내는 통신강의록, 학생들의 과제 원본, 채점답안
② 판지에 2부 이상을 생산한 복사물 소설 또는 신문원고
③ 소설 또는 신문원고, 필서한 악보
④ 동시에 여러 통을 발송하는 컴퓨터프린트 또는 타자기에 의한 인쇄물

**17** 〈보기〉에서 국제우편 인쇄물로 접수가 가능한 것의 총 개수는? 23. 기출

> 보기
>
> ㄱ. 서적          ㄴ. 정기간행물          ㄷ. CD          ㄹ. 비디오테이프
> ㅁ. OCR          ㅂ. 포장박스          ㅅ. 봉인한 서류          ㅇ. 홍보용 팸플릿
> ㅈ. 잡지          ㅊ. 상업광고물          ㅋ. 달력

① 4개                    ② 5개
③ 6개                    ④ 7개

---

## 정답 및 해설

**13** ④ 【×】 ㄹ, ㅁ, ㅂ
- ㄹ 【×】 등기취급이 가능하다.
- ㅁ 【×】 우표이외의 물품을 붙이지 못하며, 어떠한 것도 넣을 수 없다.
- ㅂ 【×】 관제 및 사제항공서간으로 구분하며, 사제항공서간의 중량은 5g이다.

**14** ④ 【×】 소형포장물은 「만국우편협약」에 따라 정하여진 우편물 종류로서 소포우편물과는 달리 이용 조건 등에 각 국 공통점이 많아 이용이 편리한 우편물을 말한다. 다만, K-Packet은 「국제우편규정」 제3조, 제9조에 따라 과학기술정보통신부장관이 고시한 국제우편서비스에 해당한다.

> **국제우편규정 제3조(국제우편물의 종류)** ① 우리나라와 외국 간에 교환하는 우편물(이하 "국제우편물"이라 한다)의 종류는 다음 각 호와 같다.
> 1. 통상우편물
> 2. 소포우편물
> 3. 특급우편물
> 4. 그 밖에 과학기술정보통신부장관이 필요하다고 인정하여 고시하는 우편물

**15** ② 【×】 시사적이고 개인적인 통신문 성질의 서류는 동봉이 금지된다.

**16** ② 【×】 판지에 2부 이상을 생산한 복사물은 국제우편규정에서 규정 요건을 갖춘 인쇄물이다.

> **[인쇄물의 요건을 갖추지 않은 것 중 인쇄물로 취급하는 것]**
> 1. 관계학교의 교장을 통하여 발송하는 것으로 학교의 학생 간에 교환되는 서장 및 엽서
> 2. 학교에서 학생들에게 보낸 통신강의록 및 학생들의 과제원본과 채점답안
> 3. 소설 또는 신문원고
> 4. 필서한 악보
> 5. 복사사진
> 6. 동시에 여러 통을 발송하는 컴퓨터프린터 또는 타자기에 의한 인쇄물

**17** ③ 【○】 포장물과 봉인한 서류와 플라스틱으로 된 우편물은 국제우편 인쇄물에 해당하지 않으므로, 접수가 가능한 것의 개수는 서적(ㄱ), 정기간행물(ㄴ), 홍보용 팸플릿(ㅇ), 잡지(ㅈ), 상업광고물(ㅊ), 달력(ㅋ) 등 모두 6개이다.

**정답**   13 ④   14 ④   15 ②   16 ②   17 ③

**18** 국제통상우편물 중 소형포장물에 대한 설명으로 옳지 <u>않은</u> 것은?

① 소포우편물과 성질이 같으나 소형으로 중량이 가벼운 2kg 이내의 상품이나 선물발송 시 이용할 수 있다.

② 내용품이 450,000원(300SDR) 이하일 경우는 세관표지(CN22)를 붙이고 450,000원이 초과될 경우는 세관신고서(CN23)의 첨부를 정확히 작성하고 구체적으로 기재하지 않을 경우 상대국 반송처리 및 통관지연으로 인한 최종 배달의 지연을 야기할 수 있다.

③ 현실적이고 개인적인 통신문 성격의 서류동봉은 금지된다.

④ 소형포장물 내부 또는 외부에 개봉한 송장(INVOICE)의 첨부가 가능하며, 중량제한은 2kg까지이다.

**19** 다음 중 개인적인 통신문 성격의 서류동봉이 가능한 국제우편물은?

① 인쇄물(Printed papers)

② 소형포장물(Small packet)

③ 시각장애인용 점자우편물(Literature for the blind)

④ 국제소포우편물

**20** 시각장애인용 점자우편물에 대한 설명으로 <u>틀린</u> 것은?

① 점자로 된 서장 및 점자기호를 가진 활자판을 그 내용으로 하는 우편물이다.

② 항공부가요금을 포함하여 모든 요금이 면제된다.

③ 시사적이고 개인적인 통신문 성질의 서류동봉이 금지된다.

④ 중량제한은 7kg까지이다.

**21** K-Packet에 대한 설명으로 옳은 것을 〈보기〉에서 모두 고른 것은? 18. 기출 변형

> 보기
> ㄱ. 3개월 이상 연속하여 발송실적이 없는 경우 우체국은 계약을 해지할 수 있다.
> ㄴ. 고객맞춤형 국제우편서비스로서 평균 송달기간은 7 ~ 10일이다.
> ㄷ. 해외로 발송하는 2kg 이하 소형물품을 인터넷우체국이나 인터넷우체국이 제공하는 API시스템을 통해 온라인으로 접수한다.
> ㄹ. 1회 배달 성공률 향상을 위해 해외우정당국과 제휴하여 배달국가에서 반드시 수취인 서명을 받도록 하였다.

① ㄱ, ㄷ
② ㄱ, ㄹ
③ ㄴ, ㄷ
④ ㄴ, ㄹ

**22** 국제우편 K-Packet에 대한 설명으로 옳은 것은? 22. 기출

① 국제우편규정에 따라 우정사업본부장이 고시한 전자상거래용 국제우편서비스이다.
② EMS와 같은 경쟁서비스이며 고객맞춤형 국제우편서비스로서 평균송달기간은 5 ~ 6일이다.
③ 'L'로 시작하는 우편물번호를 사용하며, 1회 배달 성공률 향상을 위해 해외우정당국과 제휴하여 발송인 서명 없이 배달하기로 약정한 국제우편서비스이다.
④ 제휴(서비스)국가는 우정사업본부장이 고시하여 정한다.

---

### 정답 및 해설

18 ③ 【×】 현실적이고 개인적인 통신문 성격의 서류동봉이 가능하다.

19 ② 【○】 인쇄물, 시각장애인용 점자우편물, 국제소포우편물은 개인적인 통신문 성격의 서류동봉이 금지된다.

20 ② 【×】 항공부가요금을 제외한 모든 요금이 면제된다.

21 ③ 【○】 ㄴ, ㄷ
ㄱ. 【×】 6개월 이상 연속하여 발송실적이 없는 경우 우체국은 계약을 해지할 수 있다.
ㄹ. 【×】 1회 배달 성공률 향상을 위해 해외 우정당국과 제휴하여 배달국가에서 수취인 서명 없이 배달한다.

22 ④ 【○】
오답체크
① 【×】 국제우편 K-packet은 국제우편규정 제3조, 제9조에 따라 과학기술정보통신부장관이 고시한 전자상거래용 국제우편서비스이다.
② 【×】 국제우편 K-Packet의 평균송달기간은 7 ~ 10일이다.
③ 【×】 'L'로 시작하는 우편물번호를 사용하며, 1회 배달 성공률 향상을 위해 해외우정당국과 제휴하여 수취인 서명 없이 배달하기로 약정한 국제우편서비스이다.

**정답** 18 ③   19 ②   20 ②   21 ③   22 ④

**23** 국제통상우편물에 대한 설명으로 옳은 것은? 18. 기출

① 항공서간은 세계 모든 지역에 대해 단일요금이 적용된다.
② 소설 원고, 신문 원고, 필사한 악보는 인쇄물로 취급하지 않는다.
③ 소형포장물에는 개인적인 통신문 성격의 서류를 동봉할 수 없다.
④ 시각장애인용 우편물은 항공부가요금을 포함한 모든 요금이 면제된다.

**24** 우편자루배달(M-bag) 또는 인쇄물에 대한 설명으로 <u>틀린</u> 것은 몇 개인가?

> ㉠ 동일인이 동일 수취인에게 한꺼번에 다량의 인쇄물을 1개 또는 그 이상의 우편자루에 직체결
>    하여 발송하는 국제통상우편물이다.
> ㉡ 우편자루 제한 중량은 10kg ~ 30kg이며, 우편자루 내 각 우편물의 중량은 5kg 이하이어야
>    한다.
> ㉢ 특수취급(등기, 배달통지)은 가능하지 않다.
> ㉣ 우편자루에 담긴 인쇄물의 각 묶음에도 수취인의 주소를 표시한다.
> ㉤ 통관회부료는 우편요금을 포함하여 2,500원을 징수한다.
> ㉥ 우편물을 넣은 국제우편자루(M-bag)를 다시 국내용 우편자루에 넣어 국제우체국으로 발송
>    하되 국명표 및 송달 중에 'M'표시를 한다.

① 1개                        ② 2개
③ 3개                        ④ 없음

**25** 국제통상우편물을 접수할 때 제한중량이 가장 큰 것은? 14. 기출

① 서장(Letters)
② 인쇄물(Printed papers)
③ 소형포장물(Small packet)
④ 시각장애인용 점자우편물(Literature for the blind)

**26** 국제소포우편물에 대한 설명으로 <u>틀린</u> 것은?

① 서장과 통화 이외의 물건을 포장한 우편물이다.
② 통상적이고 개인적인 통신문 성격의 서류는 동봉이 허용된다.
③ 발송인과 수취인 또는 그 동거인 이외의 사람들 간에 교환되는 모든 종류의 통신문은 소포
   우편물 금지물품에 해당한다.
④ 국제소포우편물의 종류는 보통소포와 기타소포로서의 보험소포와 우편사무소포가 이다.

**27** **국제소포우편물 접수 시 기표지(운송장) 작성에 대한 설명으로 옳지 않은 것은?** 22. 기출

① 도착국가에서 배달불능 시, 발송인이 우편물을 돌려받지 않길 원할 경우 '□ Treat asabandoned 포기'를 선택하여 ∨ 또는 × 표시한다.

② 항공우편물의 Actual weight 실중량, Volume weight 부피중량, 요금, 접수우체국명/접수일자 등을 접수 담당자가 정확하게 기재한다.

③ 중량기재 시 보통소포는 100g 단위로 절상하고, 보험소포는 10g 단위로 절상하여야 한다.

④ 보험소포의 보험가액을 잘못 기재한 경우 1회에 한하여 정정이 가능하나, 이후에 잘못 기재한 경우는 기표지를 새로 작성하여야 한다.



**정답 및 해설**

23 ① 【○】

오답체크

② 【×】 소설 원고, 신문 원고, 필사한 악보를 인쇄물로 취급한다.

③ 【×】 소형포장물(Small Packet)에는 현실적이고 개인적인 통신문 성격의 서류를 동봉할 수 있다. 또한 소형포장물의 내부 또는 외부에 상품송장(Invoice)도 첨부할 수 있다.

④ 【×】 시각장애인용 우편물(Items for the Blind)은 항공부가요금을 제외한 모든 요금이 면제된다.

24 ③ 【×】 ㉡, ㉢, ㉤

㉠ 【○】 동일인이 동일 수취인에게 한꺼번에 다량의 인쇄물을 1개 또는 그 이상의 우편자루에 직체결하여 발송하는 국제통상우편물이다.

㉡ 【×】 우편자루 제한 중량은 10kg ~ 30kg이며, 우편자루 내 각 우편물의 중량은 2kg 이하이어야 한다.

㉢ 【×】 특수취급(등기, 배달통지)이 가능하다. 단, 등기는 취급국가가 제한되어 있다.

㉣ 【○】 우편자루에 담긴 인쇄물의 각 묶음에도 수취인의 주소를 표시한다.

㉤ 【×】 통관회부료는 우편요금과 별도로 2,500원을 징수한다.

㉥ 【○】 우편물을 넣은 국제우편자루(M-bag)를 다시 국내용 우편자루에 넣어 국제우체국으로 발송하되 국명표 및 송달 중에 'M'표시를 한다.

25 ④ 【○】 항공서간 5g, 서장 2kg, 소형포장물 2kg, 우편엽서 2kg, 인쇄물 5kg, 시각장애인용 점자우편물 7kg, 우편자루 30kg이다. 따라서 제한중량이 큰 순서는 시각장애인용 점자우편물 > 인쇄물 > 소형포장물 = 서장 이므로 가장 큰 것은 시각장애인용 점자우편물이다.

26 ② 【×】 통상적이고 개인적인 통신문 성격의 서류는 동봉을 금지한다.

27 ④ 【×】 보험소포의 보험가액을 잘못 기재한 경우 지우거나 수정하지 말고 발송인에게 주소기표지(운송장)를 다시 작성하도록 요구해야 한다.

**정답** 23 ① 24 ③ 25 ④ 26 ② 27 ④

**28** 국제소포우편물에 대한 설명으로 옳은 것은?

① 보통소포는 기록취급하며, 배달통지 등 특수취급도 가능하다.
② 보통소포의 주소기표지상 중량은 10g 단위로 절상표기 한다.
③ 보험소포는 내용품의 전부 또는 일부가 분실, 도난, 훼손된 경우 보험가액 한도 내에서 실제로 발생된 손해액을 배상하는 소포이이며 주소기표지상 중량은 100g 단위로 절상표기 한다.
④ 보험소포는 소포우편물 가격의 전부도 보험가입이 가능하며, 보험가액은 한번 작성 후에도 정정이 가능하므로 잘못 적었을 경우 주소기표지를 수정할 수 있다.

**29** 국제 보통소포우편물 접수 시 유의할 사항으로 옳지 <u>않은</u> 것은?

① 용적 및 중량 제한 저촉 여부를 검사한다.
② 내용품이 금지물품인지 검사한다.
③ 검사결과, 잘못을 발견하였을 때 발송인에게 보완을 요구할 수 있으나 불응 시에도 접수는 거절할 수 없다.
④ 접수 우체국 보관용은 복사내용이 희미하더라도 덧쓰는 일이 없도록 하며 자르거나 하지 말고 원형대로 보관한다.

**30** 국제 보통소포우편물의 주소기표지 작성에 대한 설명으로 옳지 <u>않은</u> 것은? 14. 기출

① 주소기표지에는 도착국가에서 필요한 서식(송장, 세관신고서)이 포함되어 있지 않기 때문에 발송인은 통관 수속에 필요한 서류를 첨부해야 한다.
② 내용품의 중량을 측정하는 경우 100g 미만의 단수는 100g 단위로 절상한다.
③ 주소기표지의 제2면은 접수우체국에서 보관하고, 제3면은 발송인에게 교부하며, 제1면, 제4면, 제5면, 제6면은 소포우편물에 붙여 발송한다.
④ 우편물 번호가 'CP'로 시작되는 주소기표지를 사용한다.

**31** 국제우편 종류별 접수방법에 대한 설명으로 옳은 것은? 19. 기출 변형

① 보험소포우편물 취급 시 중량이 '8kg 883g'인 경우, '8,900g'으로 기록한다.
② 우편자루배달 인쇄물 접수 시 하나의 소포우편물로 취급하며, 우편요금과 별도로 통관절차 대행수수료 4,000원을 징수한다.
③ 국제특급우편물(EMS)의 접수 시 보내는 사람및 받는 사람의 전화번호, 우편번호 세관표지(CN22, 서류용 주소기표지), 세관신고서(CN23, 비서류용 주소기표지) 등은 접수우체국 기재 사항이다.
④ K-Packet의 발송인란에는 통관, 손해배상, 반송 등의 업무처리를 위해 반드시 한 명의 주소 및 성명을 기재해야 한다.

**32** 〈보기〉의 조건을 모두 충족하는 국제우편물 취급우체국은? 23. 기출

> 보기
> ㄱ. 국제우편물의 접수와 배달 업무를 수행
> ㄴ. 국제우편물을 직접 외국으로 발송하고, 외국에서 오는 우편물을 받는 업무를 수행
> ㄷ. 관세청장이 지정한 우체국으로 세관공무원이 주재하거나 파견되어 국제우편물의 수출입에
>    관한 세관검사를 실시

① 중부권광역우편물류센터      ② 인천해상교환우체국
③ 부산국제우편물류센터      ④ 국제우편물류센터



---

**정답 및 해설**

**28** ① 【○】

오답체크

② 【×】 보통소포의 주소기표지상 중량은 100g 단위로 절상표기 한다.

③ 【×】 보험소포는 내용품의 전부 또는 일부가 분실, 도난, 훼손된 경우 보험가액 한도 내에서 실제로 발생된 손해액을 배상하는 소포이며 주소기표지상 중량은 10g 단위로 절상표기 한다.

④ 【×】 보험소포는 소포우편물 가격의 일부만 보험가입이 가능하며, 보험가액은 한번 작성 후에는 정정이 불가능하므로 잘못 적었을 경우 주소기표지를 다시 작성해야 한다.

**29** ③ 【×】 검사결과, 잘못을 발견하였을 때 발송인에게 보완을 요구하며 만약 불응 시 접수를 거절할 수 있다.

**30** ① 【×】 국제소포우편물 주소기표지에는 도착국가에서 필요한 서식(송장, 세관신고서)이 포함되어 있으므로 이러한 서식을 별도 작성하여 첨부할 필요가 없다. 다만, 발송인이 필요하다고 인정하는 경우에는 우리나라와 도착국가에서의 통관 수속에 필요한 모든 서류(상업송장, 수출허가서, 수입허가서, 원산지증명서, 건강증명서 등)를 첨부할 수 있다.

**31** ④ 【○】

오답체크

① 【×】 보험소포우편물의 중량은 10g 단위로 표시하고, 10g 미만의 단수는 10g으로 절상한다. 따라서 '8kg 883g'인 경우에는 '8,890g'으로 기록한다.

② 【×】 우편자루배달 인쇄물 접수 시 하나의 통상우편물로 취급하며, 우편요금과 별도로 통관절차대행수수료 4,000원을 징수한다.

> **[통관절차대행수수료(수입) : 관세 부과된 우편물]**
> • 도착통상우편물 : 2,000원
> • 우편자루배달 인쇄물(M-bag) : 4,000원
> • 도착 및 반착 소포 : 4,000원
> • 도착 국제특급우편물 : 4,000원

③ 【×】 국제특급우편물(EMS)의 접수 시 보내는 사람 및 받는 사람의 전화번호, 우편번호 세관표지(CN22, 서류용 주소기표지), 세관신고서(CN23, 비서류용 주소기표지) 등은 발송인 기재 사항이다.

**32** ④ 【○】 국제우편물을 직접 외국으로 발송하고, 외국에서 오는 우편물을 받는 업무를 수행하는, 즉 교환업무를 취급하는 우체국이다. 현재 국제우편물류센터, 부산국제우체국, 인천해상교환우체국 세 곳이 있으며, 국제우편물류센터와 부산국제우체국은 통관국과 통상국의 업무를 겸하고 있으며, 인천해상교환우체국은 통관국의 업무를 수행하고 있다. 국제우편물류센터는 항공우편물의 교환업무, 부산국제우체국은 선편우편물의 교환업무, 인천해상교환우체국은 해상특송우편물, 복합환적우편서비스의 교환업무 담당한다. 국제우편의 관문 구실을 한다.

---

**정답**    28 ①    29 ③    30 ①    31 ④    32 ④

**01** 국제통상우편물의 접수에 관한 설명으로 **틀린** 것은?

① 봉투 가장자리에 유색의 줄이 있는 봉투는 항공우편물에 한하여 사용한다.

② 우편자루배달인쇄물(M-bag)은 접수 시에 하나의 특급우편물로 취급한다.

③ 소형포장물의 접수는 무게 계량, 세관신고서(CN22)를 작성 450,000원 초과일 때에는 CN23을 작성·첨부한다.

④ 시각장애인용 점자우편물의 접수는 등기로 접수할 때 등기취급수수료는 무료이다.

**02** 국제우편 스마트 접수에 대한 설명으로 옳지 <u>않은</u> 것은? 22. 기출 변형

① 접수대상 우편물은 EMS(EMS프리미엄), 국제소포(항공·선편), 등기소형포장물(항공)이다.

② 국제우편 스마트 접수 우편물에 대해서는 우편물 종별에 관계 없이 스마트 접수 요금할인이 5% 적용된다.

③ 국제우편 스마트 접수 우편물 중 대상우편물에 따라 방문(픽업)접수가 가능한 우편물과 그렇지 못한 우편물이 있다.

④ 국제우편 접수채널의 다양화를 통해 이용고객의 편의증진 및 접수창구요원의 접수부담 경감에 기여한다.

**03** 국제우편물의 종류별 접수에 관한 설명으로 옳은 것은? 22. 기출

① 우편자루배달 인쇄물의 등기취급은 미국, 캐나다 등 북미권역과 유럽, 아시아 등 만국우편연합 회원국가 간 발송에 제한이 없다.

② 시각장애인이나 공인된 시각장애인 기관에서 발송하는 공무를 위한 모든 우편물은 시각장애인용우편물로 취급 가능하다.

③ 소형포장물은 현실적이고 개인적인 통신문의 서류 동봉이 가능하며, 내용품의 탈락을 방지하기 위하여 단단히 밀봉하여야 한다.

④ 보험소포의 보험가액은 'Insured Valuewords 보험가액-문자' 칸과 'Figures 숫자' 칸에 영문과 아라비아 숫자로 원화(KRW) 단위로 기재한다.

**04** 다음 중 국제우편물에 있어서 발송우편물의 외부기재사항이 <u>아닌</u> 것은?

① 발송우편물에는 그 표면에 수취인 및 발송인의 주소 우편번호(우편번호를 사용하는 지역에 한한다) 및 성명을 지워지지 아니하는 재료로 명확하게 기재하여야 한다.

② 기재사항은 로마문자와 아라비아숫자로 기재하되, 우편물을 배달하는 나라에서 일반적으로 통용되는 문자가 있는 경우에는 그 문자로 함께 기재할 수 있다.

③ 이 경우 나라의 이름과 도시의 이름은 대문자로 기재하고 밑줄을 그을 수 있다.

④ 발송우편물의 취급방법에 관한 사항은 발송인의 주소·성명 밑에 불어로 기재하거나 그 우편물을 배달하는 나라에서 일반적으로 통용되는 문자로 기재한다. 이 경우 한글로 된 번역문을 함께 기재할 수 있다.

---

**정답 및 해설**

**01** ② 【×】 우편자루배달인쇄물(M-bag)은 접수 시에 하나의 통상우편물로 취급한다.

**02** ② 【×】 국제우편 스마트 접수 대상 우편물에서 EMS프리미엄과 국제소포는 요금할인 해택이 없다.

**03** ④ 【○】

오답체크

① 【×】 우편자루배달 인쇄물은 일반으로는 어느 나라든지 보낼 수 있으나, 등기는 취급하는 나라가 제한된다 (2021년 12월 기준 미국, 캐나다의 경우 우편자루배달 인쇄물 등기 미취급).

② 【×】 시각장애인용 우편물이란 시각장애인이나 공인된 시각장애인 기관에서 발송하거나 수신하는 경우에 해당하며, 녹음물, 서장, 시각장애인용 활자가 표시된 금속판을 포함한다. 또한 소인 여부를 떠나 우표나 요금인영증지나 금전적 가치를 나타내는 어떠한 증서도 포함할 수 없으며 우편물을 봉함하지 않는 등의 발송요건을 갖추어야 한다.

③ 【×】 소형포장물은 현실적이고 개인적인 통신문의 서류 동봉이 가능하며, 소형포장물을 봉할 때에는 내용품 검사를 위하여 이를 쉽게 열어볼 수 있도록 하여야 한다.

**04** ③ 【×】 이 경우 나라의 이름과 도시의 이름은 대문자로 기재하고 밑줄을 긋지 아니하여야 한다(국제우편규정 제8조 제2항).

> **국제우편규정 제8조(발송우편물의 외부기재사항)** ① 발송우편물에는 그 표면에 수취인 및 발송인의 주소 우편 번호(우편번호를 사용하는 지역에 한한다) 및 성명을 지워지지 아니하는 재료로 명확하게 기재하여야 한다.
> ② 제1항의 기재사항은 로마문자와 아라비아숫자로 기재하되, 우편물을 배달하는 나라에서 일반적으로 통용 되는 문자가 있는 경우에는 그 문자로 함께 기재할 수 있다. 이 경우 나라의 이름과 도시의 이름은 대문자 로 기재하고 밑줄을 긋지 아니하여야 한다.
> ③ 발송우편물의 취급방법에 관한 사항은 발송인의 주소·성명 밑에 불어로 기재하거나 그 우편물을 배달하 는 나라에서 일반적으로 통용되는 문자로 기재한다. 이 경우 한글로 된 번역문을 함께 기재할 수 있다.

**정답** 　01 ② 　02 ② 　03 ④ 　04 ③

**05** **국제소포에 대한 설명으로 옳은 것은?** 24. 기출

① 접수검사 시 중계국가와 우리나라의 소포 교환 여부, 접수 중지 여부를 확인한다.

② 보통소포의 경우에는 기록 취급하지 않으나 등기취급을 부가할 경우, 기록 취급이 가능하다.

③ 발송인이 작성 제출한 주소기표지(운송장)에는 도착 국가명, 중량, 요금 등을 접수담당자가 기재한다.

④ 항공소포는 실중량(Actual weight)산정을 위해 우편물의 가로(cm), 세로(cm), 높이(cm)를 주소기표지(운송장)에 기재한다.

**06** **국제 보통소포우편물의 접수요령으로 옳지 않은 것은?**

① 검사결과, 잘못을 발견하였을 때에는 발송인에게 보완을 요구하며, 만약 불응 시 접수를 거절한다.

② 발송인으로 하여금 국제소포우편물 주소기표지를 작성하게 하여 소포우편물 외부에 떨어지지 않도록 붙이며, 발송인이 주소기표지를 기재할 때에는 오른쪽 아래 부분의 지시사항란(Sender's instruction)을 반드시 기록하여야 한다.

③ 주소기표지의 소포우편물 중량과 요금은 정정이 불가하며, 오기재 시 재작성하여야 한다.

④ 접수우체국 보관용은 복사내용이 희미하더라도 덧쓰는 일이 없도록 하며 자르거나 하지 말고 원형대로 보관한다.

**07** **다음의 우정당국들이 가입한 국제연합체에 대한 설명으로 옳은 것은?** 24. 기출

① 국제특송 시장에서의 주도권 확보 및 EMS 경쟁력 향상을 목적으로 결성되었으며, 사무국은 태국에 소재하고 있다.

② 연합체의 역할 확대를 위해 최근 K-Packet 등 여러 상품을 주력 우편 상품으로 취급하고 있다.

③ 슬로건은 'The Passion to Deliver'이다.

④ 약속한 날짜보다 하루라도 지연 배달될 경우, 우편요금을 배상해 주는 고품질 서비스를 운영한다.

**08** 국제특급우편 보험에 대한 설명으로 옳은 것을 모두 고른 것은?

> ㉠ 우리나라와 EMS를 교환하는 모든 EMS에 대하여 보험취급이 가능한 것은 아니다.
> ㉡ 내용품의 가치는 객관적인 가치를 의미한다.
> ㉢ 손해배상 금액에는 납부한 우편요금은 포함되지 않는다.
> ㉣ 손해배상 금액에 보험취급수수료는 제외된다.

① ㉠, ㉡  
② ㉡, ㉢  
③ ㉢, ㉣  
④ ㉡, ㉣



---

### 정답 및 해설

**05** ③ 【○】

**오답체크**

① 【×】 도착국가와 우리나라의 소포 교환 여부, 접수 중지 여부를 확인한다.  
② 【×】 국제소포는 등기가 기본적인 사항이다.  
④ 【×】 실제중량(Actual weight)과 부피중량(Volume weight)을 기록한 후 두 가지 중량 중 높은 쪽의 중량에 해당하는 요금을 적용한다(선편소포는 부피중량 적용대상이 아님).  
※ 부피중량 산정을 위해 우편물의 가로(cm), 세로(cm), 높이(cm)를 정확히 기재한다.

**06** ② 【×】 발송인이 주소기표지를 기재할 때에는 왼쪽 아래 부분의 지시사항란(Sender's instruction)을 반드시 기록하여야 한다.

**07** ④ 【○】 카할라 우정연합체 국가로 발송하는 EMS에 대해 배달보장일자를 고객에게 제공하며, 제공한 배달예정일보다 하루라도 지연배달된 경우 우편요금을 배상해 주는 고품질 서비스를 운영한다.

**오답체크**

① 【×】 사무국은 홍콩에 소재하고 있으며, 회원국은 10개국('24.12월 현재)이 가입되어 있다.  
② 【×】 민간특송사에 대한 경쟁력 확보를 위한 사전통관 정보 제공 및 카할라 우정연합 국가간 서비스 품질을 제고하여 국제특급우편(EMS)매출 성장에 기여한다.  
③ 【×】 카할라 우정연합의 슬로건: 「The Power to Deliver」

**08** ④ 【○】 ㉡, ㉣  
㉠ 【×】 우리나라와 EMS를 교환하는 모든 EMS에 대하여 보험취급이 가능하다.  
㉢ 【×】 손해배상 금액에는 납부한 우편요금도 포함된다.

---

**정답** 05 ③  06 ②  07 ④  08 ④

**09** 국제 보험소포우편물 접수요령에 대한 설명으로 **틀린** 것은?

① 보험소포우편물은 특히 포장을 튼튼히 한 후 쉽게 뜯지 못하도록 봉함하였는지 확인하여야 한다.

② 요금과 중량의 정정이 불가능한 점과 주소기표지를 붙이고 계인하는 점도 보통소포우편물의 경우와 같다.

③ 보험소포우편물의 중량은 100g 단위로 표시하고 100g 미만의 단수는 100g으로 절상한다.

④ 보험가액은 오기재하였다 하더라도 지우거나 정정할 수 없으며, 연필로 기재해서는 안 된다.

**10** 국제우편 보험취급(Insured)에 대한 설명으로 **옳은** 것은? 24. 기출

① 우편취급국을 제외한 모든 우체국에서 취급이 가능하다.

② 보험취급한 통상우편물을 등기보험서장(Insured Letter)이라 한다.

③ 중요서류, 유가증권 등 부피가 작은 귀중품은 보험소포로 접수를 권유한다.

④ 국제우편물 발송조건(포스트넷·인터넷우체국)에서 취급국가 및 보험가액 최저한도액을 확인하여 접수한다.

**11** 국제특급우편(EMS)에 관한 설명으로 **옳은** 것은? 08. 기출

① 국제특급우편물 접수는 전국 모든 우체국에서 가능하며, 업무취급조건, 취급관서 등은 관할 지역의 체신청장이 정하여 고시한다.

② 국제특급우편물은 항공 및 등기를 기본으로 하고, 배달통지, 보험취급을 부가하여 특수취급을 할 수 있다.

③ 이용자와 우편관서 간 이용계약의 종류는 정기특급우편, 부정기특급우편 및 임시특급우편이 있다.

④ 송금환(money remittances), 유가증권류(negotiable articles)는 국제특급우편물로 보낼 수 있다.

**12** 국제우편물 사전통관정보제공에 대한 설명으로 옳지 **않은** 것은? 22. 기출

① 우리나라의 HS코드는 10자리이며, 그중 앞자리 6개 숫자는 국제 공통 분류에 해당한다.

② 우편취급국을 포함한 전국 모든 우체국이 적용대상 관서이다.

③ 대상우편물은 EMS(비서류), 항공소포, 소형포장물, K-Packet으로 한정하며, 포스트넷 입력은 숫자 이외의 문자는 모두 영문으로 입력하여야 한다.

④ 대상국가는 미국, 캐나다, 브라질 등 39개국이다.

**09** ③ 【×】 보험소포우편물의 중량은 10g 단위로 표시하고 10g 미만의 단수는 10g으로 절상한다.

**10** ② 【○】 보험취급되는 통상우편물은 등기보험서장(InsuredLetter)이며, 소포우편물은 보험소포(Insuredparcel)이다. 신중하게 취급하기 위해 중요 서류, 유가증권 등 부피가 작은 귀중품은 등기보험서장으로 접수를 권유한다.

오답체크

① 【×】 모든 우체국(우편취급국 포함)이 취급 가능하다.

③ 【×】

| [보험취급 가능 품목 비교] | |
| --- | --- |
| 국제통상 | EMS(국제특급) |
| 수표, 지참인불 유가증권, 우표, 복권, 기차표, 귀금속, 보석류, 고급시계, 만년필 등 귀중품 | 물품류(10만원 이상), 우표(일부가능) |

④ 【×】 보험가액 최고한도액은 4,000SDR(7백만 원)까지이나, 우편물 종별에 따라 국가별 최고한도액이 다르므로 국제우편물발송조건을 참고

※ EMS프리미엄의 경우 5천만 원

**11** ② 【○】

오답체크

① 【×】 국제특급우편물 접수는 전국 모든 우체국에서 가능하며, 업무취급조건, 취급관서 등은 과학기술정보통신부장관이 정하여 고시한다.

③ 【×】 이용자와 우편관서 간 이용계약의 종류는 계약국제특급우편과 수시국제특급우편이 있다.

④ 【×】 송금환(money remittances), 유가증권류(negotiable articles)는 국제특급우편물로 보낼 수 없다.

[국제특급우편으로 보낼 수 없는 물품]
1. 동전 및 화폐(Coins, Bank notes)
2. 송금환(Money remittances)
3. 유가증권류(Negotiable articles)
4. UPU에서 정한 일반적인 우편 금제품(Prohibited articles)

[국제특급우편(EMS)으로 보낼 수 있는 물품]
1. 업무용 서류(Business Documents)
2. 상업용 서류(Commercial papers)
3. 컴퓨터 데이터(Computer date)
4. 상품 견본(Business sampies)
5. 마그네틱 테이프(Magnetic tape)
6. 마이크로필름(Microfilm)
7. 상품(Merchandise : 나라에 따라 취급을 금지·제한하는 상품이 있음)

[UPU 일반적인 우편금지물품]
1. 취급상 위험하거나 다른 우편물을 오염 또는 파손시킬 우려가 있는 것
2. 마약류 및 향정신성 물질
3. 폭발성·가연성 또는 위험한 물질
4. 외설적이거나 비도덕적인 물품

**12** ③ 【×】 대상우편물은 EMS(비서류), 소포(항공·선편포함), 소형포장물, K-packet 등이며, 포스트넷 입력은 숫자 이외의 문자는 모두 영문으로 입력하여야 한다.

정답　　09 ③　10 ②　11 ②　12 ③

**13** 〈보기〉에서 사전통관정보제공에 따른 필수 통관정보항목의 총 개수는? 23. 기출

┌─ 보기 ┐
ㄱ. 발송인 성명, 상세주소, 우편번호　　ㄴ. 발송인 전화번호
ㄷ. 발송인 이메일　　　　　　　　　　　ㄹ. 수취인 성명, 상세주소, 우편번호
ㅁ. 수취인 전화번호　　　　　　　　　　ㅂ. 수취인 이메일
ㅅ. 내용품유형　　　　　　　　　　　　ㅇ. 내용품명
ㅈ. HS Code　　　　　　　　　　　　　ㅊ. 순중량
ㅋ. 개수　　　　　　　　　　　　　　　ㅌ. 생산지
ㅍ. 가격

① 9개　　　　　　　　　　　② 10개
③ 11개　　　　　　　　　　 ④ 12개


**14** 국제우편 사전 통관정보 제공 제도에 대한 설명으로 옳지 <u>않은</u> 것은? 24. 기출

① 대상국가가 UPU 회원국 전체로 확대되었으며, 반드시 도착국가 세관의 승인 완료(AC : Assessment Complete)를 받은 경우에만 운송수단 탑재 및 발송이 가능하다.
② 우편물에 부착하는 주소기표지(운송장) 및 세관신고서의 작성 언어는 영어이며 포스트넷에 숫자 이외의 문자는 모두 영문으로 입력한다.
③ 대상 우편물은 국제소포우편물, K-Packet, EMS(서류 · 비서류), 한중해상특송우편물, 소형포장물이다.
④ 우편취급국을 포함한 모든 우체국에서 실시 중이다.


**15** 국제특급우편의 취급에 대한 설명으로 <u>틀린</u> 것은?

① 국제특급우편물의 특수취급의 종류는 등기, 배달통지, 보험취급이 있다.
② 국제특급우편의 종류는 계약국제특급우편과 수시국제특급우편으로 구분한다.
③ 국제특급우편물에는 내용품에 따라 내용품명을 우편물 표면에 불문으로 표시하여야 한다.
④ 국제특급우편의 금제품(禁制品) 내용은 관계국과의 약정에 따르고, 같은 약정에 정하지 아니한 사항은 「만국우편협약」에 따른다.

**정답 및 해설**

**13** ② 【○】 발송인 성명, 상세주소, 우편번호(ㄱ), 수취인 성명, 상세주소, 우편번호(ㄹ), 내용품유형(ㅅ), 내용품명(ㅇ), 순중량(ㅊ), 개수(ㅋ), 가격(ㅍ)은 CN22에 포함되며, 발송인 전화번호(ㄴ)는 CN23에 포함된다. 그러나 발송인 이메일(ㄷ), 수취인 전화번호(ㅁ), 수취인 이메일(ㅂ)은 제외된다. 따라서 필수 통관정보항목의 총 개수는 10개이다.

**14** ① 【×】 ICS2대상국가로 발송하는 우편물은 도착국가 세관으로부터 반드시 승인 완료(AC)를 받은 경우에만 운송수단 탑재 및 발송 가능하다.

※ AC(Assessment Complete 상대국가에서 승인완료 운송수단 탑재 가능)

**15** ③ 【×】 국제특급우편물에는 내용품에 따라 내용품명을 우편물 표면에 영문으로 표시하여야 한다.

> **국제특급우편취급규칙 제2조의2(특수취급의 종류)** 국제특급우편물의 특수취급의 종류는 다음 각 호와 같다.
>   1. 삭제
>   2. 등기
>   3. 배달통지
>   4. 보험취급
>
> **제3조(고시사항)** 과학기술정보통신부장관은 국제특급우편에 관하여 다음 각 호의 사항을 고시한다.
>   1. 업무협정 또는 양해각서
>   2. 취급지역 및 취급관서
>   3. 요금, 요금감액조건 및 요금감액률
>   4. 보험취급한도액 및 수수료
>
> **제4조(국제특급우편의 종류)** 국제특급우편의 종류는 계약국제특급우편과 수시국제특급우편으로 구분한다.
>
> **제5조(서식의 발급)** 국제특급우편의 이용자에게는 다음 각 호의 서식을 발급한다.
>   1. 국제특급우편물 기표지
>   2. 국제특급우편물 수령증
>   3. 세관표지
>
> **제6조(국제특급우편물의 창구접수시간)** ① 국제특급우편물의 항공발송시각 및 창구접수 마감시각은 접수하는 우체국창구에 게시한다.
>   ② 공휴일에는 국제특급우편물을 접수하지 아니한다. 〈개정 2009.1.5〉
>
> **제7조(국제특급우편물의 표시 및 표지의 부착)** ① 국제특급우편물에는 반드시 국제특급우편물 주소기표지를 작성하여 붙여야 한다.
>   ② 국제특급우편물에는 내용품에 따라 내용품명을 우편물 표면에 영문으로 표시하여야 한다.
>   ③ 영업용 건품이나 상품을 내용으로 하는 우편물에는 반드시 세관표지 또는 세관신고서를 붙여야 한다. 다만, 관계국과의 약정에 의하여 붙이지 아니하는 경우에는 그러하지 아니하다.
>
> **제8조(금제품)** 국제특급우편의 금제품(禁制品) 내용은 관계국과의 약정에 따르고, 같은 약정에 정하지 아니한 사항은 「만국우편협약」에 따른다.

**정답**    13 ②    14 ①    15 ③

**16**　국제특급우편(EMS : Express Mail Service)에 부가할 수 있는 특수취급의 종류가 <u>아닌</u> 것은? 10. 기출 변형

① 배달통지
② 보험취급
③ 배달보장서비스(카할라 우정연합 국가에 한함)
④ 국제속달


**17**　〈보기〉에서 국제특급우편(EMS)으로 보낼 수 있는 물품은? 12. 기출

| 보기 | |
| --- | --- |
| ㉠ 송금환 | ㉡ 마그네틱 테이프 |
| ㉢ 마이크로 필름 | ㉣ 상품 견본 |
| ㉤ 상업용 서류 | ㉥ 가공하지 않은 금 |

① ㉠, ㉡, ㉢, ㉣　　　　　　② ㉡, ㉢, ㉣, ㉤
③ ㉡, ㉣, ㉤, ㉥　　　　　　④ ㉠, ㉢, ㉤, ㉥


**18**　국제특급우편물에 대한 설명이다. 옳지 <u>않은</u> 것은?

① 서류용과 비서류용으로 구분된다.
② 서류용은 세관검사가 필요 없고, 비서류용은 세관검사를 거쳐야 한다.
③ 서적, CD 등도 서류용으로 취급된다.
④ 서류용은 번호가 EE로 시작하는 주소기표지를 이용하고, 비서류용은 번호가 EM으로 시작하는 주소기표지를 사용한다.


**19**　다음 중 국제특급우편에 관한 설명으로 옳지 <u>않은</u> 것은?

① 실물수단에 의한 가장 신속한 우편업무로서 다른 우편물보다 우선취급하게 되며, 통신문, 서류 또는 물품을 매우 짧은 시간 내에 수집·발송·배달하는 우편업무이다.
② 항공 및 등기를 기본으로 하고, 배달통지, 보험취급, 배달보장서비스(카할라 우정연합 국가에 한함), EMS프리미엄 등의 특수취급을 부가할 수 있다.
③ EMS로 보낼 수 없는 물품으로는 업무용·상업용 서류, 상품견본 등이 있다.
④ 마약류 및 향정신성 물질은 UPU 일반적인 우편금지물품이다.

**20** 다음 중 국제특급우편(EMS)에 관한 설명으로 **틀린** 것은?

① 국제특급우편(EMS)은 내용품에 따라 서류(EE)와 상품(EM)으로 구분한다.

② 종이로 된 문서 형식의 편지류, 계약서, 입학서류, 서류와 함께 보내는 팜플렛 등 홍보용 첨부물은 서류요금을 적용한다. 단, 서적류, CD, 신분증 등은 비서류로 취급한다.

③ EMS 기표지의 중량은 10g 단위로 기재한다.

④ 우편요금은 보험료와 우편요금을 각각 계산하여 기재한다.

**21** 다음 중 국제특급우편(EMS)에 대한 설명으로 옳지 **않은** 것은?

① 도착국가 약호는 영문자 2자로 된 국가약호를 기재한다.

② 내용품 가액은 손해배상의 근거가 되므로 정확히 기재토록 하며, 내용품 가액이 100만 원 이상인 경우 필요 보험가입을 안내한다.

③ 우리나라와 EMS를 교환하는 모든 EMS에 대하여 보험취급이 가능하다.

④ 내용품의 가치는 객관적인 가치를 기재하며, 내용품의 가액은 주소기표지 보험가액란에 「000원」으로 기재하고 보험취급수수료는 별도 기재 없이 요금에 포함하여 기재한다.

---

**정답 및 해설**

**16** ④ 【×】 국제속달은 국제특급우편에 부가할 수 있는 특수취급의 종류가 아니다.

**오답체크**

①②③ 【○】 국제특급우편(EMS)은 항공 및 등기를 기본으로 하며, 기타 부가할 수 있는 특수취급의 종류는 배달통지, 보험취급, 배달보장서비스(카할라 우정연합 국가에 한함), EMS프리미엄이 있다.

**17** ② 【○】 ⓛ 마그네틱 테이프, ⓒ 마이크로 필름, ⓔ 상품 견본, ⓜ 상업용 서류는 국제특급우편(EMS)으로 보낼 수 있는 물품이다.

**오답체크**

①③④ 【×】 ⓠ 송금환, ⓑ 가공하지 않은 금은 국제특급우편(EMS)으로 보낼 수 없는 물품이다.

**18** ③ 【×】 **서류기준** : 종이로 된 문서형식의 편지류, 계약서, 입학서류, 서류와 함께 보내는 팜플렛 등 홍보용 첨부물이다. 단, 서적, CD 등은 비서류 취급한다.

**19** ③ 【×】 EMS로 보낼 수 있는 물품으로는 업무용·상업용 서류, 상품견본 등이 있다.

**20** ④ 【×】 우편요금은 보험료와 우편요금을 합산하여 기재한다.

**21** ② 【×】 내용품 가액은 손해배상의 근거가 되므로 정확히 기재토록 하며, 내용품 가액이 10만 원 이상인 경우 필요 보험가입을 안내한다.

**정답**　16 ④　17 ②　18 ③　19 ③　20 ④　21 ②

**22** 국제특급우편(EMS) 부가서비스가 <u>아닌</u> 것은?

① EMS 프리미엄 서비스
② 배달보장서비스(카할라 우정연합 국가에 한함)
③ EMS 고객불만 보상제도
④ 수입우편물 발송확인 서비스


**23** 국제특급우편(EMS) 주요 부가서비스 및 제도에 대한 설명으로 옳은 것은? 19. 기출 변형

① 수출우편물 발송확인서비스 대상 우편물의 경우, 발송인은 수리일 다음 날로부터 30일 내에 해당 우편물을 선적 또는 기적해야 한다.
② EMS 프리미엄 서비스는 1 ~ 5개 지역과 러시아 지역 및 서류용과 비서류용으로 구분되며, 최고 7천만 원까지 내용품의 가액에 한해 보험취급이 가능하다.
③ EMS 프리미엄의 부가서비스인 고중량 특송서비스는 전국 우체국에서 접수 가능하며, 우체국과 계약 여부에 상관없이 누구나 이용할 수 있다.
④ 2003년부터 EMS 배달보장서비스가 시행되어 운영 중이며, 실무에서 처리할 경우, 도착국가에서 통관 보류나 수취인 부재 등의 사유로 인한 미배달은 배달완료로 간주한다.


**24** 국제우편에서 사용되는 국가명과 해당 국가의 약호가 바르게 연결된 것은 모두 몇 개인가?

14. 기출

| | |
|---|---|
| ㄱ. 홍콩 − CN | ㄴ. 오스트레일리아 − AU |
| ㄷ. 캐나다 − CA | ㄹ. 인도네시아 − IN |
| ㅁ. 영국 − GB | ㅂ. 괌 − US |

① 2개　　　　　　　　　　② 3개
③ 4개　　　　　　　　　　④ 5개

## 25  국가 약호 중 <u>잘못된</u> 것은?

① 인도 : ID  　　　　　　② 영국 : GB
③ 중국 : CN  　　　　　　④ 독일 : DE



**정답 및 해설**

**22** ④【×】수입우편물 발송확인 서비스가 아니라 수출우편물 발송확인 서비스이다.

**23** ③【○】

**오답체크**

①【×】수출우편물 발송확인서비스 대상 우편물의 경우, 발송인은 수리일로부터 30일 내에 해당 우편물을 선적 또는 기적해야 한다.
②【×】EMS 프리미엄 서비스는 1 ~ 5개 지역과 러시아 지역으로 구분 및 서류용과 비서류용으로 구분되며, 최고 5천만 원까지 내용품의 가액에 한해 보험취급이 가능하다.
④【×】2005년 7월 25일부터 EMS 배달보장서비스가 시행되어 운영 중이며, 실무에서 처리할 경우, 도착국가에서 통관 보류나 수취인 부재 등의 사유로 인한 미배달은 배달완료로 간주한다.

**24** ②【○】국가의 약호가 바른 것은 (ㄴ, ㄷ, ㅁ) 3개이다.

| | |
|---|---|
| ㄱ. 홍콩 − CN이 아닌 HK | ㄴ. 오스트레일리아 − AU(○) |
| ㄷ. 캐나다 − CA(○) | ㄹ. 인도네시아 − IN이 아닌 ID |
| ㅁ. 영국 − GB(○) | ㅂ. 괌 − US가 아닌 GU |

**[중요 국가약호 정리]**

| | 조심해야 할 국가 약호 |
|---|---|
| 국명의 첫 두 글자로 조합 | 오스트레일리아(Australia) − AU & 오스트리아(Austria) − AT<br>인도(India) − IN & 인도네시아(Indonesia) − ID<br>중국(China) − CN & 스위스(Switzerland) − CH<br>아일랜드(Ireland) − IE |
| 국명의 첫 글자와 마지막 글자로 조합 | 덴마크(Denmark) − DK, 이스라엘(Israel) − IL, 마카오(Macao) −mO |
| 국명의 첫 글자와 중간글자로 조합 | 네덜란드(Netherlands) − NL, 대만(Taiwan) − TW, 홍콩(Hong Kong) − HK |
| 특이하게 조합 | 1. 독일(Germany) − DE ⇒ Deutchland에서 유래추측<br>2. 영국(the United Kingdom 〈of Great Britain and Northern Ireland〉)−GB<br>3. 벨라루스(백러시아, Belarus) − BY ⇒ Беларусь에서 유래추측<br>4. 스리랑카(Sri Lanka) − LK<br>5. 미국령인 괌(Guam), 사이판(Saipan), 푸에르토리코(Puerto Rico)는 도시명을 확인하여 괌 −gU, 사이판 −mP, 푸에르토리코 − PR로 기재 |

**25** ①【×】인도의 국가 약호는 IN이다. ID는 인도네시아의 국가 약호이다.

**정답**　　22 ④　23 ③　24 ②　25 ①

**26** 특수취급우편물에 대한 설명으로 타당하지 <u>않은</u> 것은?

① 항공우편은 수송시간이 단축된다는 데 그 특징이 있으며, 국제우편에 많이 이용된다. 국내우편에서는 송달시간을 단축하는 특수취급의 방법으로 항공우편이 이용된다. 따라서 항공편을 이용하는 것이 오히려 늦어지는 경우에는 이용가치가 없어진다.

② 등기라 함은 우편물마다 접수번호를 부여하고 접수한 때로부터 배달되기까지의 취급과정을 기록취급하여 우편물취급 및 송달의 확실성을 보장하기 위한 제도로서, 망실·도난·파손의 경우에는 손해배상을 하여주는 제도이다.

③ 국제속달은 우편물 발송인의 청구에 따라 우편물을 수취인에게 배달하고 수취인으로부터 수령 확인을 받아 발송인에게 통지하여 주는 국제우편서비스 제도이다. 배달통지(A.R.)는 국내우편의 배달증명과 유사하며 기록취급하는 우편물에 한하여 발송 시에만 청구할 수 있다. 따라서 국제우편물 중 배달통지를 청구할 수 있는 우편물은 등기우편물, 보험서장과 보험소포우편물에 한하고, 보통소포우편물은 국제우편요금 및 발송조건표(국제특급우편물은 국제특급우편 요금 및 발송 조건표)에 의거 취급국에 한하여 접수한다.

④ 보험서장은 유가증권·금전적 가치가 있는 서류나 귀중품 등이 들어있는 서장우편물을 발송인이 신고한 가액에 따라 보험취급하여 교환하고, 망실·도난 또는 파손된 경우 보험가액의 범위 내에서 실제로 발생된 손해액을 배상하는 제도이다.

**27** 특수취급우편물의 접수에 대한 설명으로 타당하지 <u>않은</u> 것은?

① 모든 통상우편물은 등기로 발송될 수 있다.

② 등기는 도착국의 국내법이 허용하는 경우 봉함된 등기서장에 각종 지참인불유가증권, 여행자수표, 백금, 금, 은, 가공 또는 비가공의 보석 및 기타 귀중품을 넣을 수 있다.

③ 등기는 접수우체국이 국제등기번호표 CN07을 우편물 앞면의 적정한 위치에 붙인다.

④ 배달통지는 기록취급하는 우편물에 한하여 발송시에만 청구할 수 있으며, 국제우편물 중 배달통지를 청구할 수 있는 우편물은 등기우편물, 보험서장과 보험소포우편물에 한한다.

**28** 다음 중 국제우편물의 특수취급종류인 것은 어느 것인가?

① 배달통지　　　　　　　　　　② 항공서신
③ 인쇄물　　　　　　　　　　　④ 우편자루

**29** 미국행 식품 우편물의 FDA(Food & Drug Administration)신고에 대한 설명으로 옳지 <u>않은</u> 것은? 24. 기출

① 항공 및 선편우편물 모두에 대하여 적용한다.
② 사전신고는 '면제', '유예', '해당'으로 구분된다.
③ FDA, 인터넷 사이트에서 계정을 먼저 개설한 후 인터넷, 우편, 전화 등을 통해 신고한다.
④ 미국의 「공공보건 안전 및 바이오 테러리즘 대응 법률」에 따라 미국으로 식품반입 시 FDA 에 사전 신고해야 한다.

---

### 정답 및 해설

**26** ③ 【×】 지문은 배달통지(Advice of delivery : A.R.)에 관한 설명으로서 국제속달은 발송인의 청구에 따라 속달업무를 취급하는 국가에서 배달우체국에 도착한 항공통상우편물 및 소포우편물을 가능한 한 신속하게 배달하는 제도이다.

**27** ③ 【×】 등기는 접수우체국이 국제등기번호표 CN04를 우편물 앞면의 적정한 위치에 붙인다.

**28** ① 【○】 국제우편물로서 특수취급 되는 것은 등기, 배달통지, 국제속달, 보험취급, 기록 배달우편, 기타 국제적으로 시행되고 있는 업무중 과학기술정보통신부장관이 정하여 고시하는 업무가 있다.

> **국제우편규정 제12조(국제우편물의 특수취급)** ① 국제우편물의 특수취급의 종류는 다음과 같다.
> 1. 삭제　　　　　　2. 등기　　　　　　3. 배달통지　　　　　　4. 국제속달
> 5. 보험취급　　　　6. 삭제　　　　　　7. 기록 배달우편　　　　8. 삭제
> 9. 기타 국제적으로 시행되고 있는 업무중 과학기술정보통신부장관이 정하여 고시하는 업무
> ② 삭제

**29** ③ 【×】 미국 FDA에서 운영하는 사전신고 인터넷 사이트를 통해 신고
※ 해당 사이트에 계정을 먼저 개설한 후, 사전신고 등록, 우편 및 전화 등에 의한 신고는 불가능

---

**정답**　　26 ③　　27 ③　　28 ①　　29 ③

**30** 다음 중 특수취급우편의 일종인 등기(Registered)에 대한 설명으로 옳은 것은?

① 모든 통상우편물은 등기로 발송될 수 없다.

② 도착국의 국내법이 허용하는 경우 봉함된 등기서장에 각종 지참인불유가증권, 여행자수표, 백금, 금, 은, 가공 또는 비가공의 보석 및 기타 귀중품을 넣을 수 있다.

③ 접수우체국은 국제등기번호표 CN07를 우편물 앞면의 적정한 위치에 붙인다.

④ 등기는 우편물 접수시 발송인의 청구에 따라 우편물을 수취인에게 배달하고 수취인으로부터 수령 확인을 받아 발송인에게 통지하여 주는 제도이다.

**31** 특수취급우편물의 보험서장에 대한 설명으로 틀린 것은?

① 은행권, 수표 등의 유가증권, 금전적 가치가 있는 서류나 귀중품 등이 들어있는 서장우편물을 발송인이 신고한 가액에 따라 보험취급하여 교환하고, 망실·도난 또는 파손된 경우 보험가액의 범위 내에서 실제로 발생된 손해액을 배상하는 제도이다.

② 내용품의 실제 가치를 초과할 수 없으며, 이를 위반하면 보험사기로 취급한다.

③ 내용품의 일부가치만을 보험취급할 수도 있다.

④ 귀금속 및 보석류는 보험서장으로 발송할 수 있는 물건이 아니다.

**32** 국제보험소포우편물 접수 시 유의할 사항으로 옳지 <u>않은</u> 것은?

① 포장을 튼튼히 한 후 쉽게 뜯지 못하도록 봉함하였는지 확인하여야 한다.

② 보험소포우편물의 중량은 10g 단위로 표시하고 10g 미만의 단수는 10g으로 절상한다.

③ 발송우체국은 발송인이 원화로 기재한 보험가액을 SDR로 환산하여 주소기표지의 해당란에 기재하여야 한다.

④ 보험가액을 잘못 기재 했을 경우 주소기표지를 다시 작성할 필요 없이 보험가액을 정정할 수는 있으나 연필로 기재해서는 안 된다.



---

**정답 및 해설**

**30** ② 【○】

오답체크

① 【×】 모든 통상우편물은 등기로 발송될 수 있다.

③ 【×】 CN07이 아니라 CN04를 붙인다. CN07 서식을 작성하여 우편물에 첨부하는 것은 배달통지이다.

④ 【×】 배달통지의 개념이다.

**31** ④ 【×】 귀금속 및 보석류는 보험서장으로 발송할 수 있는 물건이다.

> **[보험서장으로 발송할 수 있는 물건]**
> 1. 은행권, 수표, 지참인불 유가증권
> 2. 우표, 복권표, 가차표 등과 같은 금전적 가치가 있는 서류
> 3. 귀금속 및 보석류
> 4. 고급시계, 만년필 등 귀중품
> 5. 수출입관련 법령(대외무역법 등)에서 허용하는 범위 내에서 취급

**32** ④ 【×】 보험가액을 잘못 기재한 경우 지우거나 정정할 수 없으므로 주소기표지를 다시 작성해야 한다.

**정답**  30 ②  31 ④  32 ④

**01** 국제우편요금에 대한 설명으로 옳지 <u>않은</u> 것은?

① 국제우편요금의 결정은 만국우편연합에서 정한 범위 안에서 우정사업본부장이 정한다.
② 요금체계는 선편요금과 항공요금이 있다.
③ 우편물 종별에 따라 통상우편물요금, 소포우편물요금, 국제특급우편요금, 특수취급에 따른 특수취급수수료로 구분할 수 있다.
④ 구성내용에 따라 국내취급비, 도착국가까지의 운송요금과 도착국내에서의 취급비로 구분할 수 있다.

**02** 국제우편요금의 별납에 대한 설명으로 타당하지 <u>않은</u> 것은?

① 동일인이 동시에 동일한 우편물(동일중량우편물)을 발송할 때에 우편물 외부에 요금별납(POSTAGE PAID) 표시를 하여 발송하고 우편요금은 별도로 즉납하는 제도이다.
② 취급우체국은 우편취급국을 포함한 모든 우체국이다.
③ 취급요건은 발송기준 통수에 따라 통상우편물은 10통 이상, 소포우편물도 10통 이상이다.
④ 취급범위는 국제통상 및 국제소포우편물이다.

**03** 국제우편요금의 별납에 대한 설명으로 옳지 <u>않은</u> 것은?

① 우편물 앞면의 오른쪽 윗부분에 요금별납표시를 확인한다.
② 발송인이 표시를 하지 아니한 경우 우체국 보관 요금별납인을 날인한다.
③ 접수 및 입회 확인절차는 국내우편 요금별납의 취급 예에 의한다.
④ 접수된 우편물은 국제우편물류센터 앞으로 별도우편자루를 체결 발송함을 원칙으로 한다.

**04** 국제우편요금의 후납에 대한 설명으로 틀린 것은?

① 국제우편물의 요금(특수취급수수료 포함)을 우편물을 접수할 때에 납부하지 않고 발송우체국의 승인을 얻어 2개월간 발송예정 우편물 요금액의 2배에 해당하는 금액을 담보금으로 제공하고 2개월간의 요금을 다음 달 20일까지 납부하는 제도이다.
② 동일인(후납승인을 받은 자)이 매월 100통 이상 발송하는 국제 통상우편 및 국제 소포우편물이 그 대상물이다.
③ 취급우체국은 우편취급국을 제외한 모든 우체국이다.
④ 우편물의 발송인은 국제우편 요금후납우편물 발송신청서를 작성하여 우편물과 함께 요금후납 계약우체국에 제출한다.

**05** **국제우편요금의 후납에 대한 설명으로 타당하지 <u>않은</u> 것은?**

① 우편물의 오른쪽 윗부분의 요금별(후)납(Postage Paid)의 표시를 확인해야 한다.

② 요금후납우편물의 접수담당자가 접수담당책임자의 입회하에 확인 접수한다.

③ 요금후납우편물 발송신청서는 요금별납우편물 접수 및 입회확인방법에 준하여 상호 확인인을 날인한다.

④ 요금후납우편물의 통신일부인 날인은 생략할 수 없다.

**06** **IBRS(International Business Reply Service) EMS에 대한 설명으로 옳지 <u>않은</u> 것은?** 18. 기출

① 수취인이 요금을 부담하는 제도이다.

② 모든 우체국에서 취급하며, 통당 요금은 5,000원이다.

③ 접수 중량은 최대 2kg까지이며, 일본에만 발송이 가능하다.

④ 해외 인터넷 쇼핑몰에서 구매한 상품을 반품할 때 이용하는 국제우편상품이다.

---

**정답 및 해설**

**01** ①【×】 국제우편요금의 결정은 만국우편연합에서 정한 범위 안에서 과학기술정보통신부장관이 정한다.

**02** ②【×】 취급우체국은 우편취급국을 제외한 모든 우체국이다.

**03** ④【×】 접수된 우편물은 국내우편물류센터 앞으로 별도우편자루를 체결 발송함을 원칙으로 한다.

**04** ①【×】 국제우편물의 요금(특수취급수수료 포함)을 우편물을 접수할 때에 납부하지 않고 발송우체국의 승인을 얻어 1개월 간 발송예정 우편물 요금액의 2배에 해당하는 금액을 담보금으로 제공하고 1개월간의 요금을 다음 달 20일까지 납부하는 제도이다.

**05** ④【×】 요금후납우편물의 통신일부인 날인은 생략한다.

**06** ②【×】 해외 전자상거래용 반품서비스(IBRS EMS)는 계약국제특급 이용우체국(집배국)에 한정하여 취급하며, 통당 요금은 10,000원이다.

**정답**   01 ①   02 ②   03 ④   04 ①   05 ④   06 ②

**07** 국제우편요금 별납 및 요금후납 제도에 대한 설명으로 옳은 것은? 21. 기출

① 국제우편요금 별납 및 요금후납은 우편취급국을 포함한 모든 우체국에서 접수가 가능하다.
② 국제우편요금 후납은 동일인이 동일 우편물을 매월 10통 이상 발송하는 국제통상우편물 및 국제소포우편물을 대상으로 한다.
③ 요금별납 및 요금후납우편물에는 우편날짜도장 날인을 생략한다.
④ 접수된 요금후납우편물은 별도 우편자루 체결·발송을 원칙으로 한다. 다만, 물량이 적을 경우에는 단단히 묶어서 다른 우편물과 함께 발송한다.

**08** 국제우편요금 수취인부담(IBRS)에 대한 설명으로 **틀린** 것은 몇 개인가?

> ㉠ 우편물을 외국으로 발송하는 자가 수취인 또는 제3자로부터 해당우편물의 회신을 받고자 하는 경우 국내 배달우체국과 계약을 체결하여 회신요금을 자신이 부담할 수 있도록 하는 제도이다.
> ㉡ 취급우체국은 집배국에 한하여 취급한다.
> ㉢ 취급 대상 우편물의 종류는 인쇄물(봉투)과 엽서에 한한다.
> ㉣ 취급 대상 우편물의 최대중량은 500g이다.
> ㉤ 수취인이 우편을 받을 때 요금을 납부하며, 후납취급은 가능하지 않다.
> ㉥ IBRS의 이용계약을 체결하려는 자가 신청서와 수취할 우편물의 견본 2매를 발송우체국에 제출한다.
> ㉦ IBRS 접수 우체국은 유효기간이 만료된 IBRS우편물은 발송인에게 반환한다.
> ㉧ IBRS의 유효기간은 IBRS를 이용할 수 있는 날부터 1년을 초과할 수 없다. 단, 국가기관, 지방자치단체, 정부투자기관은 유효기간 제한을 받지 않는다.

① 2개 　　　　　　　　　② 3개
③ 4개 　　　　　　　　　④ 없음

**09** 국제회신우표권(IRC)에 대한 설명으로 옳은 것의 총 개수는? 22. 기출

> ㄱ. 수취인의 회신요금 부담 없이 외국으로부터 회답을 받는 제도이다.
> ㄴ. 만국우편연합 총회가 개최되는 매 4년마다 총회 개최지명으로 발행한다.
> ㄷ. 만국우편연합 관리이사회(CA)에서 발행하며 각회원국에서 판매한다.
> ㄹ. 현재 필요한 상태에 있지 않으면서 다량구매를 요구하는 경우, 판매제한과 거절사유에 해당된다.
> ㅁ. 국제회신우표권 판매 시 교환개시일 안내를 철저히 해야 한다.
> ㅂ. 우리나라에서는 1,450원에 판매하고, 교환은 850원에 해당하는 우표류와 교환한다.

① 3개 　　　　　　　　　② 4개
③ 5개 　　　　　　　　　④ 6개

**10** 국제반신우편권(International Reply Coupons)에 대한 설명으로 맞는 것은 몇 개인가?



㉠ 국제반신우표권은 수취인에게 회신요금의 부담을 지우지 아니하고 외국으로부터 회답을 받는 데 편리한 제도이다.

㉡ 국제반신우표권(International Reply Coupons)은 각국의 체신행정청에서 발행한다.

㉢ 판매 시에는 국제반신우표권의 오른쪽 해당란에 일부인을 날인한다.

㉣ 외국에서 판매한 국제반신우표권은 항공서장 4지역 2g 요금에 해당하는 우표류와 교환하여 준다.

㉤ 우리나라에서 판매된 국제반신우표권은 우리나라에서 교환할 수 있다.

㉥ 반신권은 우표류에 속하므로 할인판매가 가능하다.

㉦ 다량의 반신권 판매 요구 시에는 정당사용 여부를 확인 후에 판매한다.

㉧ 한 사람이 하루에 20매를 초과하여 구입 요구 시 별도의 신청서에 의하여 정당성을 확인한다.

① 3개

② 4개

③ 5개

④ 없음

---

**정답 및 해설**

**07** ③ 【○】

**오답체크**

① 【×】 국제우편요금 별납은 우편취급국을 제외한 모든 우체국에서 취급하고, 요금 후납은 우편취급국을 포함한 후납계약을 맺은 우체국에서 취급한다. 다만, 취급국의 경우 등기취급우편물과 공공기관에서 발송하는 일반우편물에만 허용된다.

② 【×】 국제우편요금 후납은 한 사람(후납승인을 받은 사람)이 동일 우편물을 매월 100통 이상 발송하는 국제통상우편물 및 국제소포우편물에 한해 취급한다.

④ 【×】 접수된 요금별납우편물은 국제우체국 앞으로 별도 우편자루를 이용하여 체결·발송을 원칙으로 한다. 다만, 물량이 적을 경우에는 단단히 묶어서 다른 우편물과 함께 발송한다

**08** ③ 【×】 ㉣, ㉤, ㉥, ㉦

㉣ 【×】 취급 대상 우편물의 최대중량은 50g이다.

㉤ 【×】 수취인이 우편을 받을 때 요금을 납부하며, 후납취급도 가능하다.

㉥ 【×】 IBRS의 이용계약을 체결하려는 자가 신청서와 수취할 우편물의 견본 2매를 배달우체국에 제출한다.

㉦ 【×】 IBRS의 유효기간은 IBRS를 이용할 수 있는 날부터 2년을 초과할 수 없다. 단, 국가기관, 지방자치단체, 정부투자기관은 유효기간 제한을 받지 않는다.

**09** ② 【○】 ㄱ, ㄴ, ㄹ, ㅂ

ㄷ. 【×】 만국우편연합 국제사무국(IB)에서 발행하며 각 회원국에서 판매한다.

ㅁ. 【×】 국제회신우표권 판매 시 교환마감일(유효기간) 안내를 철저히 해야 한다.

**10** ① 【○】 ㉠, ㉦, ㉧

㉡ 【×】 국제반신우표권(International Reply Coupons)은 UPU 국제사무국에서 발행한다.

㉢ 【×】 판매 시에는 국제반신우표권의 왼쪽 해당란에 일부인을 날인한다.

㉣ 【×】 외국에서 판매한 국제반신우표권은 항공서장 4지역 20g 요금에 해당하는 우표류와 교환하여 준다.

㉤ 【×】 우리나라에서 판매된 국제반신우표권은 우리나라에서 교환할 수 없다.

㉥ 【×】 반신권은 우표류에 속하나 할인판매가 불가능하다.

---

**정답**　　07 ③　08 ③　09 ②　10 ①

**11** 국제반신우표권(International Reply Cupons)에 대한 설명으로 옳지 <u>않은</u> 것은?

① 국제반신우표권은 세계 각 나라마다 항공서장 기본요금이 다름에 따라 이용자의 편의를 도모하기 위하여 UPU 국제사무국에서 발행하여 시행하는 제도이다.
② 반신권은 우표류에 속하므로 할인판매가 가능하다.
③ 국제반신우표권은 수취인에게 회신요금의 부담을 지우지 아니하고 외국으로부터 회답을 받는데 편리한 제도이다.
④ 우리나라에서 판매된 국제반신우표권은 우리나라에서 교환할 수 없다.

**12** 국제우편에 관한 설명으로 옳지 <u>않은</u> 것은? 16. 기출

① 국제반신우편권(International Reply Coupons)은 만국우편연합 국제사무국에서 발행한다.
② 국제우편요금 수취인부담(International Business Reply Service)우편물은 선편, 항공 등의 부가취급을 할 수 있다.
③ EMS 배달보장 서비스는 제공된 배달예정일보다 지연된 사실이 확인된 경우 절차를 거쳐 우편요금을 배상한다.
④ EMS 배달보장 서비스는 카할라 우정연합체 국가로 발송하는 EMS에 대해 배달보장일자를 고객에게 제공하며, 제공한 배달예정일보다 하루라도 지연배달된 경우 우편요금을 배상해주는 고품질 서비스를 제공한다.

**13** 다음 중 국제우편에 대한 설명으로 타당하지 <u>않은</u> 것은?

① 국제우편요금 등은 협약에서 정한 범위 안에서 과학기술정보통신부장관이 정한다.
② 국제우편요금 등은 그 일부를 감액할 수 있다.
③ 발송우편물에 우표(우편요금을 표시하는 증표를 포함한다) 및 통관검사용으로 붙인 서류의 중량은 그 우편물의 중량에 산입한다.
④ 우리나라에서 판매한 국제반신우표권은 국내우체국에서 교환하지 아니한다.

**14** 다음 중 국제우편요금의 환부에 대한 설명으로 <u>틀린</u> 것은?

① 국제 우편요금 등을 완납한 발송우편물을 수출금지 기타 부득이한 사유로 인하여 발송인에게 환부한 경우에는 발송인의 청구에 의하여 국제우편 요금 등을 환부한다. 다만, 발송인의 고의 또는 중대한 과실이 있다고 인정될 때에는 그러하지 아니하다.
② 환부하는 국제우편 요금 등은 현금으로 이를 지급할 수 있다.
③ 당해 우편물의 환부에 따른 국내우편에 관한 요금과 수수료에 해당하는 금액을 공제한다.
④ 환부요금의 청구는 발송한 날로부터 기산하여 2년 이내에 하여야 한다.

**정답 및 해설**

11 ② 【×】 반신권은 우표류에 속하나 할인판매가 불가능하다.

12 ② 【×】 국제우편요금 수취인부담(International Business Reply Service)우편물은 모두 항공취급하며, 그 밖에 부가취급은 불가하다. 또한 취급대상도 국내와 달리 봉투 인쇄물과 엽서에 한한다.

13 ③ 【×】

> **국제우편규정 제5조(국제우편요금등)** 제1항 ① 국제우편요금등은 협약에서 정한 범위 안에서 과학기술정보통신부장관이 정한다.
> 제2항 제12조의 특수취급에 관한 국제우편요금등중 협약에서 정하지 아니한 국제우편요금등은 과학기술정보통신부장관이 정한다.
>
> **제5조의2(요금등의 감액)** 제1항 ② 국제우편요금등은 그 일부를 감액할 수 있다.
> 제2항 제1항의 규정에 의하여 국제우편요금 등을 감액할 수 있는 우편물의 종류·수량·취급요건·감액범위 등에 관한 사항은 협약에서 정한 범위 안에서 과학기술정보통신부장관이 이를 정한다.
>
> **제6조(첨부물의 중량)** 발송우편물에 붙인 부표 및 서류의 중량은 그 우편물의 중량에 산입한다. 그러나, ③ 우표(우편요금을 표시하는 증표를 포함한다) 및 통관검사용으로 붙인 서류의 중량은 이를 산입하지 아니한다.
>
> **제7조(국제반신우표권)** 제1항 만국우편연합 국제사무국에서 발행된 국제반신우표권은 외국으로 발송하는 항공 보통서장의 최저요금에 해당하는 우표류와 교환한다.
> 제2항 ④ 우리나라에서 판매한 국제반신우표권은 국내우체국에서 교환하지 아니한다.

14 ④ 【×】 환부요금의 청구는 발송한 다음 날로부터 기산하여 1년 이내에 하여야 한다.

> **국제우편규정 제9조(국제우편요금등의 환부)** ① 발송인의 청구에 의하여 국제우편 요금등을 환부하는 경우와 금액은 다음과 같다.
> 1. 우편관서의 과실로 인하여 과다징수한 경우에는 그 과다징수한 국제우편 요금 등
> 2. 특수취급 국제우편물의 국제우편 요금등을 받은 후 우편관서의 과실로 인하여 특수취급을 하지 아니한 경우에는 그 특수취급 수수료
> 3. 항공서간을 선편으로 발송한 경우에는 항공서간 요금과 해당 지역의 선편 보통서장 최저요금과의 차액
> 4. 등기취급우편물·소포우편물 또는 보험서장의 망실·전부도난 또는 완전파손등의 경우에는 납부한 국제우편 요금등(등기·보험취급 수수료를 제외한다)
> 5. 행방조사청구에 의한 조사결과 그 귀책사유가 우편관서의 과실로 판명된 경우에는 그 행방조사청구료
> 6. 수취인의 주소·성명이 정확하게 기재된 우편물을 우편관서의 과실로 발송인에게 환부한 경우에는 납부한 국제우편 요금등
> 7. 외국으로 발송하는 특수취급되지 아니한 통상우편물이 우편관서의 취급과정에서 파손된 경우에는 납부한 국제우편 요금등
> ② 국제 우편요금등을 완납한 발송우편물을 수출금지 기타 부득이한 사유로 인하여 발송인에게 환부한 경우에는 발송인의 청구에 의하여 국제우편 요금등을 환부한다. 다만, 발송인의 고의 또는 중대한 과실이 있다고 인정될 때에는 그러하지 아니하다.
> ③ 제1항의 규정에 의하여 환부하는 국제우편 요금등은 현금으로 이를 지급할 수 있다.
> ④ 제2항의 경우에는 당해우편물의 환부에 따른 국내우편에 관한 요금과 수수료에 해당하는 금액을 공제한다.
> ⑤ 환부요금의 청구는 발송한 다음 날로부터 기산하여 1년 이내에 하여야 한다.
> ⑥ 금제품으로서 압수등에 의하여 환부되지 아니하는 우편물에 대한 국제우편 요금등은 환부하지 아니한다.

**정답**  11 ②  12 ②  13 ③  14 ④

# 국제특급우편(EMS) 및 부가서비스

**01** 다음 중 국제특급우편(EMS)의 부가서비스가 <u>아닌</u> 것은?

① EMS 배달보장서비스
② EMS 프리미엄 서비스(민간 국제특송사 제휴서비스)
③ 배달통지
④ 수입우편물 발송확인 서비스


**02** 다음은 국제특급우편(EMS) 부가서비스에 대한 설명이다. 이는 무엇에 대한 설명인가?

> EMS 배달보장일 계산프로그램에 따라 발송지(접수우체국)와 수취인의 우편번호를 입력하면 상대국 공휴일, 근무일 및 항공스케줄이 고려된 배달보장일자가 제공되고, 제공된 배달예정일보다 지연된 사실이 확인된 경우 우편요금을 배상한다.

① EMS 프리미엄 서비스(민간 국제특송사 제휴서비스)
② EMS 고객불만 보상제도
③ 인터넷접수(e-shipping) 시스템
④ EMS 배달보장서비스


**03** 다음은 국제특급우편(EMS) 부가서비스에 대한 설명이다. 이는 무엇에 대한 설명인가?

> 우정사업본부가 국제특송의 고객 이용편익 증대를 위하여 민간 국제특송사와 제휴하여 서비스를 제공한다.

① 배달보장서비스(카할라 우정연합 국가에 한함)
② EMS 고객불만 보상제도
③ EMS 프리미엄 서비스(민간 국제특송사 제휴서비스)
④ 국제특급우편(EMS) 요금감액제도

**04** EMS 프리미엄 서비스의 특징으로 옳지 <u>않은</u> 것은?

① 통관대행 및 관세, 제반비용의 대납 서비스를 제공한다.
② 요금수취인부담 서비스는 누구나 이용 가능하다.
③ 유류할증료가 없다.
④ 취급국을 제외한 전국의 모든 우체국에서 접수한다.

**05** 다음은 국제특급우편(EMS) 부가서비스에 대한 설명이다. 이는 무엇에 대한 설명인가?

> 이용고객의 권리보호를 위하여 동일 발송인의 월 2회 이상 손·망실 시 무료발송권 1회 10kg까지, EMS 우편물 종추적 조사 및 손해배상 청구 3일 지연 시 무료발송권 1회 3만 원 지급한다.

① 인터넷접수(e-shipping) 시스템
② 수출우편물 발송확인 서비스
③ 배달보장서비스(카할라 우정연합 국가에 한함)
④ EMS 고객불만 보상제도

---

**정답 및 해설**

**01** ④ 【×】 수입우편물 발송확인 서비스가 아니라 수출우편물 발송확인 서비스가 국제특급우편(EMS)의 부가서비스이다.

**오답체크**

①②③ 【○】 국제특급우편(EMS)의 부가서비스는 EMS 배달보장서비스, EMS 프리미엄 서비스(민간 국제특송사 제휴서비스), 배달통지, EMS 고객불만 보상제도, 국제특급우편(EMS) 요금감액제도, 인터넷접수(e-shipping) 시스템, 수출우편물 발송확인 서비스가 있다.

**02** ④ 【○】 해당 지문은 EMS 배달보장서비스에 대한 설명이다.

**03** ③ 【○】 해당 지문은 EMS 프리미엄 서비스(민간 국제특송사 제휴서비스)에 대한 설명이다.

**04** ② 【×】 요금수취인부담 서비스는 수취인이 민간 국제특송사 Account number가 있을 경우에 가능하다.

**05** ④ 【○】 고객 불만 보상제가 시행되는 우편물의 손해배상은 기본우편서비스(빠른·보통우편)에 부가돼 그 취급 과정을 기록하는 등기취급 우편물이 대상이 되며, 우체국이나 취급 직원의 잘못으로 당해 우편물을 잃어버리거나 못 쓰게 하거나 송달기준보다 지연배달한 때에 재산적 손해를 보상받는 제도를 말한다.

**정답**  01 ④  02 ④  03 ③  04 ②  05 ④

**06** 〈보기〉에서 설명한 EMS 배달보장서비스에 관한 내용 중 옳은 것을 모두 고른 것은? 10. 기출

> ┌ 보기 ┌
> ㉠ 접수 가능 국가로 일본, 미국, 중국, 호주 등이 있다.
> ㉡ 배달예정일보다 48시간 이상 지연 시 실제 손해액을 배상한다.
> ㉢ 우편취급국을 포함한 모든 우체국에서 접수가 가능하다.
> ㉣ 별도의 취급수수료를 납부해야 한다.

① ㉠, ㉡  　　　　　　　　　　② ㉠, ㉢
③ ㉡, ㉢  　　　　　　　　　　④ ㉢, ㉣

**07** EMS 프리미엄 서비스(민간 국제특송사 제휴서비스)에 대한 설명으로 옳지 <u>않은</u> 것은?

① 우정사업본부가 국제특송의 고객 이용편익 증대를 위하여 민간 국제특송사와 제휴서비스를 제공한다.
② 통관대행 및 관세, 제반비용 대납 서비스를 제공한다.
③ 요금수취인부담 서비스로서 수취인이 민간 국제특송사 Account number가 있을 경우 가능하다.
④ 유류할증료가 있다.

**08** 〈보기〉의 국제특급우편물(EMS) 보험취급 수수료 계산으로 옳은 것은? 23. 기출

> ┌ 보기 ┌
> ㄱ. 도착국: 일본　　　　　　　　ㄴ. 중량: 12kg
> ㄷ. 우편요금: 67,000원　　　　　ㄹ. 물품가(보험가): 120,000원

① 최초 114,300원까지 2,800원 + 500원
② 최초 114,500원까지 2,800원 + 500원
③ 최초 114,300원까지 2,800원 + 550원
④ 최초 114,500원까지 2,800원 + 550원

**09** EMS 고객불만 보상제도에 대한 설명으로 옳지 <u>않은</u> 것은?

① 동일 발송인의 EMS 손·망실 월 2회 이상 발생 시 무료발송권은 1회 10kg까지이다.

② EMS 우편물 종추적 조사 및 손해배상 청구 응대 시 3일 이상 지연 시 무료발송권은 1회 3만 원이다.

③ EMS 무료발송권의 액면금액 전부 또는 일부를 현금으로 교환하는 것도 가능하다.

④ 민원접수일자를 기준으로 2일 이내 국제우편물류센터에서 1회 이상 민원인에게 회신한 경우는 지급제외 대상이다.

**10** 국제특급우편(EMS) 요금감액 대상 요건 중 (    )에 들어갈 내용으로 옳은 것은? 21. 기출

> 변형계약 국제특급우편 이용자가 1개월에 ( ㉠ )만 원을 초과하여 EMS 우편물을 발송하는 경우에 적용한다. 단, ( ㉡ )% 이상 감액률은 우정사업본부장의 승인 후 적용한다.

|   | ㉠ | ㉡ |
|---|----|----|
| ① | 30 | 16 |
| ② | 30 | 18 |
| ③ | 50 | 16 |
| ④ | 50 | 18 |

---

**정답 및 해설**

**06** ② 【○】 ㉠, ㉢
㉡【×】 아시아지역은 접수 +3일 이내, 미국, 호주, 유럽은 접수 +4일 이내 배달이 보장된다. 따라서 배달예정일보다 지연된 사실이 확인된 경우 우편요금액을 배상한다.
㉣【×】 별도의 취급수수료를 납부하지 않는다.

**07** ④【×】 유류할증료가 없다.

**08** ③ 【○】 국제특급우편물(EMS) 보험취급 수수료
• 기본요금 : 2,800원
• 추가요금(보험가액 65.34SDR또는 114,300원 초과마다) : 550원

**09** ③【×】 EMS 무료발송권의 액면금액 전부 또는 일부를 현금으로 교환하는 것은 불가능하다.

**10** ④ 【○】

**[감액요건 및 감액범위]**

(금액단위 : 만원)

| 기준<br>금액 | 50초과<br>~ 150 | 150초과<br>~ 500 | 500초과<br>~ 1,000 | 1,000초과<br>~ 2,000 | 2,000초과<br>~ 5,000 | 5,000초과<br>~ 10,000 | 10,000초과<br>~ 20,000 | 20,000초과 |
|---|---|---|---|---|---|---|---|---|
| 감액률 | 4% | 6% | 8% | 10% | 12% | 14% | 16% | 18% |

※ 단, 18% 이상 감액률은 해당 지방우정청의 승인 후 적용하며 1:N 계약 시에는 별도 기준에 의거 업무 처리

**정답** 06 ② 07 ④ 08 ③ 09 ③ 10 ④

**11** 국제특급우편(EMS) 요금감액제도에 대한 설명으로 타당하지 <u>않은</u> 것은 몇 개인가?

> ㉠ 국제특급우편(EMS) 요금감액제도는 계약국제특급우편 요금감액과 수시국제특급우편 요금
> 감액, 특별감액이 있다.
> ㉡ 국제계약특급우편은 6급 이하 우체국(별정국, 우편취급국 포함)만이 이용자와 계약을 체결할
> 수 있다.
> ㉢ 국제계약특급우편의 대상요건은 월 5만 원 이상 EMS 우편물을 발송하는 이용자이다.
> ㉣ 국제계약특급우편은 15% 이상 감액률은 해당 지방우정청의 승인 후 적용하며, 특별감액을
> 포함한 총 감액률은 25%를 초과하지 아니한다.
> ㉤ 국제계약특급우편은 감액 시 기준금액은 고시된(EMS 프리미엄은 요금표) 기준이며, 수수료
> 는 제외한다.

① 2개  
② 3개  
③ 4개  
④ 없음

**12** 국제우편 요금감액제도에 대한 설명으로 옳지 <u>않은</u> 것은? 23. 기출

① 국제특급 요금감액은 계약특급, 수시특급, 일괄특급으로 나눌 수 있다.  
② 특별감액의 장기이용고객 조건에 해당할 경우, 3%의 요금감액률을 적용한다.  
③ 계약국제특급의 18% 이상 감액률은 우정사업본부장의 승인 후 적용한다.  
④ 발송비용절감 요금감액은 EMS, EMS프리미엄, K-Packet, 소형포장물, 한·중해상특송우편
물에 대해서 적용한다.

**13** 국제특급우편(EMS) 요금감액제도에 대한 설명으로 타당하지 <u>않은</u> 것은 몇 개인가?

> ㉠ 국제계약국제특급의 요금의 정산은 '요금즉납', '요금후납', '요금별납'의 방법으로 납부한다.
>
> ㉡ 국제계약국제특급의 요금의 정산은 EMS 요금을 '요금후납'으로 납부하는 경우에 2개월간 발송한 EMS 요금을 다음 달 20일까지 납부하는 것을 원칙으로 한다.
>
> ㉢ 수시국제특급우편 요금감액은 우체국과 이용계약을 맺지 않고 EMS를 이용하는 고객을 대상으로 하는 감액률이다.
>
> ㉣ 수시국제특급우편의 대상은 1회에 이용금액 10만 원 이상 국제특급우편(EMS)을 발송하는 이용자이다.
>
> ㉤ 특별감액은 e-shipping(인터넷접수시스템)을 대상으로 하며, e-shipping을 통해 접수하며 고시요금 기준 감액률은 5%이다.

① 3개

② 4개

③ 5개

④ 없음

---

**정답 및 해설**

**11** ② 【×】 ㉡, ㉢, ㉣

㉡ 【×】 국제계약특급우편은 우정사업본부, 각 지방우정청, 총괄국, 6급 이하 우체국(별정국, 우편취급국 포함)에서 이용자와 계약을 체결한다.

㉢ 【×】 국제계약특급우편의 대상요건은 월 50만 원 이상 EMS 우편물을 발송하는 이용자이다.

㉣ 【×】 국제계약특급우편은 25% 이상 감액률은 해당 지방우정청의 승인 후 적용하며, 특별감액을 포함한 총 감액률은 28%를 초과하지 아니한다.

**12** ② 【×】 특별감액의 장기이용고객 조건에 해당할 경우, 2%의 요금감액률을 적용한다.

**13** ② 【×】 ㉠, ㉡, ㉣, ㉤

㉠ 【×】 국제계약국제특급의 요금의 정산은 '요금즉납' 또는 '요금후납'의 방법으로 납부한다.

㉡ 【×】 국제계약국제특급의 요금의 정산은 EMS 요금을 '요금후납'으로 납부하는 경우에 1개월간 발송한 EMS 요금을 다음 달 20일까지 납부하는 것을 원칙으로 한다.

㉣ 【×】 수시국제특급우편의 대상은 1회에 이용금액 20만 원 이상 국제특급우편(EMS)을 발송하는 이용자이다.

㉤ 【×】 특별감액은 e-shipping(인터넷접수시스템)을 대상으로 하고, e-shipping을 통해 접수하며, 고시요금 기준 감액률은 2%이다.

**정답** 　11 ② 　12 ② 　13 ②

# 05 각종 청구제도

**01** 〈보기〉 중 행방조사에 대한 설명으로 **틀린** 것은 몇 개인가?

> 보기
> ㉠ 행방조사란 발송인 또는 수취인의 청구에 의하여 국제우편물 행방을 추적조사하고 그 결과를 청구인에게 알려주는 제도로서 조사 결과 우편관서 취급 중 발생된 사고로 판명되어 손해배상 대상이 될 경우 청구에 따라 손해배상을 하게 되는 것을 말한다.
> ㉡ 청구대상우편물은 국제등기, 국제소포, 국제특급이다.
> ㉢ 청구기한은 우편을 발송하는 날부터 기산하여 6개월 이내 청구한다. 단, EMS는 4개월 이내, EMS프리미엄서비스는 3개월 이내, 배달보장서비스 30일 이내이다.
> ㉣ 행방조사의 종류는 POSTNET, 인터넷우체국(국제특급에 한함)이 있다.
> ㉤ 청구할 수 있는 국가는 발송국가, 도착국가(배달국가)는 가능하나 제3국(외국)은 가능하지 않다.
> ㉥ 행방조사청구는 원칙적으로 유료이다.

① 2개  ② 3개
③ 4개  ④ 없음

**02** 국제우편 행방조사청구제도와 손해배상제도에 대한 설명으로 **옳지 않은** 것은? 16. 기출

① 우편물 발송국가 및 도착국가는 물론 제3국(외국)에서도 행방 조사를 청구 할 수 있다.
② 행방조사청구가 기한 내에 이루어져야 하는 것은 손해배상요건 중 하나이다.
③ 국제특급우편물 분실, 파손 등으로 지급된 손해배상금은 사고에 대한 책임이 있는 해당 우정청이 부담하는 것을 원칙으로 한다.
④ 손해배상 청구권자는 원칙적으로 수취인에게 배달되기 전까지는 발송인이며, 배달된 후에는 수취인에게 청구 권한이 있다.

**03** 국제우편 행방조사청구에 대한 설명으로 **옳은** 것은? 21. 기출

① 우편물 분실의 경우에는 발송인만 청구가 가능하다.
② 발송국가와 도착국가(배달국가)에서만 청구가 가능하다.
③ 청구기한은 우편물을 발송한 날부터 계산하여 6개월이다.
④ 청구대상 우편물은 보통통상우편물, 등기우편물, 소포우편물, 국제특급우편물이다.

**04** 〈보기〉의 국제우편물이 일부 훼손된 경우, 손해배상 금액 계산으로 옳은 것은? 23. 기출

> ┌ 보기 ┐
> ㄱ. 보통소포우편물(항공)          ㄴ. 중량: 10kg
> ㄷ. 우편요금: 52,000원            ㄹ. 물품가: 300,000원

① 52,500원 + 70,800원 금액 범위 내(123,300원)의 실손해액

② 52,500원 + 78,700원 금액 범위 내(131,200원)의 실손해액

③ 70,000원 + 70,800원 금액 범위 내(140,800원)의 실손해액

④ 70,000원 + 78,700원 금액 범위 내(148,700원)의 실손해액



---

### 정답 및 해설

**01** ② 【×】 ㉢, ㉤, ㉥
㉢ 【×】 청구기한은 우편발송 다음 날부터 기산하여 6개월 이내 청구한다. 단, EMS는 4개월 이내, EMS프리미엄서비스는 3개월 이내, 배달보장서비스 30일 이내이다.
㉤ 【×】 청구할 수 있는 국가는 발송국가, 도착국가(배달국가)는 물론 제3국(외국)도 가능하다.
㉥ 【×】 행방조사청구는 원칙적으로 무료이다.

**02** ③ 【×】 국제특급의 경우 국제특급우편물 분실, 파손 등 사고에 대한 책임이 있는 해당 우정청이 부담하는 것을 원칙으로 한다. 또한 지급된 손해배상금의 경우는 원칙적으로 발송우정청이 부담한다. 다만, 상대국에 따라 책임우정청이 배상하는 경우도 있다.

**03** ① 【○】 우편물이 분실된 경우 발송인만 청구 가능하고, 파손된 경우에는 발송인이나 수취인이 청구 가능하다.
[오답체크]
② 【×】 청구 장소는 발송국가와 도착국가(배달국가)는 물론이고, 제3국에서도 청구가 가능하다.
③ 【×】 청구기한은 우편물을 발송한 다음 날부터 계산하여 6개월이다.
④ 【×】 청구대상 우편물은 등기우편물, 소포우편물, 국제특급우편물이다. 보통통상우편물은 청구대상 우편물이 아니다.

**04** ④ 【○】 일부 훼손의 경우는 우편요금이 포함되지 않는다. 항공소포의 경우 70,000원에 1kg당 7,870원이므로 78,700원을 더한 금액 내에서 실손해액을 배상한다.

---

**정답**   01 ②   02 ③   03 ①   04 ④

**05**  국제우편 손해배상제도에 대한 설명으로 옳지 <u>않은</u> 것은?

① 손해배상 청구는 발송인을 제외한 수취인과 제3자는 불가능하다.

② 지연배달 등으로 인한 간접적 손실은 배상하지 않는다.

③ 운송과정이나 우편관서의 취급 중에 우편물이 분실되거나, 내용품이 파손되어 발송인 또는 수취인이 재산상의 손해를 입었을 때에 우정청이 일정한 조건과 규정에 따라 정당권리자에게 손해를 보전하는 제도이다.

④ 행방조사청구가 정해진 기한 내에 이루어져야 손해배상을 받을 수 있다.

**06**  〈보기〉 중 국제우편 손해배상제도에 대한 설명으로 옳지 <u>않은</u> 것은 몇 개인가?

---

┌ 보기 ┐

㉠ 국제우편 손해배상제도란 운송과정이나 우편관서의 취급 중에 우편물이 분실되거나 내용품이 파손되어 발송인 또는 수취인이 재산상의 손해를 입었을 때에 우정청이 일정한 조건과 규정에 따라 정당권리자에게 손해를 보전하는 것을 말한다.

㉡ 손해배상청구권자는 발송인 또는 수취인이다. 즉, 수취인에게 배달되기 전까지는 발송인이 되며, 배달된 후에는 수취인이 된다.

㉢ 손해배상금의 부담은 우편물의 분실, 파손 또는 도난 등의 사고에 대한 책임이 있는 우정청이 진다.

㉣ 행방조사청구가 우편물 발송익일부터 3개월(특급은 2개월) 이내에 이루어지지 않았을 경우에는 손해배상책임이 면책된다.

---

① 1개  ② 2개

③ 3개  ④ 없음

**07** 〈보기〉 중 국제우편 손해배상제도에 대한 설명으로 옳지 <u>않은</u> 것은 몇 개 인가?

> ┌ 보기 ┐
> ㉠ 도착국가의 국내법에 따라 압수된 경우는 손해배상책임이 면책된다.
> ㉡ 내용품의 실제가격을 초과 사기하여 보험에 든 경우도 손해배상책임이 면책된다.
> ㉢ 우편물의 실질적인 손해가 아니어도 손해배상책임을 져야 한다.
> ㉣ 우편물자체에 직접적인 손실이 발생하여야 하며, 지연배달 등으로 인한 간접적인 손실은 배상하지 않는다.
> ㉤ 우편관서의 과실이 있을 것을 요하지 않는다.
> ㉥ 행방조사청구가 기한 내에 이루어져야 한다.

① 1개

② 2개

③ 3개

④ 없음



**05** ① 【×】 손해배상 청구권자는 발송인 또는 수취인이다.

**06** ① 【×】 ㉣

㉣ 【×】 행방조사청구가 우편물 발송익일부터 6개월(특급은 4개월) 이내에 이루어지지 않았을 경우에는 손해배상 책임이 면책된다.

**07** ② 【×】 ㉢, ㉤

㉢ 【×】 우편물에 실질적인 손해가 발생하여야 한다.

㉤ 【×】 우편관서의 과실이 있어야 한다.

**정답**　　05 ①　　06 ①　　07 ②

**08** 국제우편물 손해배상의 면책사유가 되지 <u>않는</u> 경우는?

① 화재, 천재지변 등 불가항력에 의해 발생한 경우
② 발송국가의 국내법에 따라 압수된 경우
③ 행방조사청구가 우편물 발송익일부터 6개월(특급은 4개월) 이내에 이루어지지 않았을 경우
④ 내용품의 실제 가격을 초과 사기하여 보험에 든 경우

**09** 〈보기〉와 같이 접수된 국제우편물이 상대 국가에서 분실되어 손해배상을 해야 할 경우, 〈조건〉에 따른 배상금액으로 옳은 것은? 14. 기출

보기

| 우편물 번호 | EM 052 683 101 KR |
|---|---|
| 우편물 종류 | EMS |
| 중량 | 10kg |
| 내용품 | 책 4권, 바지 2벌, 티셔츠 1벌 |
| 내용품 가격 | 160,000원 |
| 우편요금 | 56,200원 |

조건
- 접수 시 보험취급 되지 않았다.
- 행방조사 청구료 등 기타 비용은 발생하지 않았다.
- 손해배상 기준은 「우정사업본부 고시 제2012-28호」에 의거한다.

① 160,000원    ② 204,900원
③ 212,500원    ④ 216,200원

**정답 및 해설**

08 ②【×】 도착국가의 국내법에 따라 압수된 경우 손해배상의 면책사유이다.

09 ②【○】 국제우편물의 종류는 국제특급우편물(EMS)이고 손해배상의 유형 내지 범위는 내용품이 책 4권, 바지 2벌, 티셔츠 1벌이므로 내용품이 서류가 아닌 것으로서 분실, 도난, 또는 훼손된 경우 중 분실에 해당된다. 이 경우 손해배상액은 70,000원에 1kg당 7,870원을 합산한 금액 범위내의 실손해액과 납부한 국제특급우편요금이다. 이 사례의 손해배상청구액을 구체적으로 계산해 보자.

1. 내용품가격 : 실손해액이 되어 160,000원
2. 우편요금 : 56,200원
3. 손해배상 한도액 : 70,000원에 1kg당 7,870원을 합산한 금액 ⇒ 70,000 + 10kg × 7,870 = 148,700원

결론적으로 손해배상 한도액 148,700원(손해배상 한도액 범위 내의 실손해액만 인정되므로 사례의 실손해액 160,000원으로 한도액을 초과하므로 이 금액은 청구할 수 없다) + 우편요금 56,200원 = 204,900원

### 🖉 국제우편물 유형별 손해배상액(우본 고시 제2012-28호 2012. 6. 8)

| 종류별 | 손해배상의 범위 | 배상금액 |
|---|---|---|
| 등기 우편물 | 분실, 전부 도난 또는 전부 훼손된 경우 | 52,500원 범위내의 실손해액과 납부한 우편요금(등기료 제외) |
| | 일부 도난 또는 일부 훼손된 경우 | 52,500원 범위내의 실손해액 |
| 등기우편낭 배달 인쇄물 | 분실, 전부 도난 또는 전부 훼손된 경우 | 262,350원과 납부한 우편요금(등기료 제외) |
| | 일부 도난 또는 일부 훼손된 경우 | 262,350원 범위내의 실손해액 |
| 보통소포우편물 | 분실, 전부 도난 또는 전부 훼손된 경우 | 70,000원에 1kg당 7,870원을 합산한 금액범위내의 실손해액과 납부한 우편요금 |
| | 일부 분실·도난 또는 일부 훼손된 경우 | 70,000원에 1kg당 7,870원을 합산한 금액범위내의 실손해액 |
| 보험서장 및 보험소포 우편물 | 분실, 전부 도난 또는 전부 훼손된 경우 | 보험가액 범위내의 실손해액과 납부한 우편요금 |
| | 일부 분실·도난 또는 일부 훼손된 경우 | 보험가액 범위내의 실손해액 |
| 국제특급 우편물 (EMS) | 내용품이 서류인 국제특급우편물이 분실된 경우 | 52,500원 범위내의 실손해액과 납부한 국제특급우편요금 |
| | 내용품이 서류인 국제특급우편물이 일부 도난 또는 훼손된 경우 | 52,500원 범위내의 실손해액과 납부한 국제특급우편요금 |
| | 내용품이 서류가 아닌 국제특급우편물이 분실·도난 또는 훼손된 경우 | 70,000원에 1kg당 7,870원을 합산한 금액 범위내의 실손해액과 납부한 국제특급우편요금 |
| | 보험취급한 국제특급우편물이 분실·도난 또는 훼손된 경우 | 보험가액 범위내의 실손해액과 납부한 국제특급우편요금(보험취급수수료 제외) |
| | 배달예정일보다 48시간 이상 지연 배달된 경우 단, EMS 배달보장서비스는 배달예정일보다 지연배달의 경우 | 납부한 국제특급우편요금 (보험취급수수료 제외) |

**정답**    08 ②    09 ②

**정인영**

주요 약력

現) 박문각 공무원 계리직·헌법 강사

前) 에듀윌 공무원학원 행정법·헌법 전임
    메가 공무원학원 행정법·헌법 전임
    공단기 공무원학원 행정법·헌법 전임
    윈플스 공무원학원 행정법·헌법 전임
    윌비스 공무원학원 행정법·헌법 전임
    베리타스 공무원학원 행정법·헌법 전임

주요 저서

박문각 계리직 정인영 우편일반 기본서
박문각 계리직 정인영 우편일반 기출&예상문제집

# 정인영 계리직 우편일반 ✧✦ 기출&예상문제집


**초판 인쇄** | 2025. 6. 25.   **초판 발행** | 2025. 6. 30.   **편저자** | 정인영

**발행인** | 박 용   **발행처** | (주)박문각출판   **등록** | 2015년 4월 29일 제2019-000137호

**주소** | 06654 서울시 서초구 효령로 283 서경 B/D 4층   **팩스** | (02)584-2927

**전화** | 교재 문의 (02)6466-7202

저자와의
협의하에
인지생략

이 책의 무단 전재 또는 복제 행위를 금합니다.

정가 17,000원
ISBN 979-11-7262-943-4